U0113357

"十三五"国家重点出版物出版规划项目
《一带一路沿线国家法律风险防范指引》系列丛书

一带一路沿线国家
法律风险防范指引

Legal Risk Prevention Guidelines of One Belt One Road Countries

（马来西亚）
Malaysia

《一带一路沿线国家法律风险防范指引》系列丛书编委会　编

中国财经出版传媒集团
经济科学出版社

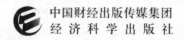

图书在版编目（CIP）数据

一带一路沿线国家法律风险防范指引．马来西亚/
《一带一路沿线国家法律风险防范指引》系列丛书编委
会编．—北京：经济科学出版社，2017.12
（《一带一路沿线国家法律风险防范指引》系列丛书）
ISBN 978 - 7 - 5141 - 8698 - 7

Ⅰ.①—… Ⅱ.①—… Ⅲ.①法律 - 汇编 - 世界
②法律 - 汇编 - 马来西亚 Ⅳ.①D911.09②D933.8

中国版本图书馆 CIP 数据核字（2017）第 284252 号

责任编辑：郎　晶
责任校对：隗立娜
版式设计：齐　杰
责任印制：潘泽新

一带一路沿线国家法律风险防范指引（马来西亚）
《一带一路沿线国家法律风险防范指引》系列丛书编委会　编
经济科学出版社出版、发行　新华书店经销
社址：北京市海淀区阜成路甲 28 号　邮编：100142
总编部电话：010 - 88191217　发行部电话：010 - 88191522
网址：www.esp.com.cn
电子邮件：esp@ esp.com.cn
天猫网店：经济科学出版社旗舰店
网址：http://jjkxcbs.tmall.com
固安华明印业有限公司印装
710×1000　16 开　23.25 印张　300000 字
2017 年 12 月第 1 版　2017 年 12 月第 1 次印刷
ISBN 978 - 7 - 5141 - 8698 - 7　定价：58.00 元
（图书出现印装问题，本社负责调换。电话：010 - 88191510）
（版权所有　侵权必究　举报电话：010 - 88191586
电子邮箱：dbts@ esp.com.cn）

《一带一路沿线国家法律风险防范指引》系列丛书

编委会名单

（马来西亚）

主　任：肖亚庆

副主任：王文斌　郭祥玉

委　员：（按姓氏笔画为序）

于腾群　王书宝　卢新华　衣学东　李宜华

肖福泉　吴道专　张向南　欧阳昌裕

周永强　周法兴　高　洁　傅俊元

本书编写人员：（按姓氏笔画为序）

冯　忱　任雅林　孙先勇　李　操

陈　沅　范　蓉　景若晨　慈正开

编 者 按

　　习近平总书记统筹国内国际两个大局、顺应地区和全球合作潮流，提出了"一带一路"重大倡议。这一重大倡议引起世界各国特别是沿线国家的广泛共鸣，60 多个国家响应参与，"一带一路"建设取得了丰硕成果，为促进全球经济复苏和可持续健康发展注入了新的活力和动力。中国企业积极投身"一带一路"沿线国家基础设施建设、能源资源合作、产业投资和园区建设等，取得积极进展。中央企业充分发挥技术、资金、人才等方面的优势，先后参与合作项目近 2 000 个，在创造商业价值的同时为当地经济社会发展作出了重要贡献。

　　党的十九大指出，要以"一带一路"建设为重点，坚持"引进来"和"走出去"并重，遵循共商共建共享原则，加强创新能力开放合作，形成陆海内外联动、东西双向互济的开放格局。习近平总书记在"一带一路"国际合作高峰论坛上提出，要推进"一带一路"建设行稳致远，迈向更加美好的未来。《"一带一路"国际合作高峰论坛圆桌峰会联合公报》明确了法治在"一带一路"建设中的重要地位和作用，强调本着法治、机会均等原则加强合作。中国企业参与"一带一路"建设的实践充分证明，企业"走出去"，法律保障要跟着"走出去"，必须运用法治思维和法治方式开展国际化经营，进一步熟悉了解沿线国家的政策法律环境，妥善解决各类法律问题，有效避免法律风险。

马来西亚

为此，我们组织编写了《一带一路沿线国家法律风险防范指引》系列丛书，系统介绍了"一带一路"沿线国家投资、贸易、工程承包、劳务合作、财税金融、知识产权、争议解决等有关领域法律制度，提示了法律风险和列举了典型案例，供企业参考借鉴。

在丛书付印之际，谨向给予丛书编写工作支持和帮助的有关中央企业领导、专家及各界朋友表示衷心的感谢。

《一带一路沿线国家法律风险防范指引》
系列丛书编委会
2017 年 12 月 20 日

目　　录

马来西亚

目　录

马
来
西
亚

3

马来西亚法律概况

第一节　马来西亚概况

一、马来西亚国家概况

马来西亚是一个君主立宪联邦制国家，首都在吉隆坡（Kuala Lumpur）。马来西亚历史悠久，自然资源丰富，多元族群并存，以马来语为官方语言，英语为通用语言，此外，中文在华人圈中也被广泛使用。马来西亚的国旗由十四道白红相间的横条纹组成，左上角有一个深蓝色的长方形，上面有黄色的新月和14角星。条纹和星星代表马来西亚的13个州及直辖区，新月象征国教伊斯兰教。马来西亚国徽主体部分为两只马来虎与盾形徽，盾徽上绘有一弯黄色新月和一颗14角星，盾面上的图案象征着马来西亚的组成及其行政区域，图案底部是一条金色的飘带，上书格言"团结就是力量"。① 马来西亚国歌为《我的国家》，国花为朱槿（扶桑）。

二、马来西亚历史简况

马来半岛大概在公元前后出现国家。古代马来半岛出现过不少国家，但由于史料缺乏，这些国家的具体情况均不可考。马六甲王国（1403～1511 年）是马来西亚历史上第一个在本土建立起的统一王朝，其疆界包括了马来半岛和海岛部分。马六甲海峡素有"国际航线的咽喉"之称，马六甲王国凭借优越的地理位置，在繁荣的国际贸易的促进下，迅速强盛起来，成为东南亚的贸易中心。马六甲王朝共传位 7 位苏丹，历时 108 年。

1511 年，葡萄牙人以武力占领马六甲，开启了葡萄牙人对马六甲长达一百多年的统治。之后，荷兰于 1641 年打败葡萄牙，占领马六甲。由于荷兰当时的统治中心在巴达维亚（今雅加达），马六甲的贸易中转职能被取代，繁荣不再。

18 世纪中叶，英国借由工业革命国力大增。1785～1826 年，英国逐步在东南亚地区建立殖民统治，驱逐了荷兰的势力。1826 年，英国将新加坡、马六甲和槟榔屿组成一个单独行政区，称"海峡殖民地"；1896 年，英国设立包括霹雳、雪兰莪、森美兰和彭亨在内的马来联邦。进入 20 世纪后，北方马来诸州也逐步并入英国的殖民统治范围，逐步形成英属马来亚。在英国的殖民统治时期，马来亚在经济、社会、教育等多方面均取得了长足发展，产业结构、族群结构逐步定型。

二战时期，日本军队攻入马来亚北部，占领了马来亚部分地区，这使得马来亚原本的社会结构受到了冲击，当地人对于殖民

① 中华人民共和国驻马来西亚大使馆经济商务参赞处：《国家一览》，http：//my. mofcom. gov. cn/article/ddgk/201407/20140700648131. shtml，最后访问日期 2017 年 9 月 20 日。

者的反抗情绪被激起。二战结束后，马来亚迎来了民族的独立。1957 年 8 月 31 日，马来亚联邦成立，建立了本地区继马六甲王国之后的又一个统一政权。随后，沙捞越、英属新加坡和沙巴（北婆罗洲）相继宣布脱离殖民统治而独立。1963 年 9 月 16 日，吸纳了沙捞越、沙巴和新加坡的马来西亚联邦成立。而新加坡在 1965 年退出马来西亚联邦。至此，马来西亚形成了今日的疆域形态。

三、马来西亚地理环境

（一）马来西亚地理位置

马来西亚位于北纬 1～7 度，东经 100～119 度之间，国土面积 33.24 万平方公里。[①] 马来西亚北承亚欧大陆，南衔东南亚群岛，东邻太平洋，西邻印度洋，是东南亚核心地带，地理位置优越，自古以来便是海上交通要道。

马来西亚国土被南海分为马来半岛南端的西马来西亚（简称西马）和婆罗洲岛的东马来西亚（简称东马，包括沙巴、沙捞越两个州）两部分。西马是马来西亚的政治、经济、文化和交通中心，80% 以上的马来西亚人居于其上。

（二）马来西亚行政区划

马来西亚是联邦制国家，分为柔佛、吉打、吉兰丹、马六甲、森美兰、彭亨、槟榔屿、霹雳、玻璃市、雪兰莪、登嘉楼，

---

① 中华人民共和国驻马来西亚大使馆经济商务参赞处：《地理气候》，http：//my. mofcom. gov. cn/article/ddgk/201407/20140700648135. shtml，最后访问日期 2017 年 9 月 20 日。

马来西亚

3

以及东马的沙捞越、沙巴 13 个州，此外还有首都吉隆坡、联邦政府行政中心布特拉加亚（Putrajaya）和东马的纳闽（Labuan）3 个联邦直辖区。① 其中，沙捞越、沙巴有较大的自治权。

（三）马来西亚气候条件

马来西亚位于赤道附近，境内有热带雨林气候区和热带季风气候区，降水丰沛，全年高温，无明显四季变化。在季风气候区，每年 4～9 月受西南季风影响，降水较少，10 月至次年 3 月受东北季风影响，降水较多。

马来西亚自然灾害较少。虽属海洋国家，但其受台风、海啸等海洋灾害影响较小。在马六甲海峡南段东岸一带，常发猝发性风暴，风力可达 10 级，但其影响范围不大。由于降雨十分充沛，马来西亚年均降雨量可达 2 000～2 500 毫米，每年 10 月至次年 3 月是降雨高峰期，易受洪水和山体塌方的影响。

（四）马来西亚自然资源

马来半岛自古便有"黄金半岛"之称，自然资源丰富。其耕地面积约 414 万公顷，占可耕地面积的 30.6%。农业以经济作物为主，主要有橡胶、可可、胡椒、油棕、热带水果等。粮食自给率达到 70%。② 马来西亚是世界第二大棕榈油及相关制品的生产国和出口国、③ 世界第三大天然橡胶生产国和出口国。此外，由于优越的气候条件，马来西亚的森林资源十

---

① 中华人民共和国驻马来西亚大使馆经济商务参赞处：《国家一览》，http://my. mof-com. gov. cn/article/ddgk/201407/20140700648131. shtml，最后访问日期 2017 年 9 月 20 日。
② 中华人民共和国外交部：《马来西亚国家概况》，http://www. fmprc. gov. cn/web/gjhdq_676201/gj_676203/yz_676205/1206_676716/1206x0_676718/，最后访问日期 2017 年 9 月 20 日。
③ 商务部国际贸易经济合作研究院、商务部投资促进事务局、中国驻马来西亚大使馆经济商务参赞处：《对外投资合作国别（地区）指南：马来西亚》（2016 年版），第 18 页。

分丰富。

马来西亚曾是世界产锡大国，有"世界锡都"之誉。但因过度开采，产量逐年减少。石油和天然气是目前马来西亚最重要的矿产资源。据马来西亚能源、绿色工艺与水务部统计，马来西亚原油储量为 52.5 亿桶，可供开采 19 年。天然气储量为 24 889.85 亿立方米，可供开采 33 年。马来西亚是东南亚第二大天然气生产国，同时是全球第二大液化天然气出口国。此外，马来西亚铁、金、铬、煤、铝土等矿产储量也很丰富。[①]

四、马来西亚政治环境

（一）马来西亚政治体制

马来西亚的政治体制沿袭英国，是君主立宪的议会民主制国家。

最高元首苏丹是联邦的君主，国家的象征，军队最高统帅，由 9 个州的世袭苏丹轮流担任，任期 5 年，不得连任。最高元首是"虚君"，行使职权必须参考内阁总理的建议和决定。现任最高元首为穆罕默德五世（Sultan Muhammad V），是吉兰丹州苏丹，于 2016 年 10 月 14 日接任第 15 任最高元首，任期从 2016 年 12 月 13 日开始，为期 5 年。

国会是马来西亚最高立法机构，由最高元首、上议院、下议院组成。上议院共有 70 名议员，由全国 13 个州议会各选举产生 2 名，其余 44 名由最高元首根据内阁推荐委任（其中吉隆坡联

---

① 中华人民共和国驻马来西亚大使馆经济商务参赞处：《宏观经济》，http：//my. mofcom. gov. cn/article/ddgk/201407/20140700648581. shtml，最后访问日期 2017 年 9 月 20 日。

邦直辖区 2 名，纳闽、布城联邦直辖区各 1 名），任期 3 年，可连任两届，且不受国会解散与否的影响。上议院设议长 1 名和副议长 1 名。现任上议院议长是维纳斯瓦兰·山纳（Vigneswaran Sanasee）。下议院由 222 位民选议员组成，通过每五年一届的大选产生，可连任，下议院获得多数席位的政党上台组阁。下议院议长从下议院议员中选举产生。现任下议院议长潘迪卡尔·阿明·穆利亚（Pandikar Amin Mulia）。

内阁是马来西亚最高行政机构，向国会负责。由国会下议院多数党领袖担任内阁总理并组建内阁，总揽行政大权。内阁总理经最高元首委任，并提名内阁部长、联邦法院院长、总检察长、武装部队总参谋长、选举委员会主席及委员、国家审计长等国家重要管理人员。最高元首根据总理的提名委任内阁官员。现任马来西亚总理是马来民族统一机构（United Malays National Organization，UMNO，简称巫统）主席——纳吉布·敦·拉扎克（Najib Tun Razak）。

统治者会议是联邦决策机构，由柔佛、彭亨、雪兰莪、森美兰、霹雳、登嘉楼、吉兰丹、吉打、玻璃市 9 个州的世袭苏丹和马六甲、槟榔屿、沙捞越、沙巴 4 个州的州元首组成。其主要职能是：在 9 个世袭苏丹中轮流选举产生最高元首和副最高元首；审议并颁布国家法律、法规；裁决全国性的伊斯兰教问题；审议涉及马来族和沙巴、沙捞越土著民族的特权地位等重大问题。未经该会议同意，国会不得通过有关统治者特权地位的任何法律。内阁总理和各州州务大臣（有苏丹的州）、首席部长（无苏丹的州）协助会议召开。

联邦法院是马来西亚的最高司法机关，具有各类案件的终审权。联邦法院设有负责西马地区案件的马来亚高级法院和负责东马地区的婆罗州高级法院。另设特别军事法庭和伊斯兰教法庭。

（二）马来西亚主要政党

根据宪法规定，马来西亚实行多党制，注册政党有 40 余个。[①] 马来西亚的政党有着十分鲜明的族群政治特点，不同的政党代表不同族群的利益，各族群通过政党实现自身的利益诉求。

在实际的政治生活中，马来西亚形成了由国民阵线（National Front）一党独大长期执政的局面。国民阵线是由 13 个政党联合组成的政党联盟。其中，马来民族统一机构起支配和主导作用，常年占据议会的绝大多数席位。该党成立于 1946 年 5 月 11 日，始终是马来西亚的政坛主导，截至 2016 年 12 月共有党员 338 万人。[②] 巫统主席和署理主席代表国民阵线出任政府正、副首相。除巫统外，国民阵线的另两个重要政党为马来西亚华人公会（Malaysian Chinese Association，MCA）和马来西亚印度人国大党（Malaysian Indian Congress，MIC）。马来西亚华人公会是最大的华人政党，简称马华公会，成立于 1949 年 2 月 27 日，截至 2016 年 12 月共有党员 110 万人，现任总会长为廖中莱。[③] 马来西亚印度人国大党成立于 1946 年 8 月 2 日，截至 2016 年 12 月共有党员 55 万人。[④] 其现任主席为达图·斯里·苏巴拉马年。

反对党联盟是由人民公正党（People's Justice Party/Party Keadilan Rakyat）、民主行动党（Democratic Action Party）和国家诚信党组建的"希望联盟"。该联盟于 2015 年 9 月组建，在此之前，反对党联盟是由人民公正党、民主行动党、伊斯兰教党（Pan - Malaysian Islamic Party，PAS）组成的人民联盟（People's Pact，PR，简称民联）。该联盟曾在国会下议院 222 席中拥有 89 席，且在吉兰丹、槟城及雪兰莪三州执政。但由于内部各党之间的利益存在根本分歧，民联最终走向分裂。反对党联盟在议会中

---

①②③④　中华人民共和国外交部：《马来西亚国家概况》，http://www.fmprc.gov.cn/web/gjhdq_676201/gj_676203/yz_676205/1206_676716/1206x0_676718/，最后访问日期 2017 年 9 月 20 日。

与国民阵线分庭抗礼，保障了不同社会力量的发声渠道，为改变国民阵线长期执政的积弊起到了积极作用。

（三）马来西亚外交关系

1. 外交战略。

马来西亚自独立以来，奉行独立自主、中立、不结盟的外交政策，是"77国集团"和不结盟组织的创始成员国。截至2016年年底，马来西亚已与131个国家建交，在83个国家和地区建立了领事馆。[①] 马来西亚以东盟为基石，推进东亚合作，重视与大国的关系、与发展中国家的关系以及与伊斯兰世界的团结与合作。同时，由于马来西亚属英联邦成员国，与英国也一直保持着较密切的外交关系，与英联邦成员国的交往也较多。

2. 周边关系。

马来西亚与新加坡围绕柔佛地区的淡水资源尚存争端，加之两国长久以来存在的区域竞争关系，使得双方经常互相指责。但另一方面，两国在人员往来、经贸合作、军事防务等方面又有十分紧密的依存关系。因此两国虽多有争执，但争端升级的可能性较小。

马来西亚与菲律宾围绕沙巴州的主权归属存在争端，双方曾因此于1963年断绝过外交关系，两国领导人极少互访。菲律宾政府支持菲南摩洛民族分离分子进入沙巴地区，成为沙巴地区的安全隐患，该地虽未发生过大规模武装冲突，但偶有小规模的武装袭击和绑架案件。

马来西亚与印度尼西亚之间就西巴丹岛和利吉丹岛及附近海域的主权问题也存在争端尚未解决，目前双方均力求通过外交谈判解决纠纷。此外，20世纪70年代，马来西亚曾从印度尼西亚引入劳工，印度尼西亚大量非法劳工借机涌入马来西亚，带来诸

---

① 商务部国际贸易经济合作研究院、商务部投资促进事务局、中国驻马来西亚大使馆经济商务参赞处：《对外投资合作国别（地区）指南：马来西亚》（2016年版），第9页。

多社会问题。马方随即出台限制印度尼西亚劳工入境政策,使得大量印度尼西亚劳工被遣返回国,导致两国关系紧张。但从整体来看,两国关系仍处于良好的发展状态。

3. 马来西亚与中国。

冷战时期,由于马来西亚属于西方阵营,因此曾与中国处于对抗状态。至 20 世纪 70 年代,国际形势发生变化,马来西亚与中国均改变了外交政策,两国关系走向缓和,并于 1974 年建交。随着区域经济的逐步发展,中马两国的交往日渐密切,贸易额持续增长,领导人互访频繁。中国是马来西亚最大的贸易伙伴,马来西亚是中国在亚洲的第三大贸易伙伴。双方在经济互惠的基础上,在教育、科技、卫生、国防、司法协助等多方面深化合作,签署了多项协议。

中马之间围绕南沙群岛的弹丸礁、光星仔礁、南海礁、安渡礁等岛礁的主权问题尚存争议,中国对于马来西亚占领我南沙岛礁行为始终持抗议态度。但在中马合作共赢的大背景下,双方均愿意通过协商手段妥善处理南海争端。中马双方坚持相互尊重、彼此信任的相处之道,坚持平等互利、互助共赢的合作方针,坚持密切沟通、互谅互让的合作方式,[①] 不断拓展两国合作领域和战略伙伴关系内涵。中马关系正处于"历史最好时期"。[②]

五、马来西亚经济环境

(一) 马来西亚经济发展概况

马来西亚在 20 世纪 70 年代以前,以农业为支柱产业,依赖

---

① 新华社:《习近平会见马来西亚总理纳吉布》,2016 年 11 月 3 日,http://news. xinhua-net. com/world/2016 − 11/03/c_1119845946. htm,最后访问日期 2017 年 9 月 20 日。

② 新华社:《习近平会见马来西亚总理纳吉布》,2017 年 5 月 13 日,http://news. xinhua-net. com/2017 − 05/13/c_1120967295. htm,最后访问日期 2017 年 9 月 20 日。

初级产品出口；从 1970 年开始实施马来民族和原住民优先的"新经济政策"，逐步进行产业结构调整，推行出口导向型经济。从 1987 年起，马来西亚经济实现了连续 10 年的 8% 以上的高速增长，并于 20 世纪 90 年代进入新型工业化国家之列。虽然经济曾受到 1998 年、2008 年两次金融危机的巨大冲击，但马来西亚通过合理有效的经济刺激措施，摆脱了金融危机影响，保持了较好的经济增长势头。目前，马来西亚形成了以制造业、服务业、旅游业为三大支柱产业的经济结构。

2016 年，马来西亚的主要经济数据如下：国内生产总值（GDP）：2 963.59 亿美元；国内生产总值增长率：4.239%；人均国内生产总值：9 360.465 美元；对外贸易总额：3 343.69 亿美元；外汇储备：950 亿美元。[①]

（二）马来西亚经济发展规划

1991 年，时任马来西亚总理的马哈蒂尔提出"2020 宏愿"的跨世纪发展战略，旨在于 2020 年将马来西亚建成发达国家。马来西亚根据自身具体经济状况每五年出台经济发展计划。最新的五年计划于 2015 年公布，该五年经济蓝图总体预期马来西亚国内生产总值在 2016 ~ 2020 年间每年增长 5 ~ 6 个百分点，人均收入年增 7.9%，在 2020 年达到 15 690 美元，成为先进经济体。在投资方面，该计划预计私人投资在 2016 ~ 2020 年间，每年增长 9.4%，估计每年投资高达 2 910 亿林吉特，公共投资每年增长 2.7%，年均为 1 310 亿林吉特。出口方面，2016 ~ 2020 年，总出口预计每年强劲增长 4.6%，贸易盈余预计可在 2020 年保

---

① International Monetary Fund: World Economic Outlook Database, April 2017, http://www. imf. org/external/pubs/ft/weo/2017/01/weodata/weoselco. aspx? g = 2505&sg = All + countries + %2f + Emerging + market + and + developing + economies + %2f + Emerging + and + developing + Asia.

持 573 亿林吉特。[①] 通货膨胀方面，通胀率在 2016～2020 年将维持低于 3% 水平。能源方面，对石油相关收入的依赖在 2020 年降至 15.5%，兴建新发电厂总成本约 280 亿林吉特，总电力将达 7 626 兆瓦，并创造 35 000 个就业机会。基建方面，将兴建更多机场、铁路以及至少 80 所学校和 6 所新医院，批准超过 100 亿林吉特的城市周边洁净水处理工程。财政方面，2016～2020 年期间，政府发展开支约为 2 600 亿林吉特，消费税预计在未来 5 年为国家带来每年 314 亿林吉特的收入，联邦政府的债务总额预计在 2020 年降到 45% 以下。[②]

（三）马来西亚的金融环境

1998 年亚洲金融危机后，马来西亚金融体系遭到重创，之后长期采用固定汇率制，对外汇进行严格管制。此后，伴随经济形势的转变，马来西亚政府于 2005 年 7 月 1 日开始实行管制下的浮动汇率制，[③] 为外商投资营造了较为便利的环境。

马来西亚的货币称林吉特或令吉（Ringgit Malaysia）。马来西亚持续实行开放的外汇管理政策。外商将外币兑换成林吉特或将林吉特兑换成外币均不受限制，可在具有执照的境内银行自由兑换。[④] 在马注册的外国企业可以在当地商业银行开设外汇账户，用于国际商业往来支付。外汇进出马来西亚需要核准，不需缴纳特别税金。目前，林吉特尚不允许海外自由兑换。人民币与

---

① 中华人民共和国商务部：《第十一大马计划：2020 年人均收入 1.5 万美元》，http：//www.mofcom.gov.cn/article/i/dxfw/cj/201506/20150601015267.shtml，最后访问日期 2017 年 9 月 25 日。

② 中华人民共和国商务部：《马来西亚总理纳吉布：第 11 个马来西亚计划是重大里程碑》，http：//www.mofcom.gov.cn/article/i/jyjl/j/201505/20150500980001.shtml，最后访问日期 2017 年 9 月 20 日。

③ 商务部国际贸易经济合作研究院、商务部投资促进事务局、中国驻马来西亚大使馆经济商务参赞处：《对外投资合作国别（地区）指南：马来西亚》（2016 年版），第 33 页。

④ 马来西亚投资发展局：《马来西亚工业投资指南：政策、奖掖及措施》，http：//www.mida.gov.my/home/administrator/system_files/modules/photo/uploads/20140214172126_MIMS2012_MC.pdf，第 124 页。

林吉特不可直接兑换，结算需以美元搭桥。2010 年 8 月 19 日起，中国国家外汇管理局开始公布人民币对林吉特汇率中间价。

马来西亚证券交易所[①]（Bursa Malaysia）是马来西亚的股票交易机构，经营股票、金融衍生品、境外金融产品、债券以及伊斯兰金融产品的交易。目前，交易所上市公司有 900 余家，分为主板市场（Main Market）和创业板市场（ACE Market）两部分。马来西亚证券交易所采用富时马股综指（FTSE Bursa Malaysia KLCI）作为其主要指数。

（四）马来西亚基础设施建设

马来西亚政府向来重视基础设施建设，目前已具备较好的设施环境来满足经济发展的要求。同时，"加强基础建设，支援经济扩张"也是《马来西亚第十一个规划》（2016～2020 年）的六大策略之一，这为外国投资者投资基础建设或开展工程承包提供了契机。

1. 公路。

马来西亚拥有较发达的高速公路网络。高速公路的设计、建造、管理统由国家大道局负责，建设分为政府建设和民营开发两部分。西马地区的路网较为发达，沙巴与沙捞越的公路系统在总里程数和品质上均比较落后。

2. 铁路。

马来西亚铁路运输系统分布于马来西亚半岛和东马沙巴州两个地区，前者主要由国营铁路公司马来亚铁路（Keretapi Tanah Melayu Berhad，KTMB）运营，后者则主要由沙巴州铁路公司（Sabah State Railway，SRR）运营。

2016 年 10 月，马来西亚内阁总理纳吉布访华，与习近平主席

---

① 马来西亚证券交易所：http://www.bursamalaysia.com/market。

就中马合作建设马来西亚东海岸铁路项目达成重大共识。同年11月，中国交通建设集团与马来西亚铁路衔接公司在北京签署马来西亚东海岸铁路项目协议。2017年8月9日，该项目正式开工。该铁路建成后，将连接马来西亚东海岸重要城镇和西海岸的经济中心。马来半岛东西方向铁路运输干线是马来西亚东海岸经济区规划中的重要交通基础设施。该项目亦是迄今为止中马两国历史上最大的经贸项目，"一带一路"倡议下最大的单体项目。

3. 空运。

在空运方面，马来西亚是东南亚重要的空中枢纽之一，目前共有8个国际机场，即吉隆坡国际机场、槟城国际机场、兰卡威国际机场、亚庇国际机场、古晋国际机场、马六甲国际机场（无国内航线）、柔佛士乃国际机场以及瓜拉登嘉楼苏丹马穆德机场，这些机场与其他国内航线机场共同构成了马来西亚的航空体系。民用航空主要由马来西亚航空公司和亚洲航空公司经营。

4. 水运。

马来西亚内河运输不发达，95%的贸易通过海运完成，主要国际港口包括巴生港、槟城港、柔佛港、丹绒柏勒巴斯港、关丹港、甘马挽港以及民都鲁港等。巴生港滨临马六甲海峡，为马来西亚最大的港口，集装箱年处理能力约500万标准箱，是东南亚集装箱的重要转运中心，其西港有良好的深水码头，可以停靠世界最大吨位的货船。[①]

5. 电力。

马来西亚的电力绝大多数由公共能源公司提供，由国家能源公司和各州能源公司负责经营。除公共能源公司外，还有少量的私人发电厂，市场份额仅占2%左右。

---

① 中华人民共和国外交部：《马来西亚国家概况》，http://wcm.fmprc.gov.cn/pub/chn/gxh/cgb/zcgmzysx/yz/1206_20/1207/t9371.htm。

六、马来西亚社会文化环境

（一）马来西亚族群与宗教

截至 2017 年 11 月，马来西亚人口 3 163.35 万[①]，人种和族群多样，有马来人、华人、印度人和某些原住民族群，共计 32 个民族。[②]

马来人（Bumiputra）是马来西亚的主体民族，据统计数据显示，2016 年马来人占比总人口 68.6%。[③] 马来人与尼格利陀人、西诺伊人、沙盖人等原住族群一起被视为原住民，在政治、教育、社会生活等多方面享有特殊地位。

华人是马来西亚的第二大族群，2016 年占比总人口 23.4%。[④] 马来西亚华人主要从广东和福建移民而来，主要分布在马来半岛西海岸。华人的经济发展水平相对较高，生活水平也普遍高于其他族群，华人社团的影响力也相对较大。

印度人是马来西亚的第三大族群，2016 年占比总人口 7%。[⑤] 印度人在公元前便来到马来半岛，在英国殖民统治时期，印度人大规模移民马来亚以满足劳动力的需求。印度人族群规模小，经济能力和社会影响力均有限。

马来西亚多元族群的存在，使得宗教也呈现着多元特色。伊斯兰教、佛教、基督教、印度教等宗教在不同历史时期传入马来西亚，并同时存在于当今马来西亚人的精神生活中。马来西亚《联邦宪法》第三条第一款规定，伊斯兰教为联邦的国教，但其

---

① 马来西亚统计局数据库，http://pqi.stats.gov.my，最后访问日期 2017 年 11 月 5 日。
② 商务部国际贸易经济合作研究院、商务部投资促进事务局、中国驻马来西亚大使馆经济商务参赞处：《对外投资合作国别（地区）指南：马来西亚》（2016 年版），第 10 页。
③④⑤ 范若兰：《新海丝路上的马来西亚与中国》，世界知识出版社 2017 年版，第 16 页。

他宗教也可以和平、和谐的在联邦境内任何地区开展活动。

伊斯兰教作为马来西亚的国教，是对政治、经济和社会生活影响最大的宗教。

佛教是马来西亚的第二大宗教。公元 14 世纪以前，佛教一直是马来地区盛行的宗教，后来由于执政者信奉伊斯兰教，佛教传统受到打压。19 世纪后期，随着华人大批来到马来西亚，佛教得以复兴。目前，佛教信徒以华人为主，同时也有部分印度人及原住民。

基督教是马来西亚的第三大宗教，于 16 世纪随葡萄牙、荷兰、英国殖民者传入马来西亚。目前，基督教信徒以原住民居多，其他族群兼而有之。

印度教是第四大宗教，于公元 1 世纪前后与佛教一道传入马来半岛，并且也于 14 世纪因伊斯兰教的盛行而衰落，于 19 世纪因印度移民的到来而复兴。目前，马来西亚的印度人仍主要信仰印度教。

马来西亚的宗教与族群高度关联，宗教的隔阂也使得族群融合更加困难。并且马来西亚各族群的权利并不平等。在政治上，马来人处于支配地位，但华人一直在经济上占优。马来西亚政府以马来人在经济上的弱势为由，为马来人提供多种政策倾斜，保障马来人在社会上的上升空间，以期缩小马来人与其他族群间的经济差距。华人和其他族群对于马来人的种种特权不满，族群间的利益冲突长期存在。但和平共处，共繁共荣是各族群达成的共识，因此族群利益冲突主要通过非暴力手段解决，利用政党机制、社团机制来协调平衡，故而马来西亚虽不时出现族群间的矛盾，但罕有暴力冲突发生。

（二）马来西亚人文风俗

马来西亚的穆斯林多属逊尼派，遵从伊斯兰教的风俗。华人

马
来
西
亚

15

与印度人的风俗习惯与祖籍国基本相同。

马来人没有固定的姓，不以姓氏作为称呼。马来人的名字可分两个部分，第一个部分是他们的名字，中间隔着"bin"（男士）或"binti"（女士），有时会省略。在非正式的场合，对小辈较为亲昵的称呼为 Adik 或 dik（音为：阿碟或碟），意为弟弟或妹妹，名字则可省略。对年级较大的男士可称为 Pakcik（音为：巴气），意为伯父，女士为 Makcik（音为：妈气），意为伯母。在日常场合，用 Encik（音为：恩杰）加名称呼男性，意为某某先生，用 Cik（音为：杰）加名称呼女性，意为某某女士。在较为正式的场合，用 Tuan 加名来尊称男士，用 Puan 加名来尊称女士。此外，对有封号的人可直接尊称其封号或封号加姓名。如拿督（Datuk）、丹斯里（Tan Sri）等。西式的握手问好在马来西亚是最普遍的见面礼节。

马来西亚的穆斯林马来人忌食猪肉、饮酒，打招呼、握手、馈献礼品或接物时不可用左手。穆斯林一般较虔诚，每天都祈祷五次。清真寺是穆斯林举行宗教仪式的地方。在参观清真寺时必须衣着整齐，女性不可身穿露出手臂或腿部的衣着，且必须脱鞋进门。

在马来西亚，除非主人允许，否则不管是到访马来人、华人或印度人的家，都需在入门前先脱鞋子。到马来人家做客，如果主人安排坐在地板上的垫子上，男性应盘腿而坐，女性则应把腿偏向左边坐。

在举止方面，不可用食指指人，若要指示方向，只能用拇指。马来人忌讳别人触摸其头部，除了教师或宗教仪式外，任何人都不可随意触摸别人的头部。不要把脚底展露在他人面前，用脚底对着人是对别人的侮辱。

（三）马来西亚主要媒体

1. 新闻出版。

马来西亚约有 50 份报纸，用 8 种文字出版，发行量从几万到几十万不等。主要报纸有：马来文的《马来信使报》《每日新闻》《祖国报》；英文的《新海峡时报》《星报》《马来邮报》；华文的《南洋商报》《星洲日报》等。

马来西亚国家新闻社是马来西亚最重要的通讯社，属于半官方通讯社，在亚太地区设有33家分社。

2. 广播电视。

马来西亚广播电台是马来西亚官办电台，建于1946年，拥有6个广播网，用马来语、英语、华语和泰米尔语广播。

马来西亚之声建于1963年，用马来语、阿拉伯语、英语、印尼语、缅甸语、菲律宾语和泰语等广播。

马来西亚电视台：官办电视台包括第一电视台（TV1）和第二电视台（TV2）。用马来语、英语、华语和泰米尔语播放。

此外，还有第三电视台（TV3）、城市电视（METRO VISION）、国民电视（NTV）三家私营电视台。近年开办了ASTRO卫星有线电视频道。2004年1月8TV电视台开播。[①]

（四）马来西亚的节假日

马来西亚的节假日大多与宗教生活密不可分，既有全国性的节假日，也有各州自己规定的节假日。除少数节假日日期固定之外，其余的具体日期由政府在前一年统一公布。

马来西亚的主要节日有：

元旦，1月1日，除柔佛、吉兰丹、玻璃市、登嘉楼、吉打以外的所有州均公休。

春节，华人新年。

开斋节，伊斯兰教斋月结束的第一天，也是马来人的新年。由于伊斯兰教和马来人的重要地位，开斋节也成为马来西亚最重

---

① 中华人民共和国外交部：《马来西亚国家概况》，http：//wcm. fmprc. gov. cn/pub/chn/gxh/cgb/zcgmzysx/yz/1206_20/1207/t9371. htm，最后访问日期2017年9月27日。

要的节日。

哈吉节，也称"古尔邦节"，是伊斯兰教节日，在伊斯兰教历十二月十日。

圣纪节，伊斯兰教先知穆罕默德的诞辰日，在伊斯兰教历三月十二日。

国家元首诞辰日，是国家元首的生日，日期每五年一换。

佛诞节，佛祖释迦牟尼的诞辰日。

圣诞节，每年的 12 月 24 日，是基督教先知耶稣的诞辰日，是马来西亚的公共假日。另外，4 月 10 日的耶稣受难日是沙巴和沙捞越州的公共假日。

大宝森节，每年在印度年历的十月举行，时间在公历的 1 月或 2 月。大宝森节是印度教的重要节日，是为了庆祝湿婆和雪山女神的幼子姆鲁卡神的生日。

屠妖节，印度教节日，又称"万灯节"，印度年历的八月十四日。

国庆节，又称"独立节"，每年 8 月 31 日。

第二节　法律渊源和部门法体系

一、马来西亚的法律渊源

（一）历史渊源

法的历史渊源通常指引起特定法律原则或规则产生和发展的

过去的事件和行为。[①] 马来西亚是东南亚地区宗教、社会与文化结合的典型国家，当今马来西亚社会的法律文化和法律制度深深镌刻着其纷繁复杂的历史痕迹。在历史上，马来西亚地域范围内存在不同的民族，亦建立过许多不同的国家。商贸的便利位置又为马来西亚带来了世界上曾盛行过的主要宗教。且先后经历过葡萄牙、荷兰和英国长达 400 多年的殖民统治又为马来西亚带来了西方法律观念。所有这一切，都成为今天马来西亚独特而复杂的法律文化和法律制度的历史渊源。

（二）形式渊源

马来西亚法律形式渊源包括成文法（Written Law）和不成文法（Unwritten Law）。成文法主要是指国家机关根据法定程序制定发布的正式法律文件。不成文法是指非经国家立法机关以特定程序制定的，亦不以条文化形式展示法律内容的，却具有国家法律效力的法律形式。

1. 成文法。

马来西亚成文法吸收了英国的宪政思想、自然权利观念，学习了英国的法律制度，并结合了马来西亚特有的宗教文化和民族文化。在马来西亚，成文法包括马来西亚《联邦宪法》、各州宪法、国会和州立法议会通过的立法以及附属法例。

法例（Legislation）包括国会和州立法议会通过的法律。1957年以后由国会通过的法律称为法（Act），沙巴和沙捞越州以外的立法议会通过的法律称为法规（Enactments），沙巴和沙捞越州立法议会通过的法律称为条例（Ordinances）。附属法例（Subsidiary Legislation）是指根据或凭借任何条例订立并具有立法效力的文告、规则、规例、命令、决议、公告、法院规则、附例或其他文书。

---

① 朱景文：《法律学》，中国人民大学出版社 2012 年第 2 版，第 220 页。

2. 不成文法。

受英国影响，马来西亚同时存在成文法与不成文法，在商业活动中判例法通常发挥积极的作用，形成了以普通法和判例为基础，由成文法修订补充组成的法律体系。马来西亚不成文法包括判例法、习惯法、英国普通法及衡平法原则以及伊斯兰宗教法。迄今，马来西亚仍然保留着习惯法的传统，尤其是东马来西亚的沙巴和沙捞越地区是遵循习惯法的代表区域，这两个州绝大部分是原住民，在历史上开发较晚，受外来影响较小，原住民的古老习惯被良好保留，在英国殖民统治时期未系统化地移植英国法律。早在 15 世纪的马六甲王朝，伊斯兰法便成为马来半岛的主要法律，时至今日，伊斯兰法一直对马来西亚的法律产生影响，甚至直接作为法律条文而存在，马来西亚《联邦宪法》中就直接引用《古兰经》相关条款达十余条。综上，马来西亚法律形式渊源总结如表 1 – 1 所示。

表 1 –1 马来西亚法律形式渊源

成文法	不成文法
联邦及州宪法	习惯
法例	判例
附属法例	英国普通法和衡平法原则
	伊斯兰宗教法

二、马来西亚的部门法体系

部门法亦称法律部门，是指根据一定的标准或原则对一国现行的全部法律规范进行划分所形成的同类法律规范的总称。通常，具有相同的调整对象或者兼具相同的调整方法的法律规范构成一个法律部门。[①] 马来西亚的法律大致可以分为以下几个部门。

---

① 舒国滢主编：《法律学导论》，北京大学出版社 2006 年版，第 123 页。

（一）宪法及行政法

这一部分法律规范包括：联邦宪法、选举法、国家安全法、反煽动法、紧急状况法、内部安全法、国家机关组织法及公务员法以及各种门类的社会公共管理等方面的法律。各州的宪法是对联邦宪法的补充。联邦宪法具有最高的法律效力。宪法和行政法的表现形式以成文法为主。

（二）刑法

马来西亚现行的《刑法典》于 1976 年 3 月 31 日在马来西亚全国统一实施。作为伊斯兰国家，伊斯兰宗教法对马来西亚刑法的影响广泛而深刻。各州可以在伊斯兰教务范围内制定刑法规范，甚至可以直接适用《古兰经》的某些条文。由于各州都对涉及伊斯兰教事务范围内的刑罚拥有一定的立法权，而且各州对相同的违法行为模式规定的处罚标准亦不一致，因此导致了伊斯兰宗教法的不统一，这种情况较为普遍。

（三）民商法及经济法

马来西亚民商法、经济法以英国的普通法和衡平法为基础，同时掺杂着伊斯兰宗教法、印度法和各种习惯法。没有全国通行的和系统的民法典，成文法、判例、教规和民间规则混合并行。非马来人或非土著的族群在马来西亚的土地法、自然资源法和公司法中关于股权、市场准入和交易等领域存在限制。除此之外，马来西亚有较为完备的外资保护法、知识产权保护法、消费者权益保护法和市场调控法。这些经济法多数以成文法的形式出现。在涉外的经济法中，马来西亚对外汇和进出口实行管制。对外资的需求和对金融危机的控制是影响外汇管制政策的两大因素。除上述因素和经济结构因素外，伊斯兰教的禁忌亦是对进出口货物管制的一个十分重要因素。

（四）程序法

诉讼与非诉讼程序法部门由调整保障实体法内容的实现而进行诉讼活动或非诉讼活动所遵循的程序以及由此产生的社会关系的法律规范构成，主要包括诉讼程序法和非诉讼程序法。[①] 在马来西亚，《上位法院法》《下位法院法》《伊斯兰法院民事诉讼（联邦区域）法》《法院审判条例》《马来西亚法院规则》确立了法院管辖权范围和审理案件的权限及程序，上述法律法规与《仲裁法》共同构成了马来西亚程序法的形式渊源。

第三节　国内主要法律制度

一、马来西亚公司法

马来西亚于 1965 年颁布《公司法》，由该法来调整公司设立、组织、运营或解散过程中所发生的社会关系。2017 年 1 月 31 日生效的马来西亚 2016 年《公司法》（以下简称为 2016 年《公司法》）是对该部立法的最新修改，共有 10 部分 620 个条文及 13 个附件。

---

① 舒国滢主编：《法律学导论》，北京大学出版社 2006 年版，第 131 页。

1. 公司的类型。

按照公司责任形式划分，马来西亚公司形式主要有股份有限公司、担保有限责任公司、无限责任公司，具体总结如表1-2所示。

表1-2　　　　　　　　　　马来西亚公司形式

公司类型	主要内容
股份有限公司	基于其成员应承担的责任将限制在其章程所规定的限额之内的原则而成立的公司，如有任何未缴付的资本，其对应的股份将被其他成员取得
担保有限责任公司	公司成员应承担的责任将限定在其章程中所规定的成员对公司的认缴资产范围内
无限责任公司	基于对其成员应承担的责任不设限制的原则而成立的公司

资料来源：Companies Act 2016 Article 9，http：//www. ssm. com. my/sites/default/files/companies_act_2016/aktabi_20160915_companiesact2016act777_0. pdf.

以公司股份是否可以自由转让和流通为标准，可划分为私人公司和公众公司。股份有限公司和无限责任公司可以为私人公司或公众公司，而担保有限责任公司只能为公众公司。具体如表1-3所示。

表1-3　　　　　　　　马来西亚私人公司和公众公司的分类

公司类型	主要内容
私人公司	私人公司组成的章程应当符合下列要求： （1）限制转让股份的权利 （2）限制股东人数不得超过50人 （3）禁止向公众发出任何认购其股份或债券的邀请 （4）禁止向公众发出任何向公司存入固定期限或预约支取资金的邀请 包括在2016年《公司法》颁布前已成立的私人公司、根据2016年《公司法》成立的私人公司和任何转化为私人公司的公司
公众公司	私人公司以外的公司

资料来源：See Companies Act 2016，Article 2，http：//www. ssm. com. my/sites/default/files/companies_act_2016/aktabi_20160915_companiesact2016act777_0. pdf.

马来西亚

23

2. 公司的设立。

公司章程规定了公司名称、经营目的、拟登记的授权资本金额（如有）、股份总额，规定了公司内部管理以及业务经营的规则。值得注意的是，在 2016 年《公司法》下，公司不再要求具备公司章程，尽管公司仍可以选择制定章程。在马来西亚设立一个公司，必须向公司委员会提交申请。2016 年《公司法》还规定了马来西亚设立公司的具体注册步骤及要求。

3. 公司的解散。

2016 年《公司法》规定了公司解散的路径和要求。在马来西亚本地设立的公司可以采用清算和提出注销两种方式解散。

二、马来西亚合同法

1950 年，马来西亚制定了成文的马来西亚《合同法》（下称 1950 年《合同法》）并于 1974 年修订，进而适用于马来西亚全国。其制定之初并非适用于整个马来西亚。由于马来西亚的政治和历史原因，槟城、马六甲、沙巴和沙捞越 4 个州一直适用的是英国普通法。而与传统英国合同法律制度相比较，1950 年《合同法》带有更符合该国国情的浓厚的宗教色彩，并兼顾了马来西亚的一些传统文化习俗。

1950 年《合同法》共十章内容，共计 191 条。

第一章为序言，对该法项下合同关系中所涉及的法律术语作出定义及解释。包括何为"要约""允诺""许诺人""承诺人""协议""合同""无效协议""可撤销合同"等。

第二章为要约的发出、接受与撤回，本章规定的主要内容包括要约发出完成的时间，要约及承诺可撤回的时间及有效的撤回方式，要约转化为承诺的要件等。

第三章对合同、可撤销合同与无效协议进行了区分。本章规定的主要内容包括，该法项下协议的构成要件按照何种协议构成合同；合同签订主体的缔约能力；何种情况下构成合意；何种情形构成自由意志；对胁迫、不当影响、欺诈、虚假称述、错误等影响签订合同之自由真实意志的情形作出界定，且明确约定非自由意志下签订的协议可撤销；一方或双方对事实理解错误而签订合同的效力；对现行法律理解错误而签订合同的效力；何为非法合同标的物及非法标的物对协议效力的影响；无效协议的认定等。

第四章为附条件的合同，本章规定的主要内容包括以特定事项发生为生效条件的合同，以特定事项的不发生为生效条件的合同，以及何种生效条件会导致合同无效。

第五章为合同履行的相应规则，本章规定的主要内容包括谁应当履行合同，履行的时间及地点，相互允诺的履行，偿债的制订，无须履行的合同等。

第六章对虽不构成《合同法》项下的合同，但构成了与拟创设合同关系近似的关系作出规定。

第七章、第八章对违约后果、损害赔偿责任、保证关系等作出规定。

第九章对寄托关系、寄托的担保、寄托人或受托人对错误行为者提起救济的权利作出规定。

第十章为代理关系，本章规定的主要内容包括代理人的任命和权限，复代理人，对代理人行为的承认及效力，代理的终止，基于代理与第三人之间签订的合同的效力等。

1976年合同修正案则主要增加的是关于奖学金协议的相关规定。

三、马来西亚土地房地产法

马来西亚目前并没有适用于全境的统一的国家土地法律制

度。依据马来西亚宪法的相关规定，土地问题为州务问题属于各州管辖范畴。各州设有土地局，且有权在马来西亚联邦政府的监督之下制定本州的土地政策与法规。

（一）土地法律制度

马来西亚土地法律制度是由多个独立的法律文件组成的。

1. 1965 年《国家土地法》。

该部立法适用于整个马来西亚半岛（西马来西亚），规定了土地法律的主要内容。其对联邦政府和州政府在土地方面的权限作出了划分，对土地用途进行了分类，设置了土地权利取得、移转、丧失的条件及限制，另外也规定了土地的抵押、没收等。

2. 1976 年《城镇与乡村规划法》及其 1995 年修正案。

该法案规定，各州应当结合自身具体情况对其土地的用途进行分类及划分。取得土地或更改土地的用途都必须制订方案再呈报审批，审批的依据则是土地所在州的地方规划原则及目标。只有在不违反该等原则及目标的前提下，申请才能获批。

3. 1960 年《土地征用法》及其实施细则。

该部立法主要规定了土地征用的目的及限制、土地征用的法定程序以及土地征用的补偿。政府部门、企业或个人不得随意征用土地，只有州政府有权征用州内土地及改变土地使用性质。凡征用土地，必须公布征用理由和确定补偿标准。

4. 其他法律法规。

马来西亚各州还颁布了《马来人保留地法》，将土地总面积约 1/4 划为"马来人保留地"，并规定除获得州政府批准，不能将该部分土地出售、出租或抵押给非马来人。[①]

---

① 国家开发银行：《"一带一路"国家法律风险报告》上册，法律出版社 2016 年版，第217 页。

（二）房地产法律制度

马来西亚首相署经济策划局（Economic Planning Unit of the Prime Minister's Department，EPU）是房地产收购的主管政府机关，其公布的于 2010 年 1 月 1 日生效的《产业收购规则》（Guideline on the Acquisition of Properties）是马来西亚收购最主要的产业规定。

最新修订的《产业收购规则》于 2014 年 3 月 1 日生效，[①] 该规则规定只有特定产业收购行为才需要 EPU 的批准。所有其他的产业交易（可以是住宅或商业地产），包括在外国人和非马来西亚原土族之间进行的交易，不再需要取得外国投资委员会或 EPU 的批准，前提是该收购的每个单位的价格不低于 100 万林吉特的最低门槛。[②]

1. 土地登记。

马来西亚各州的不动产所有权登记制采用澳洲托伦斯制度（Torrens System），并且由各州土地局以及土地和矿业部门统一监管。[③] 任何与土地相关的交易均应进行相应的产权登记。

2. 产权类别。

宪法和国家土地法均规定，马来西亚土地作为私有财产受法律的保护，可自由买卖。马来西亚的房地产产权可以分为以下四种。

（1）永久产权（Freehold）：产权属永久性的（该等产权已很难获得）。

---

① Economic Planning Unit：http：//www. epu. gov. my/en/guideline-procedures/acquisition_properties.

② Guideline on the Acquisition of Properties，Article2. 3，http：//www. epu. gov. my/en/en/sites/default/files/GP%2520EPUJPM%2520 – %2520English%25202014. pdf.

③ 中华全国律师协会：《"一带一路"沿线国家法律环境国别报告》第一卷，北京大学出版社 2017 年版，第 1048 页。

（2）有效年限产权或租赁产权（Leasehold）：由州政府掌管土地所有权，租期为 30 年，60 年或 99 年。在规定期限内，土地可以转让、买卖。当有效期限届满时，土地使用权连同地上房无偿归政府所有。但当期限即将到期时，土地使用者也可以向州政府申请续用，并向其缴交所需的费用。

（3）分契式产权（Strata）：简单而言是指一块土地的所有权由多个业主共同拥有该等产权。主要适用于多楼层商用及住宅房产。公寓是典型的分契式产权，公寓楼内的所有业主都拥有这栋楼所占据的土地的一小部分产权，但是这些小产权无法分割，所有业主只能通过契约共同持有这块土地的产权。

（4）马来人或土著保留产权（Malay Reserve Land）：土地只能为马来人或土著所拥有。

3. 外资允许购买的不动产类型。

依据《产业收购规则》，对外国主体及外国主体的权利由"外国权益"（Foreign Interest）这一专有名词进行概括，具体是指由以下成分构成的利益相关群体或主体的权益：

（1）马来西亚公民的自然人；和/或

（2）作为永久居民的自然人；和/或

（3）外国公司或机构；和/或

（4）本地公司或本地机构，但其 50% 以上的表决权股份由上述（1）、（2）和/或（3）项所述之主体持有。[①]

外国权益主体在马来西亚购置不动产或进行任何类型的不动产收购，包括住宅、商业地产或土地，区分为以下四种情形：[②]

（1）禁止购置的；

（2）需要报 EPU 审批的；

（3）无须 EPU 审批的；

---

① Guideline on the Acquisition of Properties，Article 21，http：//www.epu.gov.my/en/en/sites/default/files/GP%2520EPUJPM%2520 - %2520English%25202014.pdf.

② 中华全国律师协会：《"一带一路"沿线国家法律环境国别报告》第一卷，北京大学出版社 2017 年版，第 1048 页。

（4）无须 EPU 审批但须经相关部门审核的。

值得注意的是，尽管特定房地产收购无须取得 EPU 的批准，然而所有外资收购房地产项目均要受到州政府的相关规制，需事先向州政府提出书面申请并获得批准。[1]

四、马来西亚税法

马来西亚财政部负责税收相关的政策，马来西亚税务局和马来西亚皇家海关分别负责直接税收及间接税收法律的执法。其他类型的税收，例如娱乐税、博彩税等则由其他机构或相关州的政府机关管理。[2]

主要税收包括直接税（所得税、预提税、不动产利得税、印花税、石油所得税等）和间接税（商品及服务税、进口税、出口税等）。

马来西亚投资政策以 1986 年《促进投资法》、1967 年《所得税法》、1967 年《关税法》、1972 年《销售税法》、1976 年《国内税法》以及 1990 年《自由区法》等为法律基础，对制造业、农业、旅游业等领域投资活动提供不同类型的鼓励与促进措施，包括多种税收优惠政策。这些税收优惠以多种形式呈现，例如免税收入，额外的资本支出奖励，双倍抵扣费用，特别费用抵扣，进口税、销售税以及消费税的豁免等。[3]

---

① Guideline on the Acquisition of Properties, Article2.3, http：//www.epu.gov.my/en/en/sites/default/files/GP%2520EPUJPM%2520 - %2520English%25202014.pdf
② 中华全国律师协会：《"一带一路"沿线国家法律环境国别报告》第一卷，北京大学出版社 2017 年版，第 1054 页。
③ 参见商务部国际贸易经济合作研究院、商务部投资促进事务局、中国驻马来西亚大使馆经济商务参赞处：《对外投资合作国别（地区）指南：马来西亚》（2016 年版），第 57 页。

五、马来西亚环境法

马来西亚政府环保主管部门是自然资源和环境部下属的环境署（Department of Environment，DOE），其作为独立机构主要负责环境政策的制定及环境保护措施的监督和执行。环境署下设负责处理空气、河流、水利以及工业废物的部门。一些其他中央政府机构则负责管理特定环境保护领域，比如基础产业部的森林局负责森林保护，交通部的海洋局负责海洋污染等。

马来西亚基础环保法律法规包括 1974 年《环境质量法》和 1987 年《环境质量（环境影响评估）法》。涉及投资环境影响评估的法规包括 1990 年《马来西亚环境影响评估程序》、1994 年《环境影响评估准则》等。

根据上述法规，任何投资者必须在提交投资方案时考虑到环境因素，进行投资环境评估，在生产过程中控制污染，尽量减少废物的排放，把预防污染作为生产的一部分。[①] 马来西亚环境评估程序根据待评估项目性质分为初步环境评估和详细环境评估，两者的具体申请程序不同。另外，马来西亚污染事故处理或赔偿的标准主要根据污染事故的性质、影响以及造成的后果来加以判定。

六、马来西亚知识产权法

马来西亚的知识产权保护涵盖了对专利权、商标权、外观设计专利权、著作权、地理标志权以及集成电路布图设计权等权利

---

① 马来西亚投资发展局：《马来西亚工业投资指南》，第 137 页。

的保护。国内主要法律法规包括《专利法》《商标法》《工业设计法》《版权法》和《集成电路设计布局法》。

马来西亚知识产权局（The Malaysian Intellectual Property Corporation，MyIPO）是旨在协助管理和执行知识产权法律，处理知识产权问题或事宜的法定机构。马来西亚知识产权局还负责专利、商标、工业品外观设计、地理标志和集成电路版图设计的注册。

马来西亚是世界知识产权组织（The World Intellectual Property Organization，WIPO）的成员国，也是保护知识产权的《保护工业产权巴黎公约》和《保护文学和艺术作品伯尔尼公约》的缔约国。此外，马来西亚还签署了《与贸易有关的知识产权协议》（Agreement on Trade – Related Aspects of Intellectual Property Rights，TRIPS）及《专利合作条约》。

马来西亚的知识产权法律与国际主流标准接轨，因而马来西亚对于本地投资者及外商投资者的知识产权都能提供充分的保护。

七、马来西亚总体法律环境的风险与防范

（一）总体法律环境风险

马来西亚的法律环境总体良好，有较为成熟和完备的法律体系，有较为详细的具体法律。经济学人智库（Economist Intelligence Unit，EIU）在 2010 年对东盟国家进行的法律稳定性评价中，马来西亚获得 B 级评价。① 而根据世界经济论坛发布的

---

① 范若兰主编：《东盟十国基本国情及投资风险评估》，中国社会科学出版社 2016 年版，第 102 页。

《2016～2017 年全球竞争力报告》，马来西亚的法律和行政环境的排名在全球 138 个国家和地区中位列第 26 位，是亚太地区的领先者。其中，知识产权保护（Intellectual Property Protection）位列第27 位，司法独立性（Judicial Independence）位列第 45 位，在法律框架下解决争端的效率（Efficiency of Legal Framework in Setting Disputes）排名第 19 位，投资者保护力度（Strength of Investor Protection）排名第 4 位。①

在营商环境方面，根据世界银行 2017 年《营商环境报告》，马来西亚营商环境在 190 个国家和地区中排名第 23 位，位居世界前列。② 马来西亚在该份报告考察的内容中表现出色。施工许可（Construction Permits）位于第 13 名，财产登记（Registering Property）位于第 40 位，信贷获取（Getting Credit）位于第 20 位，保护中小投资者（Protection of Minority Investors）排名第 3 名，纳税（Paying Tax）排名第 61 位，跨境贸易（Trading across Borders）排名第 60 位，合同强制执行（Enforcement of Contract）排名第 42 位，破产处置（Resolving Insolvency）排名第 46 位等。③

（二）法律风险的总体防范

1. 内外法律顾问配合，适应马来西亚法律复杂性。

马来西亚的法律多而繁杂。具体表现在：（1）成文法和不成文法交织。由于历史原因，马来西亚法律体系深受英国影响，成文法与不成文法在商业活动中都发挥重要作用。马来西亚成文法的起草借鉴了英国、澳大利亚和印度法律。不成文法或普

---

① See Economist Intelligence Unit: *The Global Competitiveness Report* 2016 – 2017, http://www3. weforum. org/docs/GCR2016 – 2017/05FullReport/TheGlobalCompetitivenessReport2016 – 2017_FINAL. pdf, P. 251.

② See World Bank Group: *Doing Business* 2017 *Economy Profile Malaysia*, http://www. doing-business. org/~/media/wbg/doingbusiness/documents/profiles/country/mys. pdf.

③ See World Bank Group: *Ease of Doing Business in Malaysia*, http://www. doingbusiness. org/data/exploreeconomies/malaysia.

通法则包括马来西亚法院裁决的案件、宗教法以及本地习俗。（2）联邦法和州法并行。对于中国企业，更值得关注的是，马来西亚联邦政府与州政府都有立法权，可能会出现在不同效力层级上法律适用冲突的情况。上述特点共同构成了马来西亚法律的复杂性。

　　因此，中国投资者到马来西亚投资首先应当关注法律风险。应当考察、了解其大量的国内法、政策政令、国际条约，并密切关注当地法律变动情况；应当聘请当地有经验、了解对外投资且易于交流的律师作为法律顾问，与内部法律顾问团队一起处理与法律有关的事务，包括合同谈判、合同审核及签署等。

　　2. 合理设置争议解决条款，降低判决裁决执行风险。

　　争议解决方面，就法院判决而言，马来西亚法院在审理争议时，除适用本地立法以外，也会参考其他国家和地区法院的裁决，尤其是普通法司法管辖区的裁决，以及英国、印度、新加坡、澳大利亚的判例法。① 马来西亚法院参照的其他国家和地区判例法虽不具有绝对约束力，但仍具有说服性和指导性。法院判决所适用的法律存在不确定性会影响投资者对判决结果的预判。且由于中国和马来西亚尚无相互承认与执行民事判决的机制，马来西亚法院判决能否在中国法院得到执行存在疑问。仲裁方面，临时仲裁在马来西亚运用广泛，但由于中国仲裁法并不承认临时仲裁的效力，因此也存在仲裁裁决能否在中国得到有效执行的问题。因此，中国企业如果选择仲裁作为争议解决的方式，应当合理设置仲裁条款，对仲裁方式、仲裁适用规则、仲裁地点、仲裁员的选定及语言等作明确的约定，以降低上述风险。

---

　　① 中华全国律师协会：《"一带一路"沿线国家法律环境国别报告》第一卷，北京大学出版社 2017 年版，第 1068 页。

第四节 国际法律制度

本节主要介绍马来西亚与中国签订的双边协定，以及与中国共同加入的主要国际公约。由于马来西亚是东盟五个创始成员国之一，中国与东盟自由贸易区的相关制度框架对中国企业在马来西亚的投资贸易会产生重要影响，因此，本节也包括对中国—东盟自贸区法律制度的介绍。

一、马来西亚国际法律制度概述

国家有义务保证其国内法与缔结的条约不冲突，或规定在国内法与所缔结国际条约发生冲突时两者的效力关系。[①] 值得注意的是，马来西亚联邦宪法并没有明确规定国际法与马来西亚国内法的效力关系。对于国际法是否为马来西亚法律的一部分，或马来西亚政府部门（立法、行政、司法机关）如何适用国际法，马来西亚法律也未作说明。但可以明确的是，国际习惯法相关内容若要在马来西亚境内执行必须转化为立法条文或作为英国普通法的一部分。国会有权签署条约，但条约必须通过立法转化为马来西亚国内法才能在马来西亚国内施行。[②]

---

① 白桂梅：《国际法》，北京大学出版社 2010 年版，第 130 页。

② International and ASEAN Law in the ASEAN 10 National Jurisdictions. *The Reception of International Law in the Legal System of Malaysia*, available at https：//cil. nus. edu. sg/wp/wp-content/uploads/2016/08/SD_ES – ASEAN – 10 – Malaysia-study. pdf.

二、马来西亚与中国签订的双边协定

中国与马来西亚在交往过程中签署过许多协定等保护政策以促进双方之间的合作。[①]

1974 年 5 月,中马双方签署《中华人民共和国政府和马来西亚政府关于两国建立外交关系的联合公报》。

1985 年 11 月,中马双方签署了《中华人民共和国政府和马来西亚政府关于对所得避免双重征税和防止偷漏税的协定》。

1987 年 9 月,中马双方签署了《中华人民共和国政府和马来西亚政府海运协定》。

1988 年 11 月,中马双方签署了《中华人民共和国政府和马来西亚政府关于相互鼓励和保护投资协定》。

1989 年 3 月,中马双方签署了《中华人民共和国政府和马来西亚政府民用航空运输协定》。

1999 年 5 月,中马双方签署了《中华人民共和国政府和马来西亚政府关于迈向 21 世纪全方位合作的框架文件》以及《中华人民共和国政府和马来西亚政府关于未来双边合作框架的联合声明》。

2000 年 4 月,中马双方签署了《中华人民共和国政府和马来西亚政府就中国加入 WTO 的双边协议》。

2005 年 12 月,中马双方签署了《中华人民共和国和马来西亚联合公报》。

2009 年 2 月,中马双方签署了《中马双边本币互换协议》。
2015 年 4 月,中国人民银行与马来西亚国家银行第二次续签了

---

① 根据中华人民共和国外交部《中国同马来西亚的关系》整理,http://www.fmprc.gov.cn/web/gjhdq_676201/gj_676203/yz_676205/1206_676716/sbgx_676720/,最后访问日期 2017 年 9 月 13 日。

该协议，有效期三年。[①]

2009 年 6 月，中马双方签署了《中华人民共和国政府和马来西亚政府关于部分互免持外交、公务（官员）护照人员签证的协定》。

2011 年 4 月，中马双方签署了《中华人民共和国政府和马来西亚政府关于扩大和深化经济贸易合作的协定》。

2012 年 6 月，中马双方签署了《中华人民共和国政府和马来西亚政府关于马中关丹产业园合作的协定》。

2013 年 10 月，中马双方签署了《中华人民共和国政府和马来西亚政府经贸合作五年规划（2013~2017 年）》。

2015 年 6 月，中马双方签署了《中华人民共和国政府与马来西亚政府关于中马战略性合作共同行动计划》。

2015 年 11 月，中马双方签署了《关于进一步推进中马经贸投资发展的合作计划》《关于加强产能与投资合作的协定》《关于政府市场主体准入和商标领域合作谅解备忘录》以及《马来西亚输华棕榈油质量安全的谅解备忘录》。

2016 年 11 月，中马双方签署了《中马教育合作谅解备忘录》。

三、马来西亚与中国共同参加的主要国际公约

马来西亚与中国在多领域参加了共同的国际公约。[②] 例如：

国际贸易及发展领域，包括 1947 年《关税及贸易总协定》，1965 年《建立亚洲开发银行协定》，1976 年《建立国际农业发展基金的协定》，1994 年《与贸易有关的知识产权协议》等。

---

① 中华人民共和国商务部：《中国与马来西亚续签货币互换协议》，http：//www. mofcom. gov. cn/article/i/jyjl/j/201504/20150400947205. shtml，最后访问日期 2017 年 9 月 13 日。

② 马来西亚参加的多边国际条约参见马来西亚外交部网站，http：//www. kln. gov. my/web/guest/md-treaties；中国参加的部分多边国际条约参见中华人民共和国外交部网站，http：//wcm. fmprc. gov. cn/pub/xws/xgfg/t4985. html。

争议解决领域，包括 1907 年《海牙和平解决国际争端公约》，1958 年《关于强制解决争端的任择签字议定书》，1965 年《关于解决国家与其他国家国民之间投资争端公约》，1958 年《联合国承认和执行外国仲裁和裁决公约》。

国际条约法领域，包括 1951 年《海牙国际私法会议章程》及其修正案和 1969 年《维也纳条约法公约》。

知识产权领域，中国和马来西亚作为世界知识产权组织（WIPO）的成员国，双方共同加入的国际公约有《建立世界知识产权组织公约》《保护工业产权巴黎公约》《世界知识产权组织表演和录音制品条约》《世界知识产权版权条约》《商标注册用商品和服务国际分类尼斯协定》《专利合作条约》《伯尔尼保护文学和艺术作品公约》等。[1]

环境保护领域，包括 1985 年《维也纳保护臭氧层公约》，1969 年《国际油污损害民事责任公约》，1971 年《设立国际油污损害赔偿基金国际公约》和 1990 年《国际油污防备、反应和合作公约》等。

战争和平领域，包括 1925 年《关于禁用毒气或类似毒品及细菌方法作战议定书》，1948 年《防止及惩治灭绝种族罪公约》等。

文化遗产保护领域，包括 1961 年《关于发生武装冲突时保护文化财产的公约》，1972 年《保护世界文化和自然遗产公约》等。

民航领域，包括 1944 年《国际民用航空公约》，1944 年《国际航班过境协定》。

关于外交豁免，包括 1946 年《联合国特权与豁免公约》，1947 年《专门机构特权与豁免公约》。

其他领域，包括 1945 年《国际货币基金协定》等。

---

① 世界知识产权组织：http：//www.wipo.int/wipolex/zh/profile.jsp? code = MY。

四、中国与东盟自由贸易区的制度框架

2002 年 11 月 4 日，中国与东盟 10 个成员国签署《中国—东盟全面经济合作框架协议》，决定于 2010 年建立中国--东盟自由贸易区（China and ASEAN Free Trade Area，CAFTA）。东盟 10 个成员国包括：文莱、印度尼西亚、马来西亚、菲律宾、新加坡、泰国、柬埔寨、老挝、缅甸和越南。

中国—东盟自贸区是中国对外商谈的第一个自贸区，是东盟作为整体对外商谈的第一个自贸区，是目前世界人口最多的自贸区，也是世界上由发展中国家间建立的最大的自贸区。[①]

在中国—东盟自贸区建设过程中，以《中国—东盟全面经济合作框架协议》为基础，各成员国签署了多份法律文件，这些文件共同构成了中国—东盟自由贸易区的制度框架。

（一）《中国—东盟全面经济合作框架协议》

2002 年 11 月 4 日，中国和东盟领导人在柬埔寨首都金边签署了《中国—东盟全面经济合作框架协议》（以下简称《框架协议》）。该协议的签署为中国—东盟自由贸易区的建立奠定了法律基础，标志着中国—东盟自由贸易区的启动。

该协议是中国与东盟谈判建立自由贸易区、实现区域内货物贸易、服务贸易及投资自由化以及在其他更广阔的领域开展区域经济一体化合作的纲领性法律文件。[②]

《框架协议》在序言部分阐明了制定该协议的目标：加强和

---

① 参见商务部国际贸易经济合作研究院、商务部投资促进事务局、中国驻东盟使团经济商务参赞处：《对外投资合作国别（地区）指南：东盟》（2016 年版），第 50 页。

② 参见梁丹妮：《〈中国—东盟全面经济合作框架协议〉初探——以世界贸易组织法为起点》，载于《云南大学学报法学版》2006 年第 2 期，第 83 页。

增进中国与东盟各缔约方之间的经济、贸易和投资合作；促进货物和服务贸易，逐步实现货物和服务贸易自由化，并创造透明、自由和便利的投资机制；为各缔约方之间更紧密的经济合作开辟新领域等全面经济合作。[①] 同时提出通过采用加强和增进全面经济合作的措施促成 2010 年中国—东盟自由贸易区的建立。协议第一部分分别就货物贸易自由化、服务贸易自由化、投资自由化作出了具体安排。第二部分则是对其他领域的经济合作作出约定。《框架协议》第三部分则对货物贸易、货物贸易原产地规则、服务贸易和投资领域等各项协议的谈判设定了具体的时间限制。[②]

《框架协议》为建立中国—东盟自由贸易区提供了法律依据，也为自由贸易区今后的运作提供了方向性的指导。同时，鉴于中国和东盟的多数国家都是 WTO 的成员方，《框架协议》的签订和实施也是对 WTO 中的区域经济一体化法律规则的实践与发展。

（二）《中国—东盟全面经济合作框架协议货物贸易协议》

《中国—东盟全面经济合作框架协议货物贸易协议》（以下简称为《货物贸易协议》）于 2004 年 11 月签署。该协议是规范中国与东盟货物贸易降税安排和处理非关税措施等有关问题的法律文件，也是中国与东盟国家间相互开放市场的重要体现。

《货物贸易协议》共 23 个条款及 3 份附件。其内容主要包括关税的削减和取消、减让的修改、数量限制和非关税壁垒、保障措施、加速执行承诺、一般例外、安全例外、机构安排和审议等内容。

---

① 《中华人民共和国与东南亚国家联盟全面经济合作框架协议》第 1 条。
② 《中华人民共和国与东南亚国家联盟全面经济合作框架协议》第 8 条。

1. 产品分类。

《货物贸易协议》规定，除已有降税安排的早期收获产品外，其余的全部产品分为正常产品和敏感产品两大类。[①]

（1）正常产品。中国—东盟自贸区的货物贸易谈判采取的是"负面列表"（Negative List）方式，凡是没有列入敏感产品清单的产品均视为正常产品。因此，在中国—东盟自贸区框架下，绝大多数的产品都是正常产品。在正常产品中，产品又分为一轨产品和二轨产品两类。两者的共同点是最终税率均要为零，区别是后者在取消关税的时间上可享有一定的灵活性。[②]

（2）敏感产品。在敏感产品中，按敏感程度不同，产品又细分为一般敏感产品和高度敏感产品两类。两者的共同点是最终税率可不为零，区别是一般敏感产品要在一段时间后把关税降到5%以下的相对较低水平，而高度敏感产品最终可保留相对较高的关税。[③]

上述产品分类总结如表1－4所示。

表1－4 产品分类[④]

最终税率	降税期限		
	短期	中期	长期
为零	早期收获产品	一轨正常产品	二轨正常产品
不为零	不适用	一般敏感性产品	高度敏感性产品

资料来源：根据《中国—东盟全面经济合作框架协议》《中国—东盟全面经济合作框架协议货物贸易协议》整理。

[①] 《中国—东盟全面经济合作框架协议货物贸易协议》第3条。

[②] 中华人民共和国商务部：《中国—东盟自贸区〈货物贸易协议〉解读》，http://www.mofcom.gov.cn/article/Nocategory/200507/20050700180168.shtml，最后访问日期2017年9月14日。

[③] 参见商务部国际贸易经济合作研究院、商务部投资促进事务局、中国驻东盟使团经济商务参赞处：《对外投资合作国别（地区）指南：东盟》（2016年版），第51页，http://fec.mofcom.gov.cn/article/gbdqzn/upload/dongmeng.pdf。

[④] 参见商务部国际贸易经济合作研究院、商务部投资促进事务局、中国驻东盟使团经济商务参赞处：《对外投资合作国别（地区）指南：东盟》（2016年版），第52页。

（3）马来西亚向中国提出的敏感产品。

马来西亚对中国提出的敏感产品主要集中于车辆及其零附件、钢铁及其制品、纺织品及原料、塑料及橡胶制品、机电产品等。① 具体情况总结如表1-5所示。

表1-5 马来西亚对中国提出的敏感产品

国家	敏感产品比重	主要敏感产品列举
马来西亚	7.2%（税目） 6.8%（金额）	敏感产品：车辆及其零附件、钢铁及其制品、纺织品及原料、塑料及橡胶制品、机电产品 高度敏感产品：鸡及鸡肉、乳及奶油、带壳鲜鸭蛋、食用蔬菜类蔬菜、稻谷、糙米、精米、碎米、卷烟

资料来源：参见《对外投资合作国别（地区）指南：东盟》（2016年）。

2. 降税模式。

降税的模式根据东盟新老成员国及产品的类型进行区分。对于正常产品，《货物贸易协议》要求中国和东盟老成员国自2005年7月开始降税，2010年1月1日削减为零；对于东盟新成员其降税时间则放宽到2015年。

敏感产品的降税适用于新老东盟成员国。被列入敏感产品清单的税目最多只有400个，这些产品的关税比率在2012年减至20%，2018年则减至5%以下。而被列入高度敏感产品清单的商品最多不应超过敏感类税务的40%或100个税目，以低者为限。该类商品要求在2015年1月1日削减至50%以下。②

3. 原产地规则。

中国—东盟自贸区的原产地规则以"增值标准"为基础。协议

① 参见商务部国际贸易经济合作研究院、商务部投资促进事务局、中国驻东盟使团经济商务参赞处：《对外投资合作国别（地区）指南：东盟》（2016年版），第61页。

② 《中国—东盟全面经济合作框架协议货物贸易协议》附件2，http：//fta. mofcom. gov. cn/dongmeng/annex/hwmyxieyi_cn. pdf. 最后访问日期2017年9月22日。

马来西亚

41

规定，如一产品的区域价值成分（Regional Value Content，RVC）不低于该产品总价值的40%，则该产品可被认为是原产于中国—东盟自贸区的产品，在进出口贸易中享受自贸区的优惠税率。[①]

目前，中国—东盟自贸区原产地证书使用的是不同于WTO原产地证书格式的E表（Form E），在中国由国家质检总局及各地的检验检疫部门颁发，凭此证书可以在通关时享受优惠关税。[②]

4. 保障措施。

为保证各自的国内产业不受到严重冲击，除WTO的相关反倾销与反补贴措施，《货物贸易协议》允许各方在必要时对来自中国—东盟自贸区内的产品提高关税。但为了避免该等措施被缔约国滥用，协议还设置了相应的限制条件。[③]

（三）《中国—东盟全面经济合作框架协议服务贸易协议》

《中国—东盟全面经济合作框架协议服务贸易协议》（以下简称《服务贸易协议》）于2007年1月签署，同年7月1日生效。该协议是规范中国与东盟服务贸易市场开放和处理与服务贸易相关问题的法律文件。《服务贸易协议》采取"正面列表"（Positive List）的方式，参照WTO《服务贸易总协定》的模式，包括定义和范围、义务和纪律、具体承诺和其他条款四个部分，共33个条款和1个附件。

协议第一部分定义和范围界定了与服务贸易有关的定义和协议的效力范围；第二部分义务和纪律包括了透明度、机密信息的披露、国内规制、承认、垄断和专营服务提供者、商业惯例、保障措施、支付和转移、保障国际收支的限制、一般例外、安全例

---

① ② 参见《中国—东盟自由贸易区原产地规则》，http：//fta. mofcom. gov. cn/dongmeng/annex/hwmyxieyi-fj03_cn. pdf，最后访问日期2017年9月22日。

③ 《中国—东盟全面经济合作框架协议货物贸易协议》第9条。

外、补贴、合作等条款；第三部分具体承诺涵盖了市场准入、国民待遇、附加承诺、具体承诺减让表、减让表的扩大与适用、逐步自由化，具体承诺减让表的修改条款；第四部分其他条款主要对实施协议的程序性问题作了规定。[1]《服务贸易协议》附件则列出中国和东盟 10 国的具体承诺表。

其中，马来西亚对中国承诺开放部门较多，达到 8 个服务部门，甚至作出了高于 WTO 出价的承诺。[2] 具体总结如表 1-6 所示。

表 1-6　　　　　　马来西亚对中国的服务贸易开放承诺[3]

国家	承诺开放部门	同 WTO 出价比较
马来西亚	8 个：商务、通讯、建筑、教育、金融、健康和社会、旅游、运输	（1）水平承诺同 WTO 出价基本一致 （2）新增了会展、主题公园、海运、空运等部门的开放承诺 （3）在金融、建筑及工程等领域有深化承诺，如在保险领域放宽了对外籍管理人员的市场准入限制

资料来源：《服务贸易协议》及马来西亚对 WTO 最新出价整理。

（四）《中国—东盟全面经济合作框架协议投资协议》

2009 年 8 月 15 日，《中国—东盟全面经济合作框架协议投资协议》（以下简称《投资协议》）签署，标志着中国与东盟之间的投资经贸关系进入全新发展阶段。

《投资协议》共 27 个条款，包括双方相互给予投资者国民待遇、最惠国待遇和投资公平公正待遇，提高投资相关法律法规

---

[1] 张晓君：《中国—东盟〈服务贸易协议〉与中国服务业的发展》，载于《河北法学》2010年第 3 期，第 92 页。

[2] 具体承诺参见《马来西亚在中国—东盟自贸区〈服务贸易协议〉》中的具体承诺减让表，http://fta.mofcom.gov.cn/dongmeng/annex/fwmyxieyi_fj-Malaysiacrb_cn.pdf。

[3] 参见商务部国际贸易经济合作研究院、商务部投资促进事务局、中国驻东盟使团经济商务参赞处：《对外投资合作国别（地区）指南：东盟》（2016 年版），第 71 页。

透明度，为双方投资者创造自由、便利、透明及公平的投资环境，并为双方的投资者提供充分的法律保护。[①]

1. 投资者及其投资的待遇。

根据《投资协议》，投资者投资能够享受国民待遇、最惠国待遇、公平和公正待遇。

（1）国民待遇。《投资协议》规定各方在其境内，在投资管理、经营、运营、维护、使用、销售和清算等方面，应当给予另一方投资者及其投资不低于其在同等条件下给予其本国投资者及其投资的待遇。[②] 该条款能保证投资者受到公平公正的非歧视待遇。根据协议，能够享受国民待遇的投资主体为中国和东盟国家的投资者。国民待遇的范围仅包括准入后国民待遇，而不涉及外资准入的国民待遇。[③]

（2）最惠国待遇。最惠国待遇是指东道国给予外国投资者的待遇不低于其已经给予或者将要给予第三国投资者的待遇。《投资协议》规定各方在投资方面应当给予其他方投资者不低于其在同等条件下给予任何其他缔约方或第三国投资者的待遇。[④] 且该等最惠国待遇的适用范围既包括投资准入前，也包括准入后。

（3）公平和公正待遇。《投资协议》中还给予投资者公平公正待遇（Fair and Equitable Treatment）及全面的保护和安全，但该等待遇也只限于准入后待遇。[⑤]

2. 征收的条件及补偿。

《投资协议》第8条规定，除协议规定的4种例外，[⑥] 任何

---

① 商务部：《商务部国际司商务参赞张克宁就签署〈投资协议〉答记者问》，http：//www.mofcom. gov. cn/article/ae/ai/200908/20090806460196. shtml，最后访问日期2017年9月26日。

② 《中国—东盟全面经济合作框架协议投资协议》第4条。

③ 参见商务部国际贸易经济合作研究院、商务部投资促进事务局、中国驻东盟使团经济商务参赞处：《对外投资合作国别（地区）指南：东盟》（2016年版），第71页。

④ 《中国—东盟全面经济合作框架协议投资协议》第5条。

⑤ 《中国—东盟全面经济合作框架协议投资协议》第7条。

⑥ 例外情况包括：（1）因为公共目的；（2）符合可适用的国内法包括法律程序；（3）以非歧视的方式实施；（4）依据《投资协议》第二款给予补偿。参见《中国—东盟全面经济合作框架协议投资协议》第八条。

一缔约方不得对另一缔约方投资者的投资实施征收、国有化或采取其他类似措施。

《投资协议》还明确了征收补偿标准和拖延支付的补偿。在补偿标准方面，《投资协议》明确了补偿应以征收公布时或征收发生时被征收投资的公平市场价值计算，先者为准。《投资协议》还规定补偿的清偿和支付不能有不合理的拖延，并确定了补偿的计算方式。

3. 争端解决机制。

《投资协议》还专门规定了争议解决机制以保证协议的顺利施行，保护缔约方及缔约方投资者的权益。协议根据争端涉及主体的性质对争端的类型作出划分，并适用不同的争端解决方式。具体概括如表1-7所示。[①]

表1-7 《投资协议》下的争端解决方式

争议类型	适用规则	争端解决方式
缔约方之间争端	《东盟—中国全面经济合作框架协议争端解决机制》	磋商、调解、和解、仲裁等程序[②]
缔约方与另一缔约方的投资者，因前者违反《投资协议》第四、五、七、八、九、十条，通过对某一投资的管理、经营、运营、销售或其他处置等行为给后者造成损失或损害的争端	《投资协议》第十四条规定	磋商优先，在规定时间内磋商不成，投资者有权： （1）提交有管辖权的争端缔约方法院或行政法庭；或 （2）根据《国际投资争端解决中心公约》《国际投资争端解决中心仲裁程序规则》提交仲裁；[③]或 （3）根据国际投资争端解决中心附加便利规则提交仲裁；[④]或 （4）根据《联合国国际贸易法委员会规则》提交仲裁；或 （5）由争端当事方同意的其他仲裁机构或根据其他仲裁规则仲裁

资料来源：根据《中国—东盟全面经济合作框架协议投资协议》《中国—东盟全面经济合作框架协议争端解决机制协议》整理。

---

① 参见《中国—东盟全面经济合作框架协议投资协议》第13、14条。

② 具体程序参见本书第七章第五节的内容。

③④ 前提是争端所涉缔约方和非争端所涉缔约方均为国际投资争端解决中心公约的成员。

（五）《中国—东盟全面经济合作框架协议争端解决机制协议》

2004 年 11 月，中国与东盟签署了《中国—东盟全面经济合作框架协议争端解决机制协议》（简称为《争端解决协议》），正式确定了双方争端解决的法律程序和机制。《争端解决机制协议》的签署和实施，使中国与东盟在经济合作领域发生的争端解决有法可依，为区内企业提供了良好的法律保障环境，使双方的经济合作进一步走向规范化和制度化。[①]

《争端解决机制协议》是规范中国与东盟双方在自由贸易区框架下处理有关贸易争端的法律文件，包含了 18 个条款和 1 个有关仲裁规则与程序的附件，就适用争端的范围、磋商程序、调解或调停、仲裁庭的设立、职能、组成和程序、仲裁的执行、补偿和终止减让等问题作出了相应规定。[②]

[①] 参见商务部国际贸易经济合作研究院、商务部投资促进事务局、中国驻东盟使团经济商务参赞处：《对外投资合作国别（地区）指南：东盟》（2016 年版），第 78 页。

[②] 商务部：《解读中国—东盟自贸区〈争端解决机制协议〉》，http://www. mofcom. gov. cn/article/Nocategory/200507/20050700180197. shtml。对《争端解决机制协议》的具体分析参见本书第七章第四节。

马来西亚

马来西亚投资法律制度

第一节　马来西亚投资法概述

一、马来西亚投资立法

（一）投资法律渊源

马来西亚拥有较为完备的外商投资法律，对外国投资基本采取鼓励、友好态度。马来西亚外国投资相关的法律渊源包括两类：一类是马来西亚国内制定的外商投资法律规范，另一类是马来西亚签署的双边及多边经贸协定中与外商投资相关的国际法规范。

国内投资法律规范由规定外资准入条件和管理外商投资的专门外商投资法律和投资合作相关的一般性法律组成。前者主要包括《促进投资法》《马来西亚机构投资者准则》《马来西亚收购、并购准则》等法规指引，后者则由 2016 年《公司法》、1950 年《合同法》、2009 年《马来西亚反腐败委员会法》等一般性法律规范组成。

国际投资法律规范由马来西亚签署的全球或区域内的双边及多边经贸协定中的投资规范组成。[①] 马来西亚是世界贸易组织、国际投资争端解决中心、世界知识产权组织、东盟等国际组织的成员，签署了《跨太平洋伙伴关系协定》《与贸易有关的投资措施协议》《解决国家与他国国民间投资争端公约》《承认及执行外国仲裁裁决公约》等重要民商事实体和程序协定。

（二）投资法的主要内容

1. 1986 年《促进投资法》。

该法案是马来西亚工业投资促进最重要的法律，旨在通过减免税负的形式来促进马来西亚建立和发展工业、农业和其他商业企业，促进出口以及其他相关目的。[②] 该部立法规定的优惠措施分为两类：一类是直接税激励，对一定时期内的所得税进行部分或全部减免；另一类是间接税激励，即以免除进口税、销售税或消费税的形式促进投资。[③]

满足以下条件的企业有权享受上述税收优惠：马来西亚人持有 60% 以上的股权；马来西亚人所有的公司自申请之日生产不超过一年；公司从事 1986 年《促进投资法》规定的推广行为或生产规定的推广产品；增值税、管理、技术、监管与研发支出和

---

① 根据全书体例安排，就马来西亚国际投资法律规范部分，本章主要介绍中马双边协定中的《中华人民共和国政府和马来西亚政府关于相互鼓励和保护投资的协定》（以下简称"中马双边投资协定"）。

② MIDA, Promotion of Investments Act 1986, July 1st, 1986, http://www. wolterskluwer. com. my/wp-content/uploads/sites/2/2017/03/Promotion-of-Investments – Act – 1986. pdf.

③ 关于马来西亚税制及具体税收鼓励优惠政策详见本书第六章第二节内容。

科技指数等税收激励、税收标准将维持在现有水平。[①]

2. 2014 年《马来西亚机构投资者准则》。

该准则由马来西亚证券委员会和小股东监督团体（Minority Shareholders Watchdog Group，MSWG）起草，是一份鼓励机构投资者适用的自愿性指南。机构投资者是指在马来西亚上市公司持有股权的资产所有人或资产管理人。其中，资产所有人是指代表受益人或客户筹措资金并管理的集合投资工具，例如退休金基金、保险公司、伊斯兰保险公司、投资信托基金等。资产管理人是指通过投资授权书代表资产所有人负责管理相关资产的代理人。[②]

据该准则，机构投资者需要说明为进行公司治理，投资者采取的用于影响、指导和监测被投资公司的措施。该准则涵盖六大主要原则如下：

（1）机构投资者应披露其落实管理责任的相关政策；

（2）机构投资者应监督被投资公司；

（3）机构投资者应与被投资公司建立良好的关系；

（4）机构投资者应采取强有力的政策管理利益冲突，并公开披露；

（5）机构投资者应将公司治理和可持续性考虑纳入投资决策过程；

（6）机构投资者应公布投票政策。

该指南旨在为机构投资者提供有效管理的指导，帮助机构投资者的最终受益人或客户实现可持续的长期价值。机构投资者也可借助准则辨别治理水平更好的公司。

3. 2016 年《马来西亚收购、并购准则》。

此准则是对 2010 年《马来西亚收购、并购准则》的修订，

---

① MIDA, *Definition of Desirous for the Granting of Tax Incentives under the Promotion of Investments Act*, 1986 *for Malaysian-owned Companies*, July 3rd, 2012, http：//www. mida. gov. my/env3/uploads/Forms/Manufacturing/03072012/DEFINITION%20（MANUFACTURING)%20–12072012. pdf.

② Securities Commission Malaysia, *Malaysia Code For Institutional Investors*, *Definitions*, P2, September 25th, 2017, https：//www. sc. com. my/wp-content/uploads/eng/html/cg/mcii_140627. pdf.

规定了收购、并购的交易总则，所有进行收购、并购交易的主体均需遵守此准则。[①] 准则的核心原则为十二条，简述如下：

根据原则一和原则十，在一个收购要约中，卖方所有同一级别股东应受到平等对待，且同一级别股东在该次收购要约中应当具有平等的获益机会，包括控制权溢价（即买方为获得控制权而在购买股权时支付的溢价）。收购要约需要通知到受要约方所有具有投票权的股东，并通知到该同一级别股东的所有人。在股东部分同意的情况下，收购方需要按比例从所有股东处收购股份达到预定比例。

根据原则二，买方或要约方，某些情况下还包括卖方董事会，均应按照诚实信用原则遵守此准则的总则以及证券委员会所规定的指导方针、指导方向、应用指引以及相关规定。此外，上述主体不得对任何股东、特别是少数股东实行压迫或不公平对待行为。

根据原则三，买方或要约方及其顾问应确保其财务状况良好，能够充分履行要约。根据原则四，为保护其股东利益，接受或打算接受收购要约的受要约方应当任命一名合格的独立顾问，对收购要约提供评论、意见、信息、建议。根据原则五和原则八，所有收购、并购的交易方必须及时充分的披露有关信息，要约方、要约方董事及受要约方董事不得在并购中对股东作出选择性披露，除非信息是由受要约方董事会提供给善意的要约方或善意的要约方提供给受要约方董事会。原则六进一步指出，需要向收购方股东、董事及市场披露的信息包括买方身份在内的所有相关、充分的信息，以便对要约作出充分决策。同时，需要给予合理的考虑要约的时间。

原则七要求要约方、要约方董事、受要约方董事及其各自

---

① Securities Commission Malaysia, *Malaysian Code on Take - Overs and Mergers* 2016, August 15th, 2016, available at https: //www. sc. com. my/wp-content/uploads/eng/html/resources/guidelines/tom/160815/pub_20160812_PUB356. pdf.

顾问对发送给股东的信息、意见和建议尽到准备招股说明书同等程度的注意义务。原则九指出，尽管要约方董事会、受要约方董事会及其各自顾问需要分别为其股东的最大利益行动，但证券委员会颁布的指南和裁决可以相应地限制董事会及人员从事特定行为。原则十二规定受要约方考虑收购、并购的时间应当合理。

准则进一步指出，出于《资本市场和服务法》第218（3）条目，已经取得公司控制权但未取得公司过半数投票权股或投票权的买方，可以继续购买公司的投票权股或投票权。如果在连续6个月内购买份额不足2%，买方可以豁免收购义务。如果在连续6个月内购买份额超过2%，买方应按照证券委员会颁行的指南、指令、实践记录和裁决履行收购义务。

4. 政府和社会资本合作模式的法律框架。

在马来西亚，没有关于政府和社会资本合作模式（Public Private Partnership，PPP）的纲领性法律。PPP项目均在不同的指引以及不同领域的特别法下（如电力供应法、铁路法和联邦道路法）实施完成。这些指引和特别法规定了PPP项目和项目公司的条件和遴选程序，构成了马来西亚PPP的法律框架。另外，公私合作署（Public Private Partnership Unit，UKAS）作为总理办公室下属的领导PPP项目的核心机构，对于PPP项目的内容和运营有广泛的自由决定权。

（1）主要法律框架。

①《引导基金指引》。政府在《马来西亚第十个规划》之下引入了价值为200亿林吉特的引导基金，以作为对公共项目的支持。引导基金的目的在于填补可行性的缺口，并刺激包括基础设施、教育、旅游和健康等优先领域内的私有投资。《引导基金指引》于2011年首次发布，规定了引导基金应用的范围。根据《引导基金指引》，由引导基金提供的任何融资均需以拨款的形式提供，且该拨款只能用在一个项目的基础设施发展上，例如通

马来西亚

行道路、桥梁和公用设施。然而，当时尚未有关于拨款数额或者项目资格标准的规定。在 2014 年，《引导基金指引》通过了几个修订案，取消了对引导基金拨款使用的数额限制。现在，引导基金可以提供项目成本 10% 或者 2 亿林吉特（以二者中的较少者为准）的融资，且该引导基金的拨款会在项目完成之时即支付给项目公司。

②《PPP 指引》。《PPP 指引》是为了执行《私有化总体计划》，而依据第九个马来西亚计划（2006～2010 年）而制定的。《PPP 指引》规定了马来西亚 PPP 项目的基本框架，例如 PPP 路径的原则、PPP 的定义（包括独立模型和劳务支付模型）、公共项目和私有化的区别、PPP 方案的提交、对 PPP 项目的一般准则（例如项目的发起人必须财力充足，项目公司的实付资本必须至少为项目价值的 10%）、在 PPP 项目中私有方与公共方的角色和职责以及 PPP 项目的整体流程。因为《PPP 指引》非常简明扼要，每个项目的细节取决于公私合作署所做的决定，以及其他政府机构和投标文件。

（2）具体方案概述。

①可适用的项目。PPP 相关的法律和指引均不限制可适用项目的范围。在马来西亚，已有关于交通、高速公路、通信、医疗、能源、公用设施和教育领域的 PPP 项目，但项目的范围也因马来西亚的国家需求而有所不同。

②项目/项目公司的遴选。由公共部门发起的项目，必须经过招投标来遴选项目公司。招投标的流程时间通常取决于部门和机构制定的 PPP 招标文件的内容。通常情况下，在 PPP 项目招标文件发出的 9～12 个月内会公布中标的项目公司。相关法律对于投标文件的内容没有硬性的规则，主要取决于招标文件本身。

③非应标建议书。PPP 项目的方案也可以由私有方公司制定，如若私有方的某一方案被公私合作署和/或其他相关机构批

准，则该项目可以作为 PPP 项目实施。由私有方提议的项目规模一般较小，如垃圾焚烧场建设的项目和独立发电厂商项目均已通过非应标建议书的形式予以创设的先例。非应标建议书所创设的项目不需要经过招标程序，但该发起人与政府和/或相关政府机构会进行关于项目实施的谈判，一经达成协议即成为 PPP 项目。谈判没有通过，该项目可经竞争性的招标程序而被私有化，即转换成为一个公开招标的项目。

④PPP 模型和商业结构。马来西亚的 PPP 项目一般分为两类，即劳务支付模型和独立模型。尽管 PPP 指引是以劳务支付模型为模板，PPP 指引亦允许选择独立模型。在劳务支付模型中，公共方以事先约定的关键绩效指标（Key Performance Indicators，KPIs）支付私有方提供的服务，通常被用在社会基础设施的发展上，例如医院和大学。对该模型的典型的商业架构是建设—租赁—维护—转让（Build‐Lease‐Maintenance‐Transfer，BLMT）。与此相反，在独立模型中，私有方可以被允许直接向终端用户收取费用。建设—运营—转让（Build‐Operate‐Transfer，BOT）或者建设—拥有—运营（Build‐Own‐Operate，BOO）是比较流行的两种商业结构。

⑤政府支持。

如上所述，在马来西亚，引导基金提供的拨款是一种常见的由政府给予 PPP 项目的财政支持。政府通常不会提供其他的财政支持，例如给 PPP 项目或者项目公司提供贷款或担保。然而，目前马来西亚也引入了一项特殊的融资机制，称作绿色技术融资机制（Green Technology Financing Scheme，GTFS），对可再生资源领域，可以为每个公司提供 5 000 万林吉特的融资。在绿色技术融资机制下，政府会担保融资数额的 60%，并承担贷款总利率的 2%。

（三）投资相关的其他法律

1. 2016 年《公司法》[①]。

2016 年《公司法》是在马来西亚设立公司的依据，负责调整公司设立、运营、变更、终止一系列的法律关系。新公司法旨在引入一套适用所有公司的法律体制，简化基于公众公司和私人公司间差别的法律和程序，扫除私人公司发展障碍，鼓励私人公司的发展。[②]

2016 年《公司法》包含下述五个部分：序言、公司形成与行政、公司管理、公司终止和其他。该法规定了三种类型的公司（股份有限公司，担保有限公司，无限责任公司）的设立形式，在马来西亚设立公司的具体注册步骤及要求[③]。除注册公司的相应内容外，2016 年《公司法》还规定了下述有关外商投资的相应规则。

（1）组织文件。在 2016 年《公司法》下，公司不再要求具备公司章程，尽管公司仍可以选择制定章程。根据 2016 年《公司法》第三十二条，公司可以经特殊决议程序通过公司章程。公司章程对公司本身、董事及其成员具有约束力，但与该法相冲突或相违背的内容无效。

（2）公司治理。2016 年《公司法》要求，在通常情况下，上市公司或上市公司下属机构的董事年龄不得超过 70 岁。公司董事无须由公司股东担任。

公司秘书需由一名中立且唯一居住地为马来西亚的居民或其

---

① SSC, *Malaysia Company Act* 2016, https：//www. ssm. com. my/en/companies_act_2016，最后访问日期 2017 年 9 月 20 日。

② SSM, *Background to the Review Process and New Malaysian Companies Act*, *FAQS on the Companies Act* 2016（ACT 777），https：//www. ssm. com. my/sites/default/files/companies_act_2016/companies_act_2016_ - _policies. pdf.

③ 在马来西亚设立公司的具体注册步骤及要求详见本章第二节。

总部设于马来西亚的法人担任。同时，他必须为国内贸易、合作及消费事务部规定的专业组织成员，或拥有马来西亚公司委员会发放的个人执照。此外，公司还必须任命一名合格的公司审计师。

（3）股本。2016 年《公司法》规定可发行下列五类股本：①按不同类别股票发行的股本；②按第 72 条（优先权利）规定发行的可赎回股本；③对资本或收入具有优先分配权的股本；④拥有特殊、有限或附条件投票权的股本；或⑤无投票权的股本。值得注意的是，所有在 2016 年法案前后发行的股份将不再具有票面价值，并且任何公司不得发行不记名股票认股权证。

（4）分红。根据 2016 年《公司法》，公司只能在有支付能力的情况下，将所得相应利润以分配红利的方式发放给股东。在公司分配红利给股东前，该分配需经公司董事授权。若董事认为公司发放红利后不会影响公司的支付能力，公司董事可决定其认为合理的发放时间及红利数额。值得注意的是，公司具有支付能力指的是公司在分配红利后依然能够偿还所有已经到期及 12 个月内将要到期的债务。

2. 1950 年《合同法》①。

1950 年《合同法》由十个部分组成，涵盖了与合同相关的各方面规定，和普通法系项下的合同规则相似。

第一部分为序言，序言提供了本法项下所涉及的法律词语对照及相关解释。该法明确规定：协议采取要约承诺制度，法律可以强制执行的协议则构成合同，不可由法律强制执行的协议无效。

第二部分规定了与要约的通知、承诺和撤回相关的定义和规则。本部分相关内容和中国合同法规定相近，但是马来西亚法律规定要约在通知承诺完成前均可撤回，即要约人知道该承诺前可

---

① Attorney General's Chambers of Malaysia, *Contracts Act* 1950, http：//www.agc.gov.my/agc-portal/uploads/files/Publications/LOM/EN/Act%20136.pdf.

撤回。中国合同法规定撤回要约的通知应当在要约到达受要约人之前或者与要约同时到达受要约人，撤销要约的通知应当在受要约人发出承诺通知之前到达受要约人。

第三部分对合同、可撤销合同及无效协议进行了区分。该部分特别阐明了协议得以成为有效合同的条件，包括：当事人具有缔约能力；合意是通过自由意志作出；合同具有合法的对价和目的；协议内容未被法律规定为无效。

合同需由有缔约能力的当事人根据自由意志作出合意。合同当事人需要按其属人法已成年、精神状况正常，并且属人法对其合同签署能力没有额外限制。正常精神状态指缔约方可以理解合同内容并且对相关利益影响能形成理性判断。正常精神状态的判断时点应当为合同签署时。缔约方的同意并非基于胁迫、不当影响、欺诈、虚伪陈述和错误。

1950 年《合同法》同时阐述了各种有瑕疵的同意，即存在欺诈、胁迫、虚假陈述的情形。

"胁迫"是指缔约方出于缔约目的，针对任何财产或人身采取或威胁采取刑法禁止的行为，或非法扣留及威胁扣留。

"欺诈"是指缔约方一方或与其同伙，或其代理人采取以下行为：对虚假事实作出建议，但建议人并不相信该事实的真实性，积极掩盖自身确信的特定事实，无意履行的承诺，法律特别宣布为欺诈的行为与遗漏，其他符合欺诈的行为。当然，本身无意缔结合同的主体对事件的沉默并不构成欺诈，除非事件环境决定沉默方有陈述责任，或沉默本身等同于陈述。[①]

"虚假陈述"是指缔约方作出的以下行为：缔约方对自身不能确保真实性的不真实情况作出肯定性陈述，即便该缔约方相信情况的真实性；缔约方无意欺诈，但缔约方违反义务使得行为者或受其支配的主体取得便利，导致他人或受其支配的主体受到损

---

① 李政辉：《马来西亚合同法》，载于《私法研究》2004 年第 1 期，第 372 页。

失；缔约方无过失导致对方就标的产生错误认识。

原则上因欺诈、胁迫、虚假陈述达成的合同可以撤销，但是基于虚假陈述、沉默或欺诈作出同意的一方，在凭一般智力即可发现真实情况时，合同不可撤销。并且，虽然缔约方是基于对方的欺诈或不实陈述作出同意，但他如果认为合同恰当，则可以要求合同履行。[①]

"不当影响"是指缔约方一方处于可决定对方意志的地位，并且该缔约方利用该位置在合同中获取对对方不公平的优势。《合同法》第16条进一步规定："决定对方意志的地位"是指缔约方对对方有真实或明显的权利时，或缔约方与对方构成信托关系，或缔约时对方的意识能力已暂时或永久的受年龄、疾病、精神、身体疾病所影响。[②] 处于决定对方意志的缔约方应当对自身不具备相应地位承担举证责任。因不当影响达成的合同，受影响方有权选择是否接受相关利益。如接受，合同内容可完全保留或仅保留法庭认为公正的条款条件。

缔约双方对事实认识发生错误，协议无效。缔约方双方对协议关键性事实都发生错误时，协议无效。仅仅因一方对事实发生错误而签订的合同并不当然无效。对协议内容中事实价值的错误观点不构成合同法上事实的错误。对马来西亚现行法的错误理解并不能导致合同当然无效，但对于外国法的错误理解等同于事实错误。

约因和标的物整体或部分违法都将导致整个协议无效。1950年《合同法》规定：约因和标的物违法包括法律所明确禁止，具有欺骗性，违反公序良俗，或对他人或财产包含或产生损害等。

无约因的协议无效，除非：（1）缔约双方关系紧密，出于自然情感，并且该协议采取书面形式和登记；（2）缔约方对对方做

---

① 李政辉：《马来西亚合同法》，载于《私法研究》2004年第1期，第373页。
② 李政辉：《马来西亚合同法》，载于《私法研究》2004年第1期，第371页。

某事的补偿允诺或缔约方依法定义务去补偿的允诺；（3）对已过诉讼时效债务的书面偿还允诺。约因的缺乏不影响捐赠行为的效力。

值得注意的是，1950年《合同法》第28条规定了"约束交易的行为"无效，任何约束当事人从事某一合法职业、交易或任何种类的商业，在其相应范围内无效。但是商誉出售方、合伙存续期间和合伙解散前合伙人间达成的限制协议有效。本条的规定，使得并购交易或投资协议中的竞业禁止条款效力受到一定影响，需要思考在协议中如何约束创始人在出售相应资产后，重新在市场上和投资人竞争的行为，避免造成条款无效。

第四部分规范并界定附条件合同。附条件合同是约定因合同附属事项的发生或未发生而做或不做某事的合同。以不可能事项为条件，则协议无效，无论协议当事人于签署协议时是否知道该事项的不可能。附条件合同的相关内容与中国合同法规定相近。

第五部分规定了合同履行的相应规则。如果本人履行是缔约方各方的意图，则合同的履约主体是许诺人本人，否则许诺人或其代表可雇用适格主体履行。

（1）连带责任的许诺。两个以上主体作出联合许诺，则在无相反表示时，可要求连带许诺人中任一人或数人履行全部承诺，连带许诺人内部可就其履行要求其他许诺人共同分担。承诺人对连带许诺人中一人免除责任，并不解除其他许诺人的责任，也不解除该许诺人对其他许诺人的责任。这和中国法律上关于连带债务的免除有不同之处。

（2）相互允诺的履行。在合同含有同时履行的相互允诺时，许诺人无须履行，除非承诺人准备并愿意履行其相互承诺。合同未确定交易顺序时，依据交易性质判断。合同一方阻止另一方完成其允诺，被阻止方可撤销合同，并要求获得赔偿。合同中约定特定时间为必备条件，则守约方有权撤销合同或合同未履行部分。守约方如果接受了未按时间履行后，则不得请求相应损失赔偿，除非其在接受时已作出求偿表示。

相互允诺中，部分约定事项非法，若先做的事项为合法，则不影响其合同效力。选择性允诺中一种为非法，则合法的选择可被强制执行。

（3）合适的偿付。债务人对债权人负有多笔不同期的债务，债务人对债权人作出一笔偿付时，如果债务人特别指定，或依情况可确定偿付是针对某笔特定负债作出，并且债权人接受该笔偿付，则该笔偿付视为针对该笔负债作出。当债务人未作表示且无法确定所偿还债务时，债权人可自行判断将其划归特定到期债务的偿还，无论该债务是否因诉讼时效已不可强制执行。当双方皆不明确偿付目的时，依时间顺序对债务作清偿，无论该债务是否因诉讼时效已不可强制执行。如果各债务持续平等，偿还应适用于按比例地偿还每一债务。[①]

第六部分则对一些类合同关系进行了界定。

第七部分罗列了合同违约的法律后果。

（1）违约损害赔偿。发生合同违约事项，守约方有权请求违约方赔偿他因此产生的损害，损害为合同违约后于通常过程中自然产生或合同主体于签订合同时合理预见的结果。违约造成的间接损失无权获得赔偿。在计算违约所造成的损失或损害时，因采取措施补救违约所致不便而产生的费用，必须计算在内。

（2）违约金和其他约定的损害赔偿。若合同约定了违约金或其他损害赔偿的处罚方式，守约方有权从违约方处获得不超过约定数额的合理补偿，或按合同约定的处罚方式处理。合法撤销合同的一方有权得到赔偿。

第八部分规定了损害赔偿与保证的相关规则。保证合同是为执行允诺、解除义务、有关第三人违约的合同。保证可用口头或书面形式作出。保证人的义务与主债务人的等同，除非其另由合

[①]　李政辉：《马来西亚合同法》，载于《私法研究》2004 年第 1 期，第 382 页。

同规定。

（1）持续性保证。扩展至一系列交易的保证被称为"持续性保证"。任何时候，保证人皆可撤销对未来交易的持续性保证，只需通知债权人即可。如无相反规定，保证人死亡则持续性保证撤销。

（2）合同相对性。当两个以上缔约方为某项责任与第三方签订合同，嗣后在无第三方参与的情况下，缔约方之间签署合同约定，各方只对其他缔约方的违约承担责任。对第三方而言，缔约方在后的合同不影响其在先合同的责任，即便第三方知道在后合同的内容。

（3）保证责任的免除与无效。未经保证人同意，主债务人和债权人之间订立相互矛盾的合同条款，保证人可解除对矛盾相关交易的保证。主债务人与债权人达成解除债务的合同的，或债权人免除主债务人的债务的，在相应范围内免除保证。未经保证人同意，债权人与主债务人混合，债权人对债务的延期或不再起诉主债务人，则免除保证人的责任。若债权人行为不符合保证人利益，或忽略了他为保证人利益而本应为的行为，因此保证人自己对主债务人的最终救济追索遭到损害，保证解除。在履行保证人的责任时，保证人享有债务人对抗主债权人的全部权利。

保证人有权享有债权人对主债务人于保证合同缔结时所有的担保利益，无论保证人对该担保的存在知晓与否。如债权人在未得保证人同意的情况下，丧失全部或部分担保利益，保证人于丧失的价值范围内免除保证责任。

债权人对有关交易重要部分作虚伪陈述或其知晓并同意虚伪陈述的，则该保证无效。债权人对重要情况保持沉默，保证无效。当保证人对一合同保证，约定直至共同保证人的加入，该债权人才可执行该保证，若他人未加入则该保证无效。

但是，当给予主债务人延期的合同是由债权人与第三方达成，而并不是与主债务人达成时，保证并未解除。仅仅是债权人忍耐而未起诉主债务人或是未强制其偿付其他损失，保证合同中若无相反规定，则保证并不解除。当存在共同保证人时，债权人对其中一人保证责任的解除并不解除其他保证人的保证责任，且不影响该受解除方对其他保证人的义务。[①]

（4）共同保证人的责任。同一债务上存在两个及以上保证人时，如合同无相反规定，则共同保证人对相应债务平均清偿。如共同保证人对不同债务数额承担责任，则在各自责任上限内平均清偿。[②]

第九部分规定了财产寄托规则。寄托就是一人出于某种目的基于合同将货物交给另一人，当目的实现时，货物将返还或依照交付货物人的意愿处置该货物。交付货物人称为寄托人，接受货物的人称为受寄人。

（1）受寄人的注意义务。受寄人的注意义务就如同一名在相同状况中的一般谨慎的人对他自己的同样价值、质量、数量的货物所尽到的注意。如无相反规定，受寄人已尽到了上条所示的注意义务，则他对寄托物所造成的损失、破坏或污染不承担责任。

（2）寄托物的返还。一俟寄托到期或目的已达成，无须寄托人的要求，受寄人有义务将寄托物返还或按寄托人的指示处理。如出于受寄人的错误，寄托物没有在正确的时间返还、交付、提示，则受寄人对寄托人就此后寄托物所受的任何损失、破坏或污染承担责任。

（3）寄托物的利润和孳息。如无相反规定，受寄人有义务将由寄托物所生利润或孳息交给寄托人或依其指示处理。

（4）物品发现人的权利。物品发现人主动承担的为保管物品并寻找所有人的支出和麻烦，他无权诉请所有人补偿；但他可以留置该物品以对抗所有人。当所有人就物的返还提供特别报酬

---

① 李政辉：《马来西亚合同法》，载于《私法研究》2004 年第 1 期，第 387 页。
② 李政辉：《马来西亚合同法》，载于《私法研究》2004 年第 1 期，第 388 页。

时，发现人可以诉请得到该报酬，并可留置该物直至他得到该报酬。[1]

（5）特殊主体的留置权。如合同无相反规定，依据寄托之目的，当受寄人就寄托物提供了含有劳动或技能在内的服务时，他可留置该物直至他得到为其服务支付的合理报酬。为了保证财务平衡，银行、代理人、码头经营者、律师和破产执行人可对寄托的物品行使留置权。

（6）寄托的担保。货物的寄托是为保证一项债务的偿还或允诺的履行，则该寄托被称为"担保"。担保权人对担保物可留置，除了保证债务的偿还或允诺的履行外，也可为债务的利息及因占有及保管担保物所生的必要费用而留置担保物。当担保人对担保物仅有有限利益时，担保在该范围内有效。

第十部分规定了代理规则。创立一项代理，并不需要约因。

（1）代理人的权限。有权采取某一行为的代理人有权去做为此所必需的任何合法事情，有权从事某一业务的代理人有权做任一为该目的所需或同类业务流程中所习惯为之的合法事情。紧急情况下，代理人可以采用具有一般谨慎的主体在相类环境中对自己业务会采用的行为，以使本人避免损失。[2]

（2）复代理。由原始代理人任用并受其支配的主体为复代理人。原则上代理人不得将由其亲自完成的行为任用他人完成，除非根据交易习俗或代理本质，复代理人可以或必须任用。代理人就复代理人的行为对本人负责，复代理人除非在欺诈或故意错误的情况下，一般只对代理人负责。对第三人而言，复代理人是本人的代理，本人受复代理人行为约束并承担责任，代理人越权任命复代理人除外。

（3）承认。主体对未得其授权即代表其作出行为有权批准，一经批准如同一开始已经其授权。对构成交易一部分未经授权行

---

[1] 李政辉：《马来西亚合同法》，载于《私法研究》2004年第1期，第391～392页。

[2] 李政辉：《马来西亚合同法》，载于《私法研究》2004年第1期，第395页。

为的批准视作对整个交易的承认。

（4）代理的终止。代理的终止情形和中国法律的规定类似。代理人代理权终止导致所有经他授权的复代理人代理权终止。值得注意的是，《合同法》第 155 条规定，当代理人于代理事项中的财产上有自己的利益时，如合同无明确规定，代理不得终止以免损害此利益。如存在明示或默示的合同规定了代理应持续某一时段，则对无充足理由的撤销授权或抛弃代理权，本人与代理人之间要互相赔偿由此所生的损失。

（5）基于代理与第三人合同的效力。当代理人行为超越他所得授权，并且他于授权范围内的行为与超越权限的行为能够分开，则仅限于授权范围内的行为可约束本人。当代理人越权，且越权部分与非越权部分不可分离时，本人没有义务承认该交易。

相对人既不知晓亦无理由怀疑代理人的身份，可以要求本人承担此合同；相对人对代理人所享有的权利同样可以适用于本人，即代理人的行为视作本人行为。如本人在合同执行完毕前公开了自己，如果相对人能证明在知晓本人身份或代理事实存在的情况下，他不会签订此合同，则相对人可拒绝履行合同。

当代理人亲自承担责任时，交易对方可将本人或代理人，或两者一起作为责任主体。若合同一方诱使代理人相信本人是合同的唯一责任主体或诱使本人相信代理人是合同唯一责任主体从而行动的，则他以后不能单独要求本人或代理人承担责任。

如果一个人以代理人的身份和他人签订合同，他无权主张以自己而不是一个代理人来执行该合同。

3. 1998 年《特许经营法》。

1998 年《特许经营法》规定了注册、规范特许经营的规则及相应的其他事项。马来西亚特许经营产业主要由此法规范。并且，该法对特许经营作出了较宽泛的定义。

一般而言，特许经营指的是特许经营者依据合同/协议的授权，在遵循一整套规则/准则（也被称为特许经营规则系统）的前提下，有权经营相关的特许经营产业，并有权使用特许经营授权人的商标、商业机密或机密信息。此外，不同于授权协议，特许经营授权人在特许经营期间有权持续控制特许经营交易。根据该法，特许经营期间须为 5 年或以上。

4. 2010 年《竞争法》。

2010 年《竞争法》是一部通过促进和保护竞争以促进经济发展，由此保护消费者利益的法律。

该法适用于任何在马来西亚境内，或者虽不在其境内但对其任一市场的竞争产生影响的企业（包括与政府相关的公司）的任何商业活动；但在《竞争法》的附件 1 中明确豁免的商业活动（即在 1998 年《通讯和多媒体法》，2001 年《能源委员会法》，1974 年《石油发展法》以及 1974 年《石油管理条例》下规范的商业活动，且仅包括上游的商业活动）除外。

2010 年《竞争法》的第四章禁止企业间签署以妨碍、限制或扭曲任一商品或服务市场的公平竞争为目的或具有同等效果的横向协议（即处于相同生产水平或者分销渠道的企业间的协议，例如相同市场中的竞争者）和纵向协议（即处于不同生产水平或者分销渠道的企业间的协议，例如买方和卖方，生产商和分销商）。

2010 年《竞争法》的第十章规范了占支配地位的企业的行为。在支配地位的认定方面，如若一个企业具备所谓的市场操控力量，或者其拥有在市场中调控价格或产量或交易条款的重要能力，其他竞争者或者潜在竞争者无法对其形成有效的限制，则该企业被认定为处于市场支配地位。

5. 2009 年《马来西亚反腐败委员会法》[①]。

2009 年《马来西亚反腐败委员会法》的主要内容包括马来西亚反腐败委员会的建立，腐败行为的防范，以及其他与此相关

---

① Malaysia Anti‑Corruption Commission, *Malaysian Anti‑Corruption Commission Act* 2009, January 1st 2009, http://www.sprm.gov.my/images/SPRM_act_BI.pdf.

的内容。

《马来西亚反腐败委员会法》的核心目标是通过组建一个独立和负责的反腐败机构，以促进公共和私有领域管理的廉洁性，并促进问责制度的建设，对公共权力机构、公务人员进行廉洁教育，让公众了解腐败以及腐败对公共、私有领域管理和社区建设的致命影响。

总体而言，以下行为属于应被禁止的犯罪行为：

（1）受贿；

（2）通过中介行贿或受贿；

（3）企图通过中介欺骗委托人；

（4）以腐败手段让投标人撤回投标；

（5）向公共机构职员行贿；

（6）向外国公职人员行贿；

（7）利用办公场所或职位受贿；

（8）交易、利用、持有、接收或者隐瞒与任何犯罪相关的赃物或不当利益；

（9）对委员会的职员或者公诉人进行虚假或者误导性陈述。

（四）中马双边经贸协定

中马两国签署了一系列的双边条约，不断深化两国在各个领域的全方位合作关系。

在"一带一路"背景下，双方签署的《马中关丹产业园合作的协定》将双边合作推向新的高潮。"中马钦州产业园"与"马中关丹产业园"的"两国双园"模式全面启动，有力推动中国与马来西亚的经济联动，互联互通。

中马政府于1988年签署了《中华人民共和国政府和马来西亚政府关于相互鼓励和保护投资协定》（以下简称《投资协定》），对在马来西亚的中国投资者应受到的公正和公平待遇作出了明确约定。

1. 投资者与投资定义。

凡具有中华人民共和国国籍的自然人，或根据中华人民共和国法律设立、其住所在中华人民共和国领土内的经济实体均系《投资协定》中的投资者。

在马来西亚领土内的投资，指的是根据马来西亚立法和行政实践，对马来西亚相关部门的"批准项目"所进行的全部投资，所投资产形式上的任何变化不应影响其作为投资的性质，但该变化不得违背对原投入资产的批准。作为投资的资产主要包括：

（1）动产和不动产及其他物权，如抵押权、留置权或质权；

（2）公司的股份、股票和债券或在该公司的其他形式的利益；

（3）金钱请求权或具有财政价值的行为请求权；

（4）版权、工业产权、专有技术、工艺流程和商誉；

（5）法律授予的经营特许权，包括勘探或开发自然资源的特许权。

2. 最惠国待遇。

《投资协定》对于最惠国待遇进行了约定，中国投资者在马方领土内投资的待遇，应不低于任何第三国投资者进行投资所受到的待遇。例如，中国投资者在马方领土内的投资，由于马方领土内的战争或其他武装冲突、全国紧急状态、叛乱、暴乱或骚乱遭受损失的，马方在采取任何恢复、补偿、赔偿或其他解决办法时，中国投资者所受待遇不应低于给予任何第三国投资者的待遇。

虽然《投资协定》约定了"不低于给予任何第三国投资者待遇"，但以下情形所产生的利益、特惠或特权除外：（1）马方已经或可能参加的任何现存或将来的关税同盟、自由贸易区、共同对外关税区、货币联盟或类似的国际协议或其他形式的区域合作；（2）在合理时间内组成或扩大上述同盟或区域的协议条款；

（3）主要或全部是关于税收的国际协议或安排，或关于税收的国内立法；或（4）有关边境贸易的安排而产生，则马方无义务将该待遇给予中国投资者。

《投资协定》同时约定，如果中马一方给予另一方投资者的待遇较《投资协定》规定的待遇更为优惠，应从优适用。

3. 征收。

《投资协定》约定，中马任何一方都不应对另一方投资者的投资采取任何征收、国有化措施或效果相当于征收或国有化的任何剥夺措施，除非符合下列条件：

（1）基于公共目的并符合采取征收措施的一方的法律程序；

（2）该措施是非歧视性的；

（3）该措施伴有公平合理的补偿规定。

针对该措施的补偿应按征收公布或为公众知道的市场价值为基础计算。若市场价值不易确定，补偿应根据公认的估价原则和公平原则确定，尤其应把投入的资本、折旧、已汇回的资本、更新价值和其他有关因素考虑在内。补偿应可以任何可自由兑换的货币自由转移，支付不应无故迟延。

4. 投资的汇回。

马方承诺，应按其法律和法规，允许以任何可自由兑换的货币转移下述款项，并不得无故迟延：

（1）中国投资者从其投资中取得的净利润、股息、提成费、技术援助费和技术费、利息和其他经常性收入；

（2）中国投资者全部或部分清算其投资所得款项；

（3）马方投资者向中国投资者偿还贷款的款项，且该贷款已由缔约双方承认为投资；

（4）与承包项目有关的支付；

（5）中国公民在马方领土内经允许从事投资有关工作的收入。

中马双方承诺给予前述自由转移的待遇，应与第三国投资者产生于投资的转移的待遇相同。转移应按照转移之时马来西亚通用的汇率或中国官方汇率进行。

5. 投资争议的解决。

《投资协定》约定，如果中国投资者对被征收的投资的补偿款额有异议，可向采取征收措施的马方主管部门提出申诉。在申诉提出后一年内仍未解决时，应投资者的请求，由采取征收措施的马方有管辖权的法院或国际仲裁庭对补偿予以审查。

马方与中国投资者之间关于该中国投资者在马方领土内有关投资的争议或分歧应尽可能友好解决。如果该争议或分歧自任何一方要求友好解决之日起六个月内未能解决，双方又未商定其他解决程序，中国投资者可：（1）向马方的行政主管部门或机构申诉并寻求救济；（2）向马方有管辖权的法院提起诉讼。

6. 国际仲裁庭。

《投资协议》约定，有关补偿款额的争议和双方约定的其他争议，可以提交国际仲裁庭。中国投资者与马方投资者之间的争议，可以根据双方订立的仲裁条款通过国际仲裁解决。

争议双方应各委派一名仲裁员。该两名仲裁员应委派一名与缔约双方均有外交关系的第三国国民为仲裁庭主席。从争议一方通知另一方将争议提交仲裁之日起两个月内委派仲裁员，四个月内委派主席。如果某项委派未在上款规定的期限内作出，又无其他约定，任何一方可以请求斯德哥尔摩商会仲裁院主席进行必要的委派。

仲裁庭应参考1965年3月18日在华盛顿签订的《关于解决国家和他国国民之间投资争端公约》或《联合国国际贸易法委员会仲裁规则》自行制定仲裁程序。仲裁庭应根据《投资协定》的规定、有关的国内立法、缔约双方间签订的协定和公认的国际法原则作出裁决。

仲裁庭应在有关双方共同选定的第三国工作，如果在仲裁庭最后一名仲裁员被委派后四十五天内未能选定工作地点，则在斯德哥尔摩工作。仲裁庭的裁决按多数票意见作出。裁决应是终局的，对双方均有拘束力。仲裁庭作出裁决时，应陈述其法律依据，并应任何一方的要求进行解释。各方应负担其委派的仲裁员和其参与仲裁程序的费用。仲裁庭主席的费用由双方平均负担。在仲裁程序终止之前和缔约一方不遵守或不履行仲裁庭作出的裁决之前，缔约任何一方不得通过外交途径追究已提交仲裁的事宜。

二、马来西亚产业发展目标及政策

（一）马来西亚产业发展目标

经济计划署负责规划、制定马来西亚的产业发展目标，现行有效的重要综合文件包括《马来西亚第十一个规划》（2016～2020年）①、《远景2020》②、《新经济政策》③等。针对具体行业，工业上提出《技术导向型经济和信息通信技术产业》，服务业提出《服务业蓝图》（2015年）。更多政策发展目标请参见经济计划署官网的核心政策栏目。④

（二）马来西亚投资优惠政策

1. 优惠政策框架。

马来西亚投资的优惠政策框架以《促进投资法》《自由区

---

①　Economic Planning Unit, *Eleventh Malaysia Plan*, 2016 - 2020, September 21st, 2017, http://epu. gov. my/en/rmk/eleventh-malaysia-plan - 2016 - 2020.

②　Economic Planning Unit, *Vision 2020*, 1991 - 2020, September 21st, 2017, http://www. epu. gov. my/en/development-policies/vision - 2020.

③　Economic Planning Unit, *New Economic Policy*, September 21st, 2017, http://www. epu. gov. my/en/development-policies/new-economic-policy.

④　Economic Planning Unit, *Key Policies*, September 21st, 2017, http://www. epu. gov. my/en/policies/key-policies.

马来西亚

法》以及相关税法为法律基础，覆盖投资便利化和投资激励措施，主要是以税务减免和财政补贴惠及投资人。马政府专门制订了有关制造业的《促进行动及产品列表》，① 符合该列表规定的投资往往产品附加值较高、技术水平先进，可以申请新兴工业地位和投资税务补贴。目前，这两项政策不局限于制造业，农业、旅游业、服务业等，其他部门也可申请。

（1）新兴工业地位（Pioneer Status）。马来西亚投资发展局（Malaysia Investment Development Authority，MIDA）负责受理新兴工业地位的认定申请。获得新兴工业地位的公司可享受为期5年的所得税部分减免，仅需就其法定收入的30%缴纳所得税，豁免期自生产水平达到其生产能力的30%当日开始计算。未使用的资本免税额以及在新兴工业地位期间发生的累计亏损，可以推延使用，在公司新型工业地位期之后的收入中适用或扣除。

（2）投资税务补贴（Investment Tax Allowance）。作为新兴工业地位的替代方案，公司可申请投资税务补贴（ITA），马来西亚投资发展局负责受理投资税务补贴的申请。获得投资税务补贴的公司自首笔合格资本支出发生之日起，可享受为期5年的合格资本支出60%的投资税务补贴。合格资本支出指的是用于核准的项目所需的工厂、厂房、机械或其他设备上的支出。该补贴可用于抵消其每个课税年度法定收入的70%，该法定收入的剩余30%将按现行公司税率征税，任何未用完的补贴可以结转到下年利用，直至用完为止。

（3）再投资补贴（Reinvestment Allowance）。再投资补贴主要适用于制造业与农业。运营12个月以上的制造类企业因扩充

---

① 依照1986年《促进投资法》，有资格获得新兴工业地位和投资税务补贴的制造业促进活动和产品包括（更新至2012年3月2日）：橡胶制品制造；棕榈油产品及其衍生物制造；化学品和石化产品生产；制药及相关产品制造；木制品制造；纸浆、纸张和纸板制造；基于洋麻的产品生产；纺织品和纺织产品制造；日用、砂型及其他非金属矿产品制造；钢铁制造；有色金属及其制品制造；机械和机械部件制造；配套产品或服务；电气电子产品及零部件制造及其相关服务；专业、医疗、科学和测量设备或部件制造；塑料制品制造；防护设备和仪器；相关服务制造。

产能需要，进行生产设备现代化或产品多样化升级改造的开销，可申请再投资补贴。合格资本支出额60%的补贴可用于冲抵其纳税年法定收入的70%，其余30%按规定纳税。

（4）加速资本补贴（Accelerated Capital Allowance）。使用了15年的再投资补贴后，再投资在"促进产品"的企业可申请加速资本补贴，为期3年，一年享受合格资本支出40%的初期补贴，之后两年均为20%。除制造业外，加速资本补贴还适用于其他行业申请，如农业、环境管理及信息通讯技术等。

2. 行业鼓励政策。

（1）清真食品加工及认证。凡生产清真食品的公司，自符合规定的第一笔资本支出之日起5年内所发生符合规定资本支出的100%可享受投资税赋抵减。

（2）农业。马来西亚的农业企业可以申请新兴工业地位或投资税务补贴的优惠，投资者在土地开垦、农作物种植、农用道路开辟及农用建筑等项目的支出均可申请资本补贴和建筑补贴。考虑到农业投资计划开始到农产品加工的自然时间间隔，大型综合农业投资项目在农产品加工或制造过程中的资本支出还可单独享受为期5年的投资税务补贴。

（3）生物科技。第一，生物科技公司从首年盈利开始，免交10年所得税；第二，从第11年开始缴纳20%的所得税，优惠期仍为10年；第三，在生物科技领域进行投资的个人和公司，将减去与其原始资本投资相等的税收，并获得前期的融资支持；第四，生物科技公司在进行兼并或收购时，可免征印花税，并免交5年的不动产收益税；第五，用于生物科技研究的建筑物可获得有关的工业建筑物津贴。

（4）信息通讯技术。马来西亚政府于1996年创建了信息与通讯技术计划，即多媒体超级走廊。经多媒体发展机构（Multimedia Development Corporation）核准的信息通讯企业，可在新兴工业企业的基础上取得多媒体超级走廊公司的待遇，可享受马来西亚政府提供的一系列财税、金融鼓励政策及保障，主要包括：提供世界级的硬件及资讯基础设施；无限制地聘请国内外知识型雇员；公司所有权自由化；长达 10 年的税收豁免政策或 5 年的财税津贴等。

（5）工业。因特定目的（包括制造业、农业、矿业、基础设施、研究、核准的服务项目和经旅游局注册的酒店）建造或购买建筑物而花费了资本支出的公司可申请工业建筑物补贴（Industrial Building Allowance，IBA）。这些公司有资格获得 10% 的初始补贴以及 3% 的年度津贴。相应的，该支出可以在 30 年内勾销。

为了鼓励具有多媒体超级走廊地位的马来西亚公司在马来西亚赛城建造更多的建筑物，在赛城具有多媒体超级走廊地位的马来西亚公司所占用的新建筑物的所有权人可享有 10 年的工业建筑物补贴，包括已建成但尚未被具有多媒体超级走廊地位的马来西亚公司占用的建筑物。

3. 地区鼓励政策。

（1）五大经济特区。马来西亚近两年设置了伊斯干达开发区、北部经济走廊、东海岸经济区、沙巴发展走廊、沙捞越再生能源走廊五大经济特区。投资特区的公司，均可申请 5～10 年免缴所得税，或 5 年内合格资本支出全额补贴。

（2）特殊经济区。马中关丹产业园（Malaysia China Kuantan Industrial Park，MCKIP）位于东海岸经济区，投资于产业园的投资人除可享受上述激励外，还可享受额外的优惠。其中，财政优惠包括：①自第一笔合法收入起 10 年内 100% 免缴所得税，或享受 5 年合格资本支出全额补贴；②工业园开发、农业及旅游项目免缴印花税；③机械设备免缴进口税及销售税。非财政优惠包括：①地价优惠；②工业园基础设施相对成熟；③外籍员工政策相对灵活；④丰富人力资源。

（3）欠发达地区激励。欠发达地区激励政策可适用于在欠发达地区经营的公司。该政策规定了两种激励方式：①从公司获得法定收入的第一个课税年度开始，可减免100%所得税，每5年可延长一次，最长不超过15年。公司必须遵守相应的条件并在每增加的5年内均达到关键绩效指标（KPI）；或②公司可免缴相当于10年内发生的100%合格资本支出，每个评估年度的补贴可抵销法定收入的100%，未用完的补贴可以结转到随后年度直至充分利用。公司必须在额外的5年内遵守条件并达到关键绩效指标。

（4）工业区域管理激励。公司获得工业区域管理激励自开始运营之日起5年的法定收入全额免税。工业区必须由国家当局公布为工业用地，由地方当局指定的新成立公司或现有公司必须就工业区的管理达成协议，公司具体对地方当局指定的现有工业区进行管理。符合资格的公司标准如下：

①公司依照1965年《公司法》设立；

②公司必须经地方当局批准/许可；

③公司必须自筹资金；

④公司必须在工业区内从事管理、升级和维护活动；

⑤公司必须在马来西亚投资发展局收到申请之日起一年内开始运营。

（5）运营总部激励。为进一步加强马来西亚在国际上的区域地位，经核准的运营总部、区域分销中心和国际采购中心除了100%外资股权不受限制以外，还可享受为期10年的免缴全额所得税等其他优惠。

4. 其他激励。

（1）审计费用扣除。为了降低经营成本、提高企业合规性，公司审计所发生的费用，在计算所得税时被视为允许扣除的支出。

（2）员工安置激励。在制造运营、批准的服务项目、酒店或旅游业务中，公司建造、购买建筑物为员工提供住房的，有资格享受为期 10 年的建造/购买建筑支出 10% 的特殊工业建筑物补贴。

（3）员工育儿设施激励。为员工提供育儿设施而建造/购买建筑物的支出，公司可就此享受 10 年 10% 的专用工业建筑物补贴。为提供和维护员工育儿中心而花费的实物礼品和现金可以进行单项扣除。

（三）马来西亚鼓励发展的行业领域

1. 概述。

马来西亚鼓励外国投资进入其出口导向型的生产企业和高科技领域，可享受优惠政策的行业包括：农业生产、农产品加工、橡胶制品、石油化工、医药、木材、纸浆制品、纺织、钢铁、有色金属、机械设备及零部件、电子电器、医疗器械、科学测量仪器制造、塑料制品、防护设备仪器、可再生能源、研发、食品加工、冷链设备、酒店旅游及其他与制造业相关的服务业等。[①]

2. 五大经济特区鼓励发展的行业。

伊斯干达开发区重点推动服务业，鼓励投资行业包括：旅游服务、教育服务、医疗保健、物流运输、创意产业及金融咨询服务等。北部经济走廊重点鼓励投资行业，包括农业、制造业、旅游及保健、教育及人力资本和社会发展等。东海岸经济区重点鼓励投资行业，包括旅游业、油气及石化产业、制造业、农业和教育等。沙巴发展走廊重点鼓励投资行业，包括旅游业、物流业及制造业等。沙捞越再生能源走廊重点鼓励投资行业包括油气产品、铝业、玻璃、旅游业、棕油、木材、畜牧业、水产养殖、船舶工程和钢铁业等。[②]

[①] 周金虎：《"一带一路"投资指南：马来西亚投资法律规则与实践》上，中国金融信息网，http://world.xinhua08.com/a/20150427/1491172.shtml，最后访问日期 2017 年 9 月 20 日。

[②] 具体信息请以各地区发展局网站公布的最新信息为准。

3. 特殊经济区域鼓励发展的行业。

中马钦州产业园区（China Malaysia Qinzhou Industrial Park）重点发展三类产业：一是综合制造业，包括汽车零配件加工、船舶零配件、工程与港口机械装备、食品加工、生物技术等产业；二是信息技术产业，包括电子信息产业、信息和通讯技术产业、云计算数据中心等；三是现代服务业，包括金融、大宗商品交易、现代物流仓储、教育服务等生产性服务业和服务配套、房地产等生活性服务业。

马中关丹产业园十大重点产业包括：塑料及金属行业设备、汽车零部件、纤维水泥板、不锈钢产品、食品加工、碳纤维、电子电器、信息通讯、消费类商品以及可再生能源。

（四）马来西亚限制或禁止发展的行业领域

马来西亚对行业发展的限制主要是通过外资准入、限制外资持股比例和保障原住民持股比例等措施实现。目前，马来西亚对金融、电信、直销与分销等行业的外资持股比例有一定要求。马来西亚禁止发展的行业则涉及烈性酒和烟草的生产、经营等。①

（五）马来西亚新开放的行业领域

1. 2009 年解禁行业②。

2009 年 4 月，马来西亚政府为了进一步吸引外资，刺激本国经济发展，开放了 8 个服务业领域的 27 个分支行业，允许外商独资，不设股权限制。

（1）计算机相关服务领域：电脑硬件咨询；软件应用（包

---

① 广西壮族自治区外事办公室网，《东盟十国投资指南之七（马来西亚篇）》，http：//www. gxgg. gov. cn/news/2014 – 11/78115. htm，最后访问日期 2017 年 9 月 21 日。

② Malaysia Investment Development Authority, *Liberalization of the Service Sector*, September 21st, 2017, available at http：//www. mida. gov. my/home/liberalisation-of-the-services-sector/posts/.

括软件系统咨询、系统分析、系统设计、电脑程序、系统维护）；资料处理（包括资料输入、资料处理与制表、共享服务等）；数据库服务；电脑维修服务；其他（包括资料准备、训练、资料修复、内容开发等）。

（2）保健与社会服务领域：兽医；老人院及残疾中心；孤儿院；育儿服务（包括残疾儿童中心）；为残疾人士提供的职业培训。

（3）旅游服务领域：主题公园；会展中心（超过5 000个座位）；旅行社（仅限国内旅游部分）；酒店与餐馆（仅限4星级及5星级酒店）；食品（仅限4星级及5星级酒店）；饮品（仅限4星级及5星级酒店）。

（4）运输服务领域：C级交通运输（私营运输执照——仅限自用货物运输）。

（5）体育及休闲服务领域：体育服务（体育赛事承办与促销）。

（6）商业服务领域：区域分销中心；国际采购中心；科学检验与分析服务（包括成分与纯度化验分析、固体物检验分析、机械与电子系统检验分析、科技监督等）；管理咨询服务［包括常规服务、金融（商业税收除外）、市场、人力资源、产品与公关等］。

（7）租赁服务领域：船只租赁（不包括沿海及岸外贸易）；国际货轮租赁（光船租赁）。

（8）运输救援服务领域：海事机构；船只救护。

2.2012年解禁行业。

马来西亚政府在2012年逐步开放17个服务业分支行业的外资股权限制，包括：电讯领域的服务供应商执照申请、电讯领域的网络设备供应与网络服务供应商执照申请、快递服务、私立大学、国际学校、技工及职业学校、特殊技术与职业教育、技能培训、私立医院、独立医疗门诊、独立牙医门诊、百货商场与专卖店、焚化服务、会计与税务服务、建筑业、工程服务以及法律服务。

（六）特殊经济区的规定

1. 中马钦州产业园区/马中关丹产业园区。

有关产业园区的相关内容请参见本节"（三）马来西亚鼓励发展的行业领域"，此处不再赘述。

2. 自由贸易区。

1990 年《自由贸易区法》提供了免税区的确立依据和免税区内活动的许可规则。根据《自由贸易区法》，财政部长有权将任何合适区域规划为：（1）以制造业和装配业为产业的自由工业区（Free Industrial Zones，FIZ）；或（2）以仓储商业为主的自由贸易区（Free Commerce Zones，FCZ）。财政部长可任命任何联邦、州、地方政府机关或其他实体为权力执行机关，负责维持和管理自由贸易区。

2006 年 6 月，马来西亚第一个完全整合自由工业区及自由贸易区的巴生港口自由贸易区开始运行。目前马来西亚设有 18 个自由工业区，区内的企业以生产型企业或装配供外销的企业为主，区内企业享受最低关税，并可免税进口生产所需原材料、零部件和机械设备，同时享有简化的出口手续。[①]

每年出口量不少于其产量 80%，且依赖于从相关免税区港口进口商品、原材料及原部件的公司可以在自由区设址。免税区的公司将商品卖至马来西亚普通经济区内需支付相应进口税。若公司希望在东盟自贸区内享受共同对外关税互利（Common Effective Preferential Tariff，CEPT）政策，则其 40% 的产品需来源于东盟国家。

公司在自由区进行活动时需获得相应的批准或执照。执照获取时间取决于执照种类，取得时间通常为 2 ~ 8 星期。

---

① 黄宁宁、孙黎、诸见诚：《马来西亚投资法律制度（二）》，载于《上海律师》2017 年第 1 期。

3. 保税工厂。

由于自由工业区能够承载的企业数量有限，为了促进劳动密集型产业的建立，马来西亚政府允许无法进入工业区的企业申请设立保税工厂，与自由工业区内的企业享有同等优惠。

除了免税区内，马来西亚还允许企业在免税区外建立经许可的制造业仓库，这一政策使得相应企业享受免税区特权的同时，在选址方面具有更大的自由。

（七）仅允许采取合资方式的投资项目

2009 年，原有《外商投资委员会投资指引》被取消，马来西亚国内外资本可以直接收购、兼并本地公司业务，而无须经外商投资委员会审批。虽然外商投资委员会本身仍然存在，但其现在的主要职能是审查与分销业务有关的投资（如零售经销商），以确保该经济部门 30% 的股权由 Bumiputeras（马来西亚和其他马来西亚种族土著人）持有。

自 2009 年以来，马来西亚放宽了外商投资和所有权限制。除某些限制性行业外，外国投资者可拥有 100% 的股权，包括新投资的公司或对现有公司的收购。受限制的行业包括：金融服务、资本市场、保险和伊斯兰保险业、石油工业，通信和多媒体、批发贸易、教育、能源供应和供水。一般外资持股比例不能超过 50% 或 30%。这意味着上述受限制行业的仅允许采取合资方式进行投资。

（八）具有额外审批要求和标准要求的投资项目

部分行业新设投资可能面临额外的审批。[①]

---

① YYC, *Licensing Requirements for Doing Business in Malaysia*, September 21st, 2017, http: // www. yycadvisors. com/licensing-requirements-for-doing-business-in-malaysia. html.

1. 银行金融业。

根据 1989 年《银行和金融机构法》，马来西亚国家银行负责对经营银行业、货币经纪业、折扣房产、信贷和金融分支机构、商业银行、存款机构和其他特定金融业务进行营业执照的审批和管理。

2. 工程建筑行业。

从事建筑业和建造业的投资者在进行公司注册或从事相关建设业务前，一般需要获得马来西亚建筑业发展局（Construction Industry Development Board，CIDB）的许可。

3. 油气行业。

希望在马来西亚投资开发油气储备的公司，在公司注册时，需要和马来西亚国家石油公司（Petroliam Nasional Berhad，Petronas）签署产量分成协议。

4. 批发零售业。

外国投资者拟从事批发零售业、进出口企业和餐厅，在准备注册公司前，应当取得批发零售业委员会（Committee on Wholesale and Retail Trade，CWRT）的许可。具有外资成分的分销商公司需要从国内贸易和消费者事务部取得批发零售业许可，并且有外资成分的批发零售商的公司实缴资本金最低为 100 万林吉特。

批发零售业对于外国投资者并没有持股比例的限制，但是外资成分超过 30% 或者企业与政府部门有业务往来时，外国投资者还需要取得外商投资委员会的许可。

相关部门监管也适用于并购交易活动。涉及运营执照颁发的行业并购需要取得管理部门的批准，如制造业企业并购需要征得投资发展局的同意。银行、保险公司的并购通常需经马来西亚国家银行批准。电信行业投资需经马来西亚通信和多媒体委员会批准。石油天然气行业并购一般需取得马来西亚国家石油公司批准。

三、马来西亚投资方式的选择

（一）直接投资

外商可直接在马来西亚投资设立各类企业开展业务，包括个人独资企业、合伙企业、有限责任合伙、公司和外国代表处。直接投资包括现金投入、设备入股、技术合作以及特许权等。

（二）跨国并购

并购是合并与收购的合称，合并指交易双方成为一家企业，收购指通过收购目标公司股权或资产，取得目标企业的股权或资产的所有权。

马来西亚允许外资收购本地注册企业股份，并购当地企业。一般而言，在制造业、采矿业、伊斯兰银行等领域的公司，以及超级多媒体地位公司、五大经济特区公司，外资可获得 100% 股份；马来西亚政府还先后撤销了 27 个服务业分支领域和上市公司 30% 的股权配额限制，进一步开放了服务业和金融业。

除了上文所述的 2016 年《马来西亚收购、并购准则》负责调控并购交易，并购各方还需通过众多法律文件来支撑马来西亚的并购活动。

1965 年《公司法》主要规定以下内容：所有马来西亚公司及外国分支机构的设立；各类收购、转让的程序，如对股东授权要求、董事职责和重组计划的相关规则；关联方交易及此类交易应履行的程序。

除上述法律外，上市公司的并购交易还受到 2007 年《资本市场及服务法》（Capital Markets and services Act，CMSA）的规制。[①] 该法特别对资本市场活动以及市场参与者，大股东报告要求和内部交易行为作出了相应规定。同时，上市及非上市公司的并购交易均受到 2016 年《马来西亚收购、并购准则》和《资本市场及服务法》项下应用指引的规制。

此外，对于涉及马来西亚证券交易所上市公司的并购交易，根据其涉及的上市板块，必须符合《主要市场上市要求》或《ACE 市场上市要求》中的有关规定，上市要求中包含上市公司行为的相关规则，包括披露义务、公众持股以及收购过程所需遵循的相应要求。

（三）股权投资

马来西亚股票市场向外国投资者开放，允许外国企业或投资者收购本地企业上市。2009 年，马来西亚取消外资公司在马来西亚上市必须分配 30% 土著股权的限制，变为规定的 25% 公众认购的股份中，要求有 50% 分配给土著，即强制分配给土著的股份实际只有 12.5%；此外，拥有多媒体超级走廊地位、生物科技公司地位以及主要在海外运营的公司可不受土著股权需占公众股份 50% 的限制。同时废除外商投资委员会的审批权，拟在马来西亚上市的外资公司直接将申请递交给马来西亚证券委员会。

（四）BOT/PPP 方式

马来西亚政府鼓励私人资本与政府合作，开展 BOT 项目建设与运营，降低政府公共开支的负担。此类项目主管部门是马来

---

① Securities Commission Malaysia, *Capital Markets and Services*, Act 2007 (Act 671), September 25th, 2017, available at https：//sc. com. my/wp-content/uploads/eng/html/cmsa/cmsa2013/2013_cmsa_full_121228. pdf.

西亚总理府经济计划署（Economy Planning Unit）主要负责经济发展规划和项目立项；2010年又设立了公私合作署（Public Private Partnership Unit）负责公私合营项目协调。马来西亚公路、轨道交通、港口、电站等 BOT 项目专营年限一般为 30 年左右。BOT/PPP 领域的法律规定请参见本节第一部分，此处不再赘述。

第二节　马来西亚投资的监管与审批

一、马来西亚投资管理部门

2010 年，马来西亚设立国家投资委员会（National Committee on Investments），负责实时审批投资项目。贸工部部长和总理府绩效管理实施署署长作为联系主席，委员包括财政部、总理府经济计划署、绩效管理实施署、马来西亚央行、贸工部、投资发展局、统计局官员。

此外，《部长职能法》还规定了相关部门在特定投资项目审批上的自由决定权。除委员会外，马来西亚的对外投资管理部门主要包括国际贸易与工业部（马来西亚投资发展局）、经济计划署、公司委员会、马来西亚竞争委员会和其他机构。在五大经济特区，还需遵守走廊发展局的特殊规定。

目前投资发展局主管制造业领域投资，为提高机构施政灵活性和吸引外资，投资发展局被授予更多权限，企业化趋势加速。经济计划署负责审批涉及外资与土著持股比例变化的投资申请。其他行业投资由相关部门审批。

处于鼓励行业的投资者常常可以与各部门就具体行业的监管

进行最惠条款的协商，例如政府部门提供法规政策指引协助，豁免一些监管措施等。处于限制和禁止行业的外国投资者，则可能在政府审批上面临更大的障碍。

（一）国际贸易与工业部

国际贸易与工业部是马来西亚政府负责国际贸易、工业、投资、生产力、中小企业、发展融资机构、清真产业、汽车、钢铁和战略贸易的部门。国际贸易与工业部的职能包括：规划、制定和实施工业发展、国际贸易和投资的相关政策；鼓励国内外的投资；加强多双边和区域经贸合作，促进马来西亚出口；提高国家制造业上的生产力和竞争力。

投资发展局是国际贸易和工业部的下属机构，负责外商制造业投资的咨询、指导和审批。投资发展局有权审批制造业及相关服务业执照，批准外籍员工数量与职位、制造业等行业的税收优惠。

（二）经济计划署

如上所述，马来西亚在部分行业中仍然保持持股比例的限制。同时，由于马来西亚《联邦宪法》第 153 条明确要求最高元首保障马来人和其他原住民的权利和特权，因此对当地居民所持股份还需预留马来人等土著居民的份额，以在投资法中贯彻"马来人至上"的宪法精神。

经济计划署是总理府的组成部门，负责对于特定行业的绿地投资和超过 2 000 万林吉特的并购负责进行审查，以满足当地法律关于外资和原住民持股比例的强制要求。同时，PPP 项目的立项也由经济计划署处理。

（三）公司委员会

马来西亚公司委员会于 2002 年根据 2001 年《马来西亚公司委员会法》设立，承担公司注册和商业登记的职能。

除了作为公司设立和商业登记的机构，马来西亚公司委员会的主要职责还包括向公众提供公司和商业信息。公司委员会发起了马来西亚公司委员会电子信息服务，允许通过其网站获取关于公司和商业的信息。

作为改善马来西亚公司治理的权威机构，该委员会还负责监督和执行旨在确保遵守商业登记和公司立法的活动。

（四）竞争委员会

马来西亚竞争委员会系根据 2010 年《竞争法》和《竞争委员会法》成立，负责保障马来西亚商业市场的自由、公平竞争。由于马来西亚《竞争法》起步较晚，对马来西亚企业并购的案例不多，竞争委员会关于并购过程中的反垄断审查规则尚在形成中。

马来西亚的 2010 年《竞争法》主要规制垄断协议和滥用市场支配地位等不正当竞争行为，但并未对"经营者集中"作出较多规定。同时，从该委员会披露的处罚案例看，所有的处罚行为都是针对垄断协议和滥用市场支配地位。马来西亚主要的反垄断风险是在并购完成后，正式经营中应避免触及垄断协议和滥用市场支配地位的红线。

（五）证券委员会

根据 1993 年的《证券委员会法》，证券委员会负责管理公司债券的发行，针对公众公司、上市公司和其他法规定实体

（如不动产投资信托）的并购需要经过证券委员会审批。

外国投资者可以在马来西亚国内资本市场上融资，拟在马来西亚上市的外资公司可以将申请递交马来西亚证券委员会，但其中25%的股份需要公众认购，并且必须保证公众认购股份中的50%必须分配给原住民。拥有多媒体超级走廊地位、生物科技公司地位以及主要在海外运营的公司有权豁免原住民持股比例的要求。

（六）其他主管部门和行业协会

外资在马来西亚的活动有时还需经过专门的主管机关和行业协会审批。例如，设立再保险公司就需要得到马来西亚中央银行的批准，电信业务需经当地能源、电讯及邮政部批准，外资渔船作业需经当地渔业局批准，外资建筑公司作为项目合营方提供建筑服务需要经过马来西亚建筑师局批准，外资企业工程师获得当地执业资格需经过马来西亚工程师局批准等。

由于外国投资者在马来西亚的投资可能同时面临多个部门的监管，建议投资前后及时与相关部门取得联系，并定期查询相关的最新政策。

二、马来西亚投资注册的审批手续

（一）投资审批程序

本节第一部分已对马来西亚的重要外资监管部门及职能做了概要介绍，本节第二部分则通过对各类不同投资形式所涉及的重要投资审查进行介绍。

马来西亚

1. 投资发展局的审批。

目前，只有股东资金达到或超过 250 万林吉特或企业全职雇用人数超过 75 人时，投资者才需要向投资发展局申请制造业执照，未达到上述标准的企业有权申请豁免。

制造业执照申请可划分为新设许可和业务扩展许可，投资者还需要根据自身情况分别填写一般项目申请表、高科技/战略项目申请表、新兴农业/综合农业项目申请表、小型制造业公司申请表。

2. 经济计划署的审批。

如上文所述，经济计划署负责对部分外资并购事项中原住民/政府持股比例负责审核。对于需提交经济计划署审批的外资并购，投资者需要按要求提供下述文件：

（1）UPE H/2009 号表格；

（2）Proforma I/2009 and/or Proforma II/2009 号表格；

（3）并购协议复印件 1 份；

（4）董事会决议 1 份；

（5）政府有关部门许可函、执照 1 份（如有）；

（6）公司秘书对公司当前股权结构确认函 1 份；

（7）最近一期的目标资产评估报告 1 份，交易涉及政府的，评估报告应由产业估价局（Jabatan Penilaian dan Perkhidmatan Harta）出具；

（8）公司当前经审计的财报 1 份；

（9）由公司董事长/执行董事/首席执行官，或董事会的任一名董事，或公司任何授权人员签署的 UPE SA/2009 号声明函 1 份；

（10）任何其他经济计划署认为必要的文件。

3. 公私合营署。

目前公私合营署对 PPP 项目的一般条件如下[①]：

---

① Public Private Partnership Unit, *FAQ*, September 21, 2017, http://www.ukas.gov.my/en/soalan-lazim.

（1）项目成本，PPP 项目 250 万林吉特，私人主动融资（Private Finance Initiative，PFI）项目 1 亿林吉特；

（2）特许经营期限，PPP 项目经营期至少 7 年，PFI 项目经营期视情况确定，一般为 15 ~ 25 年；

（3）实缴资本金，PPP 项目和 PFI 项目在提交项目书时需实缴 27.5 万林吉特。

同时，公司合营署还会审查以下条件：

（1）为项目设立的特殊目的实体应当资金充足，具有相应管理和技术资质；

（2）特殊目的实体应当具备项目实施和风险管理的能力，同时具有在特许经营期运营相应资产的能力；

（3）特殊目的实体应当具备一定创新性，能够强化服务质量，为用户提供相当的经济价值。

（二）企业注册的程序

1. 企业设立的形式。

在马来西亚，外国投资者可以选择个人独资企业、合伙企业、有限责任合伙企业、公司和外国代表处的形式设立企业。

（1）个人独资企业。个人独资企业，指由单一自然人作为个人独资者拥有并经营的企业。所有者可取得所有利润，且由于所有者和企业之间并无法律上的主体分别，所有者应对所有损失和债务承担无限责任。具有马来西亚永久居留权的外国投资者可以选择设立个人独资企业。

（2）合伙企业。合伙企业，指两个或以上主体依据合伙协议设立的企业，由合伙人对合伙企业的所有债务和责任承担无限连带责任。合伙企业无须向任何公共注册处公开或提交其财务报表。具有马来西亚永久居住权的外国投资者可以选择设立合伙企业。

马来西亚

87

（3）有限责任合伙。有限责任合伙企业，指两名或以上自然人依据合伙协议设立的企业，合伙人仅以投入的个人资产对企业及业务经营承担有限责任。合伙企业具有法人地位，以其自身全部资产对企业经营承担无限责任。有限责任合伙企业适用于所有合法营利的行业，既可满足律师、会计师、公司秘书等专业人士执业需要，也可以用于初创企业、小微企业的发展。合伙人免予严苛的个人责任，企业也无须遵循严格合规要求。

（4）私人公司及公众公司。2016 年《公司法》规定了三种公司形式，包括股份有限公司、担保有限公司、无限责任公司。股份有限公司的投资者以公司股份的票面价值及其认购或同意认购的股份数承担个人责任。担保有限公司的投资者以在公司章程中约定的当公司解散时其保证承担的责任数额承担个人责任。无限责任公司的投资者需要对公司债务承担无限责任。

上述三种公司形式均可以私人公司或公众公司的形态设立。私人公司股东不得超过 50 名，不得向公众发布其股票或债券的认购邀请，股东在转让股份时应遵循一定法定限制。公众公司可以邀请公众认购其股份或债券，并且可以在马来西亚股票交易所上市。

私人公司在股东数目少于 20 人、具有偿债能力并且权益持有者不是公司的情况下可以被认定为豁免私人公司。取得豁免地位，公司可以豁免《公司法》中规定的某些义务，例如向马来西亚公司委员会提交年度账目并提供给公众查阅的义务，不得向董事和与董事有关的公司进行贷款的禁令。

私人有限公司具备法律主体资格，并且除特定行业持股限制外，可以全部由外国投资者持股，因此是外国投资者常用的公司形式。

（5）外国代表处。外国公司可以在马来西亚注册一个代表处。代表处不得从事任何形式的贸易活动。因此，代表处的形式更适合咨询服务行业。

2. 注册企业的受理机构。

目前，马来西亚公司委员会负责各类企业的设立。企业设立阶段主要依据的法律包括《公司法》《企业注册条例》《有限责任合伙法》等。

3. 注册企业的主要程序。

（1）个人独资企业。根据1956年的《企业注册条例》和1957年的《企业注册规则》，马来西亚公民或取得永久居留权的外国人可以在中南半岛和沙巴州纳闽岛申请设立个人独资企业，经营范围涉及贸易、商业、手工业和其他专业职业。投资者需要填写A类表格完成新设企业注册，既可以以自己的名字作为企业名称，也可以选择单独的商号，企业名称一经选定注册，则不可变更。一般来说，新设注册需要在企业开业内30天申请，企业有效期为1~5年不等。选择以自身名字注册的投资者，需要保持注册名同自己持有的MYKAD①/MYPR②上的身份信息一致，并在提交表格时同时提交相应身份证复印件和30林吉特的注册费。如果注册的企业涉及其他主管机关的审批，也需要一并提供。选择单独商号注册的投资者，需要首先填写PNA.42号表格，提交企业核名申请。核名通过后，方能填写A类表格申请新设企业注册，同时投资者也需要提交身份证复印件、相关行业许可，以及60林吉特的注册费。

（2）合伙企业。合伙企业的设立程序与个人独资企业的设立要求和程序基本相同，合伙企业和个人独资企业之间还可以申请相互转换，此处不赘述。

（3）有限责任合伙企业。依据2012年《有限责任合伙法》和《有限责任合伙条例》，有限责任合伙企业须由企业合规官进行注册。合规官可以为合伙人本人，或者满足公司法规定的公司

---

① Malaysian Identity Card，即相当于马来西亚公民的身份证，http：//www.jpn.gov.my/en/informasimykad/introduction-to-mykad/.

② Malaysian Permanent Residency，即取得马来西亚永久居留权的外国人的身份证明，http：//www.jpn.gov.my/en/MyPR/.

秘书条件的人。合规官应提交登记注册表，提供以下信息，并同时缴纳 600 林吉特的注册费：①

①拟设立实体的名称；

②有限责任合伙企业的业务性质；

③有限责任合伙企业的住址；

④所有合伙人的名字及详细信息；

⑤合规官的名字及详细信息；

⑥允许合伙人从事其业务所需的政府部门相关批准函。

（4）公司。马来西亚注册公司需要至少两名公司股份认购者、两名居民董事和一名公司秘书。居民董事可以为马来西亚公民或主要居住地位于马来西亚的外国人。除两名居民董事之外，还可以任命其他外国董事。注册时必须向马来西亚公司委员会提交名称核准申请，缴纳 30 林吉特的费用，并提交发起人身份证件或护照的复印件。核名申请可以在线完成，一般处理时间为一个工作日。名称核准后，自被批准之日起 3 个月内将自动保留以供注册，所有注册文件以及注册费必须及时提交给马来西亚公司委员会。注册费取决于公司授权股本的金额：授权股本低于 4 万林吉特时，注册费用为 1 000 林吉特，授权股本高于 100 万林吉特时，注册费用为 7 万林吉特。一般注册处理时间为两个工作日，一旦支付，公司即将获得公司注册证书。

（5）外国代表处。外国投资者必须首先向马来西亚公司委员会提交名称可用性的核查申请，并同时提交申请费及外国公司章程的复印件。拟使用名称必须是母公司的名称。一旦名称核准通过，所有注册文件必须连同注册费在 3 个月内全部提交给马来西亚公司委员会。注册费取决于外国公司的授权股本。必须提交的文件包括：

---

① SSM：*General Guidelines for Registration on Limited Liability Partnership and Related Matters*，September 21st，2017，http：//www. ssm. com. my/sites/default/files/guidelines/General%20Guidelines%20on%20registration. pdf.

①外国公司的注册文件复印件；

②外国公司的章程复印件；

③董事名单及相关详细信息；

④载明本土董事权利的备忘录；

⑤授权委托书，其中应指定一个或多个马来西亚居民有权接受送达所有应送达给公司的通知，并载明其名字和地址；

⑥80 号表格，包含外国公司代理人的法定声明。

马来西亚公司委员会在注册申请通过后将颁发注册证书。注册代表处的整个过程大约需要两个星期。

第三节 马来西亚投资的法律风险与防范

一、投资环境法律风险与防范

（一）风险分析

经济学人智库对一国营商环境运营风险的评估设定了十项独立的风险标准，包括安全、政治稳定性、政府效能、法律和监管环境、宏观经济风险、外贸及支付问题、劳动力市场、金融风险、税收政策以及当地基础设施水平。[①] 世界银行以该等标准考察衡量马来西亚的整体投资环境，所得出的结论是马来西亚的投

---

① The Economist Intelligence Unit, *Prospects and Challenges on China's One Belt, One Road: A Risk Assessment Report*, September 20th, 2017, https://static1.squarespace.com/static/529fcf02e4b0 aa09f5b7ff67/t/554c49cee4b06fc215162cb4/1431062990726/One + Belt, + One + Road. pdf.

资运营风险较低。① 然而，在马来西亚投资仍需关注下列风险。

1. 政治稳定性风险。

马来西亚是一个多党制国家，近年来，执政党国民阵线的执政优势缩减，未来有可能面临政府换届的混乱。另外，马来西亚国内原住民、华裔、印度裔关系微妙，民族政策的失衡也可能加剧政治局势的动荡。

2. 法律和监管环境风险。

首先，马来西亚是一个联邦制国家，法律制度继受英国法内容，并受到部分伊斯兰法的影响。法律体系和司法程序与中国有较大差异，有鉴于此，需关注经营的合规性以提高运营效率。以公司制度为例，中国法上一般以法定代表人作为公司对外代表，其他公司董事未经授权一般不得代表公司对外签署文件，马来西亚则是采取董事代表制，对外通常采取两名公司董事会签公司决议的方式签署文件。这一制度的差异使中国公司在马来西亚经营时需要额外为其他董事另行办理授权，并经过公证认证程序方能生效。

其次，马来西亚的法律仍存在国内保护的相关规定，该等保护特别是对马来人等原住民的保护使得外国企业无法进入部分行业或取得相应产权、资质。例如，外国建筑企业在当地成立的独资工程公司无法获得建筑业发展局颁发的 A 级执照，在部分政府出资的 1 000 万以上林吉特的项目中无法作为总承包单独投标，只能作当地总包的分包或与其合作。

3. 劳动力市场风险。

首先，在东盟国家中，马来西亚的用工价格水平较高，当地劳工法律对外国雇员的数量有限制，需视具体情况由经济计划署审批，对于劳动密集型产业需要妥善控制人力成本。

其次，马来西亚的劳工法律较为复杂，对劳工的保护较高，

---

① 世界银行2017年《世界营商环境报告》显示，马来西亚的营商环境位居所有190个测评国家中的 23 位。World Bank Group, Doing Business Report 2017, *Overview*, P7, September 21st, 2017, http：//images. mofcom. gov. cn/gn/201610/20161027171453550. pdf.

例如马来西亚劳工的带薪假期显著长于国内的法定年假。当地工会的力量较强，劳工可以自由结社，雇主需要妥善处理劳资纠纷。

相关具体内容，参见第五章有关内容。

（二）防范措施

有鉴于此，有志在马来西亚进行经济活动的外国投资者需要采取一定的措施防范风险。

首先，提前做好尽职调查，及时了解当地法律和激励措施的变动，及时根据政策层面的利好消息和风险信号调整当地的投资活动，合法合规经营。

其次，善用外脑。中国投资者应借助当地中介顾问和合作伙伴的力量，协助办理公司注册变更、税务社保等事宜，在重大经营活动中，听取当地专业人士意见，规避风险。

二、投资模式风险与防范

（一）风险分析

1. 直接投资企业的形式选择。

外国投资者在马来西亚直接投资新设企业的形式受限，合伙和个人独资企业只能由马来西亚公民或具有马来西亚永久居留权的外国人设立。因此，一般外国投资者通常只能选择公司注册。

2. 直接投资企业的劳工纠纷。

外商在马来西亚新设企业，由于外国员工配额有限，需要考虑雇用一部分当地员工进行属地化经营。但是当地劳工法律较为复杂，工会较强的力量会使投资者面临一定挑战。

3. 并购投资股权比例限制。

外国投资者在对马来西亚企业并购时，往往会面临股权比例的限制。在签署并购协议时，需核实当地的股权限制要求，避免因为违法而无法得到批准。在并购上市公司和有政府背景的公司时，需要额外取得证券委员会和经济计划署的同意。

4. PPP 模式较高资质要求。

如上文所述，公司合营署对 PPP 项目的审核较为严格，参与 PPP 项目的投资者需要具备较强资金、技术和运维实力。由于 PPP 项目前期投入较大，投资者应当具有很强的融资实力和顺畅的现金流，否则极易导致企业运营困难。同时，项目整体投资周期较长，企业还需要有一定的技术资质和运营能力，对市场波动要有良好的预判力和风险掌控力，否则受宏观经济影响，容易造成经营困难。

（二）防范措施

为规避上述风险，企业投资前需要提前做好尽职调查和可行性研究，了解当地法律禁令和项目的商务、技术要求。同时，对拟投资项目做好融资方案，保证充分资金供应。最后，对于有一定运营周期的项目，可以考虑雇佣有专业资质的当地企业和专业人才帮助运营，并且提前签署行业上下游供应链的安排。

三、项目用地风险与防范

（一）风险分析

马来西亚的国家土地制度主要由 1965 年《国家土地法》、1960 年《土地征用法》、1976 年《城镇与乡村规划法》（1995

年修正）和 2010 年的《产业购置准则》等法律规制。各州土地局在联邦政府的监督下可以制定本州的土地政策，对本州的土地事务进行管理。

作为私有财产，马来西亚的土地可以通过两种方式自由买卖：一种是永久拥有权，但目前已经很难获得；另一种是租赁性拥有权，可获得有效期为 99 年的租契，而且在到期之前可以支付一定的费用获得另外 99 年的延期。

外国投资者在马来西亚的项目用地可能存在以下障碍和风险。

1. 外国投资者在土地取得上面临障碍。

第一，《产业购置准则》明确禁止外国投资者购置特定产业。包括：（1）价值 50 万林吉特以下的产业；（2）州政府划分的中/低成本住宅；（3）"马来人保留地"上的产业；（4）州政府分给土著企业开发项目的产业。

第二，《产业购置准则》明确规定外资购置产业申请，需要视情况由经济计划署和/或其他相关部门审批。未通过审批则无权取得相关产业，通过审批也需满足特定限制。

其中，需要经济计划署批准的事项包括：（1）直接购置价值超过 2 000 万林吉特的非住宅产业，降低当地土著企业或政府机构的股份比例；（2）通过并购控股方式，间接购置土著企业或政府机构的非住宅产业，且价值超过 2 000 万林吉特。这两种购置申请均有强制的 30% 土著股权限制，且外资企业缴纳的资本不得低于 25 万林吉特。

无须由经济计划署审批，但需相关部门审核的事项包括：（1）购置价值超过 100 万林吉特的商业房屋；（2）价值超过 50 万林吉特或购置面积为 5 英亩以上的农业用地，用于农业投资、高新技术的商业投资、农业旅游项目开发或开展出口型农产品加工；（3）购置超过 50 万林吉特的工业用地；（4）购置价值超过 50 万林吉特的住宅。

无须经济计划署批准的产业购置包括：购置马来西亚"第

二家园计划"的住宅；多媒体超级走廊区域内具有多媒体超级走廊地位的公司，为了企业运营或员工住宅所购置的产业、在马来西亚国际伊斯兰金融中心秘书处颁发执照的公司购置的产业；公司的员工宿舍（外资控股的公司需购置 10 万林吉特以上的住宅），该业务由州政府批准；遗嘱或法院判决要求转移给外资的产权；制造业公司购置的产业；政府关联公司购置的产业；私有化转型机制下的产业；获得财政部、贸工部等相关部门颁发的国际采购中心、运营总部、代表处、区域办事处、纳闽离岸公司及生物科技公司等特殊地位公司所购置的产业。

2. 外国投资者在土地利用上具有风险。

《国家土地法》规定无论何种用途的土地，必须在地契中注明的规定时间内完成开发，否则将无条件收回土地。《城镇与乡村规划法》规定更改土地用途的方案需要经过权力部门的审批，不得违反地方政府规划原则与目标。

3. 外国投资者在土地的处置上面临风险。

《土地征用法》规定，在公布征用理由和进行补偿的基础上，政府有权征用州内土地并改变其性质。尽管投资者是合法的所有者，在面临公共利益需要时，其项目土地仍有征收的风险。目前，征收和间接征收已经成为影响外国投资者利益的重要政治和法律风险。

（二）防范措施

为防范项目用地风险，外国投资者有必要采取以下措施：第一，及时了解联邦和各州现有土地立法与政策，注意土地产权购置时应规避禁区，力求合规；第二，签订投资协议时，努力争取在与政府等业主的协议中签订法律稳定条款，约定基准日后的法律变动风险投资者不承担，或者就特定土地产权投资购买恰当的政治风险的保险；第三，土地征收发生纠纷时，应多方收集证据，借助法律武器，敢于诉诸东道国法院和/或国际投资仲裁机构，保护自身合法权益。

四、签约风险与防范

（一）风险分析

1. 股权并购价格调整机制。

在并购投资中，由于投资人最初不能对并购资产或股权的价格有完全清晰准确的判断，因此投资人往往对并购价格设置调整机制，以确定最终应支付的款项。如果投资方未在协议签署约定相应机制或约定标准不明确，则有可能在后续交割时面临重大损失。

2. 陈述与保证条款。

陈述与保证条款是投资协议中常见的一类重要条款，即协议方就其自身、目标公司（资产）及交易相关事项所做的确认和承诺。无论是项目投资协议、合伙企业设立文件、股权及资产收购协议还是相关融资协议中都可能涉及陈述与保证条款。违反陈述与保证条款，守约方有权要求违约方承担违约责任，严重时甚至可以终止协议。

以华为新加坡 Wimax 项目为例，由于华为在项目谈判过程中向新加坡创新公司承诺项目仅需 225 个站点即可满足网络覆盖和速度要求，但在实际完工后发现原有设计无法满足承诺标准，被新加坡高等法院认定存在误述和过失性的不实陈述，最终被判罚超过一亿两千万元人民币。[1]

此类误述和虚假陈述在投资协议中也可能在马来西亚引起类

---

[1] Supreme Court of Singapore, Creative Technology Ltd. & Anor v Huawei International Pte Ltd, *Final Judgment*, Suit No 55 of 2012/H, 16 August 2017.

似后果，投资者在签署相应协议前需要根据己方需求限制己方陈述保证范围，同时也要重点关注对方的陈述保证义务。

3. 先决条件。

在投资文件中，协议方可以就交易的前提条件作出约定，除非先决条件全部满足或被放弃，协议方没有义务完成交易。例如，投资方可以在协议中规定交易进行的前提条件是目标公司的创始人在签署协议的 60 天内取得有关审批和就股权转让同主管机关达成一致。

如上文所述，马来西亚在部分行业中仍然有持股比例要求，对于一些特定行业，外国人无法单独取得一定资质。因此，中方投资人投入的前提就是马方合作方完成相关审批，只有这样才能保证投资人的投资目的实现。例如，涉及环评的投资项目，可以约定环评通过作为项目投资的先决条件。

4. 保密条款/保密协议。

保密协议和保密条款是海外投资、并购中常用的法律条款和法律文件，广泛应用于各类交易模式。由于国际投资、并购周期相对较长，签署保密协议可以避免合作方将相关商业信息泄露，这对于一些重大、敏感的项目尤为重要。

5. 独家谈判权和项目锁定期。

作为投资交易参与方，往往都需要付出一定人员、时间、金钱的成本，如果项目提供方同时和多个合作伙伴谈判，则有可能加大参与方谈判获取项目的难度。因此，项目参与方往往会要求在协议中加入一定时间的独家谈判权，断绝项目提供方通过多家谈判抬高项目条件。

（二）防范措施

对于签约风险，中国投资者可以从以下两方面着手：

首先，借助外部专业人员，做好前期尽职调查和交易文件的起草，明确界定投资价格调整机制、规定交易的先决条件、双方的保密义务和一定期限内的独家谈判权。

其次，双方需要就交易重大风险进行分割，并通过双方的陈述与保证加以固定。同时，在交易文件中，可以引入完整合同条款，排除双方在合同谈判阶段作出的但并未最终纳入协议的承诺。

五、履约风险与防范

（一）风险分析

投资项目经双方谈定，即使进入履约阶段依然面临诸多风险[1]，包括融资风险、法律政策变动风险以及合规经营风险。

1. 融资风险。

在投资项目中，由于涉及资金体量较大，很少会有企业直接全部以自有资金投资，较多的模式是通过项目融资的模式在金融机构或资本市场进行融资。投资者往往有两项选择：通过马来西亚国内资本市场运作，或者借助国际资本市场的通道。

如果投资者选择在马来西亚国内直接融资，融资额 60% 以上必须来自马来西亚国内银行。并且，如果贷款额超过 1 000 万林吉特（相当于 400 万美元）时，须事先得到中央银行的同意。投资者通过发行企业债券或股票融资必须提请当地有资质的评估公司对相关证券进行评估，评估后还需要进一步得到证券委员会的审批同意。如果投资者选择借助国际资本市场融资，则投资者需要考虑资本出境和入境的方式，以免违反中国和马来西亚的外

---

① 诸如汇率风险、劳工风险、税务风险等内容本章其他部分已有涉及，此处不再赘述。

汇管理规定。

2. 法律政策变动风险。

一国政府为吸引外资常常会颁发一系列的优惠政策，包括税收优惠和行业补贴，投资者往往期待此类政策能在较长期限内保持稳定。然而，现实中一国政府常常需要根据具体情况不断调整国内法律政策，以应对财政压力和宏观经济形式变化。因此，重要的投资项目由于周期较长往往会面临政策变动带来的风险。

例如，西班牙政府在 21 世纪初为发展本国的光伏产业，对前来投资的投资者往往约定固定价格回购电力产品，并给予一定税收优惠。然而，随着投资者大批涌入，西班牙财政吃紧，在经济危机的进一步冲击下西班牙政府逐步降低乃至取消了法律中规定的优惠，调整了回购价格。由此，导致投资者不满，相关纠纷诉诸仲裁已达数十起。

具体到马来西亚，如前文所述，马政府制定了相当多的优惠政策来吸引外资，中国投资者可能会基于此大举进入马来西亚投资。虽然马来西亚整体法律环境较为稳定，但是不排除因政府变动导致政策调整的可能性，投资者在投资前需要做好政策转向的预判和应急预案。

3. 合规经营风险。

近年来，伴随中国企业"走出去"步伐加快，境外投资也涉足许多高风险地区进行投资。在履约过程中，有一个不容忽视的风险就是合规经营风险。而目前高发的合规经营风险包括制裁风险、反腐败风险和反洗钱风险。

制裁风险表现为两类。一类是来自主权国家的政治制裁，这类制裁多是一国或多国对另一国施加影响的单方政治行为，进入一些较为敏感地区或行业投资的中国企业可能被该国一并制裁。另一类是来自国际金融机构的制裁。一些企业存在某些不当行为，如商业腐败、串标、虚假陈述等行为，此类行为违反了金融机构的相关商业经营准则，直接被某金融机构施加制裁，表现为无法使用特定货币作为投资结算货币，或者无法参与由该金融机构支持的项目投标。

反腐败风险同制裁风险相关，严重的商业腐败行为不仅面临国际组织的制裁，还可能受到主权国家的处罚。具体到马来西亚，马政府近两年加大了对腐败的打击力度。目前，违反《反腐败委员会法》相关规定，将面临 7～20 年的监禁，单处或并处 1 万～5 万林吉特或贿赂数额 5 倍的罚款。违反《刑法典》相关规定，将面临最高 3 年的监禁，单处或并处罚款，罚款没有限额。违反《海关法》规定，将受到不超过 5 年的监禁，单处或并处不超过 1 万林吉特的罚款。[①] 如果中资企业在当地使用不当方式获取投资项目，有可能面临刑事处罚，丧失当地的市场。

反洗钱风险也是近年来出现的高发风险，特别是金融行业的投资者尤其应高度重视。目前马来西亚的《反洗钱、反恐怖主义融资和非法活动收益法》是现行反洗钱的立法，违反其规定，将面临不超过 5 年的监禁，单处或并处不超过 500 万林吉特的罚金。

（二）防范措施

首先，投资者在进行海外投资时，必须提前规划好融资渠道，在预见到马来西亚国内融资存在不足的情况下，需要合理安排国际资金进驻，避免影响项目交割和注资。

其次，投资者需要合理预见一国政策、法律变动风险，尽量在投资协议中作出风险分配，例如设置基准日划分投资双方的责任。同时，在政府或国家机关为协议方的情况下，建议在投资协议中引入法律稳定条款，使政府承诺在一定期限内对给予的优惠

---

① Wong Chin Chin，Tracy Ng Tsu Ynn，2015 Mergers and Acquisitions Report：Malaysia，*Adnan Sundra & Low*，September 21st，2017，http：//www.iflr.com/Article/3439983/2015MergersandAcquisitions Report Malaysia. Html.

或法律体系保持不变。如果政府违反相关承诺，投资者可以提交投资仲裁以实现自身合法权益。

最后，中资企业在进行海外投资经营时，需要越来越重视合法、合规经营，事先做好尽职调查，避免投资高危区和高危行业，设置风险防火墙。

六、环境保护法律风险与防范

（一）风险分析

近年来，投资仲裁领域中涌现了一种新型的投资争端，即基于东道国环保措施产生的投资争议。

1. 投资壁垒。

在全球经济低迷时，贸易保护主义和投资保护主义就会在全球范围内抬头。同贸易法类似，近年来一些主权国家会通过环境保护、人权、劳工等事由对部分外国投资者实施封锁，形成隐形的投资壁垒。例如，以投资者的投资属于高污染行业为由而禁止投资。

对于投资者而言，如果其接受的环评标准同其他外国投资者和东道国国内投资者相同，那么主权国家基于主权原则有权拒绝相应投资。但是，一些东道国如果采取一些歧视性、武断性的措施，人为区分外国投资者和国内投资者，则其有可能违反了其在相应投资协议下的国民待遇和最惠国待遇要求。如果东道国采用不透明的方式、违反之前对投资者的书面承诺或者未给予投资者一定的救济渠道，则涉嫌违反投资协定中的公平公正待遇。

对于准备在马投资的中方企业，有可能会面临相关投资壁垒，或者是在投资准入前的环境评估程序中设置有别于马来西亚投资者的环评标准，或者是评估程序存在不透明，又未给予投资者充分救济。这类环境壁垒或者并非出于环境保护目的，或者违反了正当程序的要求，都有可能给投资者的前期投入带来损失，而这些损失投资者依据投资协定有权请求东道国赔偿。

2. 征收风险。

另一个和环境相关的投资争端是东道国为保护环境，对投资者的投资进行了征收或间接征收。特别是目前中国企业"走出去"时，投资的许多行业是能源、矿产、建设工程等高污染、高能耗行业，更有可能成为东道国环境执法的对象。具体到马来西亚，《土地征用法》规定州政府有权根据公共利益需要对州内土地进行征收，环境保护属于公共利益的范畴，州政府有可能以环境保护需要为由征收项目土地。

（二）防范措施

为防范东道国环境执法带来的风险，中国投资者应从以下方面努力：首先，努力进行技术革新和升级，避免对外投资时进行高污染输出，日常经营中遵守当地环境法律要求。其次，在做到合法经营的同时，应当注意判断东道国举措的合法性，保护自身的权利。对于东道国的投资保护主义和征收行为，投资者可以寻求当地司法救济，也可以依据条约权利进行投资仲裁，维护自身合法权益。①

---

① 目前，中国投资者尚未通过中马双边投资条约提起对马来西亚的仲裁。但是，2011 年马来西亚 Ekran Berhad 公司在 ICSID 提起对中国的申诉，起因就是海南省政府征收了该公司的土地但未就赔偿事宜达成一致。这表明征收风险是投资者面临的切实风险，中马双边投资条约也可以作为权利依据为投资者提供保护。

第四节 典型案例

A 公司马来西亚 X 地块开发项目

（一）案例介绍

2008 年，具有马来西亚政府背景的 A 公司推出了 X 地块区域发展计划。该地块位于吉隆坡市中心，地理位置优越。项目总面积为 70 英亩（约 425 亩），规划总建筑面积 2 100 万平方英尺（约 195 万平方米），其中写字楼总建筑面积 98 万平方米（约占 50%），公寓总建筑面积 59 万平方米（约占 30%），购物中心总建筑面积 19 万平方米（约占 10%），酒店总建筑面积 20 万平方米（约占 10%），项目建成将对所在区域经济发展有巨大推动作用。

中国 B 公司通过长期区域深耕与市场拓展，对 X 地块区域中 T 地块开发项目（以下简称"本项目"）进行了重点跟踪与研判，认为本项目位于 X 地块区域发展计划的核心区域，具有较好的未来发展前景和经济效益。同时，该项目作为政府重点推荐的区域发展项目，对中国 B 公司未来更深程度参与马来西亚房地产市场开发具有较强的示范效应。

与此同时，马来西亚 C 公司也较为看好本项目，前期已与 A 公司签署了土地购买协议并支付了部分土地价款，但土地权属尚未变更。经过多次接触，B、C 公司决定合作开发本项目。本项目规划建筑面积为 72 000 平方米，物业用途为公寓及商业裙房。项目启动资金来源于各股东投入的自有资本金，其余资金依靠销售回款和银行贷款补足。

（二）案例特点及风险分析

1. 详细策划尽职调查内容，最大限度实现风险隔离。

在项目投资决策阶段，中国 B 公司与马来西亚律师事务所对目标项目和合作对象进行了详细的尽职调查。在尽职调查过程中发现 X 地块开发相关权证齐全，但由于 A 公司是由马来西亚政府全资控股的战略性开发公司，政治色彩较为浓重，近年出现一些政治丑闻，曾在国内外引起较大轰动，使得 A 的国际形象受到严重影响。为避免 A 公司的负面新闻对 B、C 公司与 A 公司继续履行土地出让合同产生不良影响，B、C 公司在确定合作模式前与 A 公司沟通，将目标地块进行了资产剥离。该剥离措施为中国 B 公司建立了防火墙，有效防范了上述风险。

2. 合理安排合作模式，有效降低税收成本。

按照原计划，C 公司在获得土地权属后，B、C 公司将成立新项目公司，并通过与获得土地的 B 公司再行签署土地转让合同进行项目开发。但根据马来西亚印花税征收规定，土地转让行为需缴纳印花税。为合理避税，B 公司做了充分的税收筹划，最终与 C 公司达成以下合作方案：中国 B 公司拟对 C 公司进行增资扩股，使该公司成为项目公司。该合作模式大大降低了项目公司投资的税收成本。经测算，仅该项措施即节约了近 700 万林吉特的印花税，有效降低了合作成本。

3. 做好公司治理策划，保障股东合法权益。

在 B、C 公司的合作计划中，B 公司为绝对控股方。为满足马来西亚当地法律对项目公司的本地化要求，同时也为了最大限度维护 B 公司的股东权益，B 公司对项目公司治理结构进行了充

分策划，对项目公司章程、相关议事规则等公司治理文件进行了
细化，合理分配公司董事会、高管层人员比例。在保证满足当地
法律要求的同时，也有效地维护了 B 公司合法权益。

4. 找准市场定位，实行差异化竞争策略。

项目所在区域为马来西亚未来重要的银行、金融中心，项目
在投资可行性研究及开发定位阶段聘请专业市场顾问、营销顾问
及设计顾问，充分把握当地未来市场走势，制定了相应的开发销
售策略。项目最终定位为高端公寓开发，采用差异化的竞争策略
并瞄准高端市场需求主力，保证了项目的去化速度。

（本案例由编写组根据相关资料整理。）

马来西亚贸易法律制度

第一节 马来西亚贸易管理体制

一、总体情况概述

（一）对外贸易总体态势

自有历史记录以来，马来西亚就作为一个区域商业中心，为包括中国商人、印度商人、阿拉伯商人和马来商人在内的各国商人提供货物贸易服务。今天，对外贸易在马来西亚的国民经济中仍然占有十分重要的地位。根据马来西亚国际贸易和工业部发布的 2016 年贸易报告，马来西亚在过去的 10 年间贸易额超过万亿林吉特，年平均增长 1.5%。马来西亚已经成为全球排名第 24

位的出口国，排名第26位的进口国。① 尽管受全球市场不稳定、增长放缓、价格低迷和市场波动等经济因素的影响，马来西亚2016年对外贸易仍保持了持续增长的态势，贸易总额达14 858亿林吉特，增长1.5%。其中出口贸易额为7 859亿林吉特，增长1.1%，进口贸易额为6 986亿林吉特，增长1.9%，贸易顺差为873亿林吉特，总体创历史新高。自1998年以来，马来西亚国际贸易已经连续19年保持贸易顺差。2017年的进出口贸易继续表现良好，截至7月，出口额已达5 297亿林吉特，进口额达4 787亿林吉特，进出口指数上升明显。②

（二）主要贸易伙伴

根据马来西亚国际贸易和工业部2017年7月的统计，排在前5位的进口国分别是中国、新加坡、日本、美国和泰国。马来西亚的主要出口国包括新加坡、中国、美国、日本、泰国等。2016年，马来西亚与东盟其他国家贸易额为4 026亿林吉特，占比为27.19%。目前，国际贸易和工业局的贸易和投资计划正在积极拓展新的贸易市场和区域，主要目标是非洲、拉美和西亚。

（三）贸易产品结构

根据国际贸易和工业部发布的2016年贸易报告，马来西亚出口产品按照出口量从高到低排序依次为：电子和电气产品、化学化工产品、石油及相关产品、棕榈油及其制品、其他农产品和机械设备。2016年，制造业在出口总量中占比为82.2%，农产品为9%，矿产品为8%。进口方面，贸易量排名依次为电子和电气产品、化学及化工产品、机械设备和石油产品。其中，制造

①② *Malaysia International Trade and Industry Report* 2016, http://www.miti.gov.my/index.php/pages/view/1771? mid＝72，最后访问日期2017年9月25日。

业占比为 88.2% , 农产品为 5.7% , 矿产品为 4.2% 。

（四） 辐射市场

全球经贸关系方面, 马来西亚于 1957 年加入《关税和贸易总协定》, 1995 年成为世界贸易组织（WTO）的创始成员之一, 在货物、服务及知识产权等各方面遵守 WTO 协议。

区域经贸关系方面, 马来西亚是东南亚国家联盟（东盟, Association of Southeast Asian Nations, ASEAN）的创始成员国, 2002 年起东盟国家开始启动自由贸易区建设, 在区域内部实现贸易零关税。2012 年 11 月, 在第 21 届东盟峰会上, 东盟 10 国及其 6 个自由贸易区伙伴签署了《东南亚区域全面经济伙伴协定》（Regional Comprehensive Economic Partnership, RCEP）。马来西亚在东盟项下及双边项下签署了多项自由贸易协定, 截至 2013 年, 马来西亚已与澳大利亚、日本、新西兰、印度、智利、巴基斯坦及土耳其签署了双边自由贸易协定（Free Trade Agreement, FTA）。2016 年, 马来西亚国会通过《跨太平洋伙伴关系协定》（Trans－Pacific Partnership Agreement, TPP）, 将为推动马来西亚商品和服务走向国际市场发挥积极作用。当前, 马来西亚正积极同欧盟商谈自由贸易协定, 并与伊斯兰会议组织（Organization of the Islamic Conference, OIC）及八国集团开展贸易优惠安排磋商。

（五） 中马贸易关系

中国已经成为马来西亚的第一大贸易伙伴。马来西亚国际贸易与工业部公布的数据显示, 2016 年, 马来西亚前 5 位的贸易伙伴分别是：中国（2 409 亿林吉特, 16.2%）、新加坡（1 868 亿林吉特, 12.6%）、美国（1 358 亿林吉特, 9.2%）、日本

（1 202亿林吉特，8.1%）、泰国（864 亿林吉特，5.8%）。近年来，马来西亚对中国出口最多的商品为机电产品、矿物燃料、机械设备、动植物油和橡胶制品。其他对华出口商品还有矿砂、塑料制品、有机化学品、光学仪器制品、铜及制品、镍及制品、运输设备、木材及制品等。中国出口马来西亚的商品种类繁多，主要有机电产品、机械设备、钢铁、塑料制品、铝制品等。

二、贸易主管部门

1956 年，马来西亚成立商务和工业部，该部门于 1972 年分立为两个部门，分别是国际贸易和工业部（Ministry of International Trade and Industry）、国内贸易和消费者事务部（Ministry of Domestic Trade and Consumer Affairs）。

（一）国际贸易和工业部

国际贸易和工业部是马来西亚对外贸易的主管部门，其主要职责是：（1）规划、制定和实施工业发展、国际贸易和投资相关政策；（2）鼓励外商投资和国内投资；（3）通过加强双边、多边和区域贸易与合作，促进本国制造产品和服务出口，提高国家制造业上的生产力和竞争力；（4）规划、协调和监督中小企业的发展，提高私营经济的发展和创业技能，尤其是扶持土著居民商业团体，并确保马来西亚制造业获取最大的利益。

国际贸易和工业部管理层由 2 名部长，2 名副部长，1 名秘书长和 3 名副秘书长组成。国际贸易和工业部内部设有 10 个司局，其中主管贸易的有 4 个司局，分别是贸易政策和协商局、区域和国际关系局、双边经济和贸易关系局，以及东盟经济一体化局。此外，国际贸易和工业部还管理了 6 个独立的执行局，分别为工业发展局、贸易发展局、国家生存力局、工业发展融资局、技术发展局和中小企业发展局。

其中，关于贸易政策和协商方面的职能包括：

（1）通过立法、制定和执行贸易救济政策来增强和提高国内产业的稳定和增长。

（2）根据《WTO 反倾销与反补贴措施协定》、1993 年《反补贴和反倾销法》和 1994 年《反倾销税条例》，通过使用反倾销和反补贴措施，保护国内产业和补救由于倾销和补贴造成国内产业的损失；依据 2006 年《保障法》、2007 年《保障条例》和《WTO 保障措施协定》，采取保障措施，保护国内产业免受进口激增的影响。

（3）为国内产业提出反倾销、反补贴和保障调查申请提供意见和建议。

（4）为国内产业应对其他国家的反倾销、反补贴和保障措施调查提供建议和支持。

（5）确定马来西亚对外经贸谈判立场，参与世贸组织和其他相关国际论坛的贸易救济多边谈判。

（6）处理、调查国内外贸易者之间的纠纷。[①]

（二）国内贸易和消费者事务部

国内贸易和消费者事务部是马来西亚的内贸管理部门，其管理层由 1 名部长，1 名副部长，1 名秘书长和 2 名副秘书长组成。国内贸易和消费者事务部的主要职责包括内贸政策的制定和战略规划，必需品和石油、石化产品的贸易监管，以及审核与国内贸易发展、合作及消费者权益相关的事宜等。国内贸易和消费者事务部在国内贸易中的职能由其国内贸易部门执行，

① Ministry of International Trade and Industry, http：//www. miti. gov. my/index. php/pages/view/3466，最后访问日期 2017 年 9 月 25 日。

具体职能包括：

（1）通过对批发商和零售商、合作社、特许经营、直接销售、小商贩以及下游石油部门的分析来发展马来西亚公民的商业机会和提高社会经济地位。

（2）决定和监测必需品的价格。

（3）控制和监督必需品、石油石化产品和直销行业的销售和分销。

（4）执行关于公制重量和度量的规定。

（5）根据相关法令规范与公司、商业有关的事项。

（6）鼓励良好的公司治理实践。

（7）制定和管理知识产权保护制度。[①]

三、货物进口管理机制

（一）进口商管理机制

马来西亚1967年《海关法》对进口商的定义是：进口商是指货物在进口至完成清关期间，与其有实际利益关系的货物所有人或其他人。《海关法》进一步对"货物所有人"做了解释，他是指除海关执法人员等公务人员外，自称为货物所有人、进口商、出口商、收货人或上述人员的代理人等与货物有实际利益关系或有处置权的人。根据《海关法》，进口商及其代理人应当承担货物清关和提取货物等义务，包括按照海关执法人员的要求提供货物发票、运输单证、原产地证书、分析单据等清关所需的全部材料及支付相关费用等。

---

① Ministry of Domestic Trade and Consumer Affairs, http：//www. kpdnkk. gov. my/kpdnkk/a-bout-kpdnkk – 2/？lang = en，最后访问日期2017年9月25日。

马来西亚海关对进口商代理人也有一定的资质要求，包括必须通过海关的专门培训，获得进口商的授权文件，以及向海关作出诚实廉洁从业的承诺。代理人未经授权而进行清关代理行为的，将处以不超过 500 林吉特的罚款。

需要注意的是，一些特定类型商品的进口商需要向海关进行注册以取得该类货物进口商资质。马来西亚《检疫和检验服务（进口商、出口商或代理人登记）条例》明确规定：进口植物、动物、鱼类、农产品、土壤或微生物的人员，必须向海关局长注册为进口商或代理人。如果进口商或代理人违反有关规定，海关局长可以随时注销其资质，进口商或代理人无权就其所遭受的损失获得赔偿。

马来西亚《海关法》第 133 条对进口商清关过程中的不良行为规定了明确的罚则，违反下述规定并定罪的，将被处以不超过 50 万林吉特的罚款、不超过 5 年的监禁或两者并罚：

（1）以口头或书面形式签署《海关法》规定的声明、证明或其他文件存在不真实或不正确的；

（2）以口头或书面形式签署海关人员要求的声明、证明或其他文件存在不真实或不正确的；

（3）假冒或伪造《海关法》规定的文件，用于处理海关业务的；

（4）假冒或伪造海关人员要求复核的文件，用于处理海关业务的；

（5）未按照《海关法》的规定申报进口货物的；

（6）未按照《海关法》第 100 条的规定出示进口货物的相关文件的。

此外，《海关法》对申报文件"准确性"的要求是绝对严格的，进口商不得以"不存在故意欺诈""对文件内容不理解"或"语言不通"等理由来进行辩护。

（二）进口货物配额与许可证管理机制

马来西亚政府通过对进口货物实行限制来保护本地工业的发展，比如关税配额和许可证制度。

1. 关税配额。

关税是马来西亚货物进口管制的主要手段。原材料的关税保护等级通常较低，而具有增值价值或可加工货物的关税较高。根据关税配额相关规定，进口货物所收取的关税取决于进口量。在配额数量内进口贸易时，征收关税的税率较低，但超过配额额度的进口贸易要征收更高的税率。在马来西亚，具体适用的配额通常由相关行业主管部门来制定。自 2008 年 4 月 1 日起，马来西亚对选定的如鸡肉、牛奶和奶油、鸡蛋、卷心菜等农产品实行关税配额，其制定部门为兽医服务局。通过查询兽医服务局的官方网站，可获取具体的农产品配额清单。

2. 进口许可证。

总体来说，马来西亚对大部分商品都实行自由开放的对外贸易政策，但仍有部分商品的进出口会要求获得许可证或受到其他限制。根据 1967 年《海关法》，为了保护当地制造商的利益、人民的健康、生态环境，并确保国家安全不受影响，在考虑马来西亚外交政策和必需品供应的前提下，马来西亚对部分商品实行禁止或限制进出口。进口商需向相关政府主管部门申请并获得限制进口商品的进口许可证方可从事相关贸易活动。根据当地法律，相关政府部门根据法律规定在其职权范围内可以签发进口许可证。[①] 比如，国际贸易和工业部发放进口许可证的商品主要涉及机动车、钢铁、部分日用品、重型机械和化学化工品等。危险药物或精神药物的进口许可证由卫生部制药部门签发。建筑产品

---

① Ministry of International Trade and Industry，http：//www. miti. gov. my/index. php/pages/view/contentff8e. html，最后访问日期 2017 年 7 月 15 日。

则是由建造业发展局签发。相关行业主管部门也可以在授权范围内对部分限制进口商品实行临时豁免措施。

由马来西亚政府倡议，财政部领导的马来西亚"贸易便利化单窗口"是 2009 年启动的一站式贸易便利化制度，将贸易流程中有关政府机构及其他各种贸易和物流服务机构联系起来。在马来西亚，国家贸易便利化单窗平台由大港网络科技有限公司开发、经营和管理。大港网络科技有限公司连接 30 多个许可证发放机构、10 家银行和 160 个海关机构，提供 6 个核心电子服务，它们包括：[①]

（1）ePCO（在线申请优惠原产地证书）；

（2）ePermit（在线申请许可证发放机构许可证）；

（3）ePermitSTA（2010 年战略贸易法许可证在线申请）；

（4）eManifest（在线提交货物清单和船只信息）；

（5）eDeclare（网上报关）；

（6）ePayment（在线支付关税、进口消费税、许可证费用和账单支付）。

（三）进口货物产品注册管理机制

马来西亚对药品进口实行产品注册管理制度。所有进口到马来西亚的药品必须先向卫生部登记后方可向消费者出售或上市。注册药物必须在其标签或包装上携带注册号（即 MAL20125467T）和 Meditag 公司的全息图标签。有效的注册号码以"MAL"开头，后跟 8 位数字，并以字母表结尾以表示其注册类别。注册产品可分为控制药物（A 类）、柜台药物（X 类）、传统药物（T类）、补品（N 类）四大类。此外，部分兽医药物也需要注册。

目前，药物类产品注册只能通过国家药品监督管理局网站

----

① Dagang Net，http：//www. dagangnet. com/wp-content/uploads/booklet＿web. pdf，最后访问日期 2017 年 8 月 6 日。

（www. bpfk. gov. my） 在线完成。

根据 1984 年《药物和化妆品管理条例》，除获特别豁免用以治疗危及生命疾病的药品外，未按规定注册进口药品是违法行为。此外，化妆品在 2008 年 1 月 1 日以前也实行注册制度，但现已被在线通知程序所取代。

（四）进口货物标签管理机制

根据 1980 年《价格管理法（制造商、进口商、批发商标签)》的规定，马来西亚实行进口货物标签管理机制。根据该法第 3 条（1）款的规定，进口商未在货物或其包装、容器上贴有符合法律要求的信息标签，不得出售任何预先包装的货物。

马来西亚对商品的清真标记有专门规定。所有在马来西亚销售的进口食品和商品必须符合 2011 年《商品说明（清真认证和标记）令》的要求，或者取得国家认可的外国清真认证机构的认证，否则不得使用清真标记。对于后者，进口商或制造商应在食品和货物上标明认证机构的名称。

食品方面，1985 年《食品规则》对进口食品包装的标签内容作了十分详细的规定，内容包括语言、品名、食物成分、混合和复合食品的成分和比例、产地等，一些特殊食品如烟、酒还需进行特殊标注。

（五）进口货物关税机制

马来西亚皇家海关隶属财政部，是马来西亚进口货物关税的征收机构。目前，进口马来西亚的商品需缴纳关税、商品和服务税以及消费税。根据 1967 年《海关法》，海关局长需不定期地根据政府公报刊登的命令，确定对进口货物需征收的关税。海关局长亦有权豁免进口商的部分或全部关税。当海关局长怀疑某人

马来西亚

在未缴付关税的情况下准备离境，除非该人支付所有应付的关税或者提供满意的担保，否则海关将通知入境事务处扣留该人的身份证明、护照、出境许可证或其他旅行证件。

（六）进口货物禁止与限制机制

2017 年《海关（禁止进口）令》规定了四类不同级别的限制进口产品。第一类是完全禁止进口的产品，[1] 包括冰片，附子成分的中成药，45 种植物药，13 种动物及矿物质药，蜂巢，有毒化学物质以及其他影响国家和平、社会公序良俗、违反宗教的产品。此外违反《蒙特利尔议定书》规定的产品也在禁止之列。第二类是涉及卫生、检验检疫、安全、环境保护等领域的需要许可证方可进口的产品，[2] 包括禽类和牛肉（必须符合清真认证）、蛋、大米、食糖、水泥熟料、烟花、录音录像带、武器、军火及糖精。第三类是必须遵照指定方式方可进口的产品，[3] 包括牛奶、咖啡、谷类粉、部分电线电缆以及部分钢铁产品。第四类是符合一定特别条件后方可进口的产品。[4]

马来西亚是亚太国家中少数仍对部分产品实施非自动进口许可证的国家。这些非自动进口许可证主要针对非农产品的进口，如汽车、电信、有机化工、钢铁以及机器和机械设备等。

（七）进口货物检验检疫

马来西亚农业和农基工业部（Ministry of Agriculture and Agro - Based Industry Malaysia，MOA）设立马来西亚检疫局（Malaysian Quarantine Inspection Services，MAQIS），提供检验检疫的综合性

---

① 2017 年《海关（禁止进口）令》附表一。
② 2017 年《海关（禁止进口）令》附表二。
③ 2017 年《海关（禁止进口）令》附表三。
④ 2017 年《海关（禁止进口）令》附表四。

服务。根据 2013 年《检疫服务（进口商，出口商或代理商登记）条例》，只有注册成为进口商或代理商，才能在马来西亚申请货物检验检疫相关贸易活动。

1. 检疫局的具体职权①。

检疫局的具体职权如下：

（1）在入境点，检疫站与检疫场所检疫和检查任何植物、动物、屠体、鱼类、农产品、土壤、微生物、经营场所、运输工具或任何其他相关物品，以确定是否存在有害生物、疾病或污染物，并确保符合 2011 年《检验检疫服务法》规定的进出口条件。

（2）根据 1983 年《食品法》的规定，在入境点检验食品及其相关事宜。

（3）根据 2011 年《检验检疫服务法》的规定，收取一定的费用，用于检疫和检验总监行使职权。

（4）将植物、动物、屠体、鱼类、农产品、土壤和微生物在检疫站或检疫场所检疫管制一段时间，时长由检疫和检验总监确定。

（5）登记所有与上述物品有关的进口商、出口商和代理商。

（6）签发植物、动物、屠体、鱼类、农产品、土壤和微生物的进出口许可证。

（7）为了对植物、动物、屠体、鱼类、农产品、土壤和微生物进行检疫和检查，申请合适的地点作为检疫场所。

（8）对植物、动物、屠体、鱼类、农产品、土壤和微生物，经营场所，运输工具或其他物品进行检疫程序，时长由检疫和检验总监确定。

（9）在入境点拒绝任何植物、动物、屠体、鱼类、农产品、土壤和微生物入境。

---

① Malaysian Quarantine Inspection Services，http：//www. maqis. gov. my/en_US/web/guest/objektif-fungsi-kuasa，last date of visit 22 August 2017，最后访问日期 2017 年 8 月 18 日。

2. 检疫的主要内容。

为了防止动物传染病、寄生虫病和植物危险性病、虫、杂草以及其他有害物传入，马来西亚政府对进口动物植物实施检验检疫。如携带动植物入境，需要向马来西亚相关主管部门申请进口许可证，并在入境时遵守各项检验检疫程序。马来西亚所有进口肉类、加工肉制品、蛋和蛋制品必须来自经农业部兽医服务局检验和批准的工厂，所有进口产品必须获得兽医服务局颁发的许可证书。所有向穆斯林供应的肉类、加工肉制品、蛋和蛋制品必须通过清真认证，牛、羊、家禽的屠宰场以及肉蛋加工设备必须获得伊斯兰发展署的检验和批准。

马来西亚检验检疫局对进口货物进行随机或全部实物检查，以确保进口的货物满足下述条件：（1）不受害虫、疾病或污染物的影响；（2）已分级、包装和标记；（3）与申报的类型和数量相近；（4）已完成检疫；（5）有清真的标记；（6）符合各项相关规定。

3. 检验检疫费用。

进口商货物接受检验检疫须向当局支付相应的检验费用。一般而言，动物类商品按照动物只数收取检验费，金额从每只1～100林吉特不等；植物、土壤、微生物和其他商品按照重量收取费用，超过1 000公斤后费率调减。需要储存或运送的商品还需要根据时间和公里数支付额外的费用。

四、货物出口管理机制

马来西亚2017年《海关（禁止出口）令》自2017年4月1日起实施，该法制定了出口管制措施。马来西亚规定，除以色列外，大部分商品可以自由出口至任何国家。但是，部分商品需要获得政府部门的出口许可。被限制出口的产品分为三类：第一类

马来西亚

119

是完全禁止出口的产品;[①] 第二类是需要获得出口许可证方可出口的产品,例如短缺物品、敏感或战略性或危险性产品,以及受到国际公约控制或禁止进出口的野生保护物种;[②] 第三类是必须按照指定方式出口的产品。[③]

此外,马来西亚对遗产的出口也有明确的管理措施。出口遗产须获得遗产局签发的出口许可证。遗产局如认为相关遗产具有国家重要影响性或涉及国家利益,则可禁止出口。如果违反2005年《国家遗产法》的规定,一经定罪,可获 10 年监禁、不超过 10 万林吉特的罚款或二者并罚。

武器出口管理的法律依据是 2010 年《战略贸易法》,该法旨在监管包括武器和相关材料在内的战略物品的出口、转运和代理活动,以及其他可能促进设计、开发和生产大规模杀伤性及其运送系统的不扩散武器活动。根据该法,出口商必须就被列入《战略贸易(战略条目)令》的产品向有关当局申请许可证。

五、服务贸易管理机制

在新经济模式框架下,马来西亚以创新机制、高附加值资源发展为基础,促进马来西亚从中等收入国家向高收入国家迈进。经过多年发展,马来西亚的教育培训、生态旅游、养生旅游、绿色技术、金融服务、创新服务等服务业得到了快速发展。为了吸引更多的外资投资马来西亚服务业,马来西亚政府进一步采取宽松政策,扩大服务领域的对外开放范围和开放程度。2007 年 1 月 14 日,中马双方通过签署中国与东盟的《自由服务贸易协定》,达成第一批一揽子承诺减让表。2011 年 11 月 16 日,就放

---

① 2017 年《海关(禁止出口)令》附表一。
② 2017 年《海关(禁止出口)令》附表二。
③ 2017 年《海关(禁止出口)令》附表三。

宽部分服务贸易领域市场准入条件和给予国民待遇签署第二批一揽子承诺减让表。马来西亚对中国第一批承诺减让的行业包括建筑、工程、电信、金融、教育、卫生保障和旅游。第二批减让承诺惠及主行业类别下 30 个子行业，包括专业服务下 6 项、租赁服务下 1 项、视听服务下 1 项、研发服务下 1 项、教育服务下 1 项、旅游服务下 3 项、消费娱乐服务下 2 项、运输服务下 5 项、其他商业服务下 9 项，以及其他服务下 1 项。外资股权占比区间调整为 10% ~ 100%。此外，在建筑业和主题公园方面放宽了市场准入条件。2015 年 11 月 22 日，对《中国—东盟全面经济合作框架协议》进行修订的《议定书》并入了两项与服务贸易相关的内容：一是将工程和建筑服务领域外资股权的比例从 10% 提升到 30%；二是将兽医服务外资股权比例提高到 49%。[1]

为了促进马来西亚服务贸易的发展，马来西亚政府在马来西亚投资发展局设立了国家投资促进委员会。马来西亚国家投资促进委员会的中心工作是接受并推进在服务业的投资申请，但不包括金融、航空运输、公用事业、经济发展走廊、多媒体超级走廊、Bionexus 类公司和分销贸易服务。除此之外，马来西亚设有服务业发展理事会具体负责服务领域分支业务开放监管。[2]

（一）建筑与工程服务

虽然马来西亚于 2012 年开放了工程服务行业中外商独资的限制。但根据马来西法律的规定，外国独资的建筑工程公司不能获得马来西亚的 A 级执照，进而不能作为总承包商参与政府 1 000 万林吉特以上的项目招标。因此，如果要获得 A 级执照，则需要与当地公司合作，但当地公司大多以其信誉或 A 级资质

---

[1] *Malaysia's Free Trade Agreement*，http：//fta. miti. gov. my/index. php/pages/view/asean-china，最后访问日期 2017 年 9 月 15 日。

[2] 鲁学武：《马来西亚外资准入限制及其法律风险防范》，载于《常州大学学报》2017 年第 4 期。

作为参股条件，并不直接出资，而是选择利用外国公司的资金及技术。此外，马来西亚政府财政拨款的项目通常由当地土著承包商作为总承包商，外国公司仅能从事分包的工程服务。

（二）法律服务

根据 1976 年《法律职业法》设立的马来西亚律师协会是负责管理马来西亚法律专业人士的组织。律师协会设有律师委员会，具体负责律师协会的相关管理事务。沙巴律师协会管理沙巴州的法律专业人士，沙捞越律师协会则管理沙捞越州法律专业人士。马来西亚约有 16 000 名法律专业人士，包括出庭大律师与普通律师。凡持有律师委员会颁发的有效执业证书的人员都是马来西亚律师协会的成员。[①] 根据 1976 年《法律职业法》及其修订，马来西亚允许外国律师事务所和外国律师执业，执业形式可分为三种形式：一是外资所独立经营；二是与当地律所合伙经营；三是外国律师以个人身份加入当地所执业。外资所执照的有效期为 3 年，可以续期。

尽管如此，外资所和外国律师的执业范围仍受到较大的限制，只能提供国际法或者其国籍国相关法律咨询服务，涉及马来西亚本国法律领域的，外资所或外国律师不能提供法律咨询服务。

（三）教育服务

马来西亚有两个部门负责教育相关事宜，分别是教育部和高等教育部。教育部负责义务教育、前高等教育、技术职业教育培训等相关事宜；高等教育部负责高等教育、理工学院、社区学院

---

① The Malaysian Bar, http：//www. malaysianbar. org. my/bar_council. html，最后访问日期 2017 年 9 月 22 日。

等相关事宜。

马来西亚鼓励外资办学，对国际学校和私立学校实施一系列政策鼓励和支持，包括豁免一定比例的企业所得税、税收抵扣、教育设备豁免进口税和销售税，国外促销的开销可获双重扣除等优惠措施。

根据1996年《私立高等教育机构法》第51条，外国教师在任何私立高等教育机构进行教学之前须获得教学许可证。只要有移民局等相关机构的附函，可以延长外国讲师的教学通行证。

（四）电影服务

马来西亚传媒和多媒体部是电影业主管政府机构。根据1981年《马来西亚电影发展公司法》成立的马来西亚国家电影发展公司根据政府授权代为履行部分职能。马来西亚国家电影发展公司不仅为本国同时也为在马来西亚进行电影制作的外国制作人提供便利。为了使马来西亚成为国际性电影制作中心，政府建立电影奖金机制（Film in Malaysia Incentive），所有符合奖金条件的作品（包括国外电影），政府提供相当于作品制作费用30%的奖金。外国艺术家和剧组成员在马来西亚进行拍摄需要获得签证和工作许可证，相关作品受2002年《电影检查法》和内政部发布的《电影检查指引》的管辖。

（五）电信服务

马来西亚政府于1996年创建了信息与通讯技术计划，即多媒体超级走廊。所有取得多媒体超级走廊地位的公司都可享受马来西亚政府提供的一系列财税、金融鼓励政策及保障，主要包括：提供世界级的硬件及资讯基础设施；无限制地聘请国内外知识型雇员；公司所有权自由化；长达10年的税收豁免政策或5

马来西亚

年的财税津贴等。

马来西亚于2012年4月开始允许100%外资持股应用服务提供商。然而，对于网络设施提供商和网络服务提供商许可证的申请，70%外资持股的限制仍然有效。在某些情况下，马来西亚允许更高的外资持股比例，但这种例外情况的管理方式并不公开透明。对于马来西亚电信公司（Telekom Malaysia，简称大马电信，是马来西亚唯一的电信通讯公司）而言，外资持股合计不得超过30%且单个投资者持股不得超过5%。

（六）能源服务

根据1974年《石油发展法》的规定，上游石油天然气工业由马来西亚国家石油公司控制，马来西亚国家石油公司是马来西亚的一家国有独资公司，也是对马来西亚原油和天然气矿藏具有合法所有权的唯一实体。外资持股往往采取生产分享合同的形式。马来西亚国家石油公司经常要求其生产分享合同的合作伙伴在多个投标中与马来西亚的公司进行合作。非马来西亚公司被允许与当地企业合作开展石油服务，但如果外资是非马来西亚公司的主要股东，则非马来西亚公司的股权不得超过49%。马来西亚国家石油公司会根据具体情况设定外资持股的上游项目的条款。

（七）金融服务

根据马来西亚十年期金融部门蓝图，马来西亚的金融服务预计将进一步向外国机构和投资者开放，但未有具体的承诺或时间表。例如，2009年开始的服务自由化计划将保险公司的外资持股限额提高到70%。不过，如果某一笔投资被认定为有助于行业整合，马来西亚国家银行可以批准更高的外资持股比例。最新的 2011～2020 年蓝图可能有助于将原本根据具体情况具体批准的方式，转变为统一的规则。

根据 2012 年底通过的《金融服务法》，新的金融许可证将在审慎标准和"马来西亚最佳利益"的指导原则下颁发。审慎标准包括考虑潜在外国投资者的财务实力、业务记录、经验、品格、诚信，以及在马来西亚业务计划的健全性和可行性，集团结构的透明度和复杂性，还有外国投资者本国的监管情况。在确定"马来西亚最佳利益"时，马来西亚国家银行会考虑该投资对新高附加值经济活动的贡献，以及在解决金融服务需求，加强贸易和投资联系，提供高技能就业机会等方面的促进作用。

国家银行目前允许外国银行在马来西亚开设四个额外的分行，但同时也设置了一些限制，包括指定分支机构的设立地（比如：市场中心、半市区和非城市地区）。这些政策不允许外国银行在现有的当地银行 1.5 公里之内设立新的分行。中央银行同时对外国银行提供某些服务的能力设定了条件，规定其必须承诺在马来西亚进行某些事务活动。

第二节　马来西亚对外贸易法律体系及基本内容

一、马来西亚对外贸易法律体系

一个国家的对外贸易法律体系主要指与该国货物、技术和服务进出口管理相关的法律、法规，以及该国参加或签订的与贸易相关的双边及多边条约及国际公约等。马来西亚并无一部统一的专门规范对外贸易行为和活动的法典。对于国际贸易，马来西亚在立法模式上主要采取分散式立法模式。这种模式的主要特点是：无统一法典、多头立法，不同的问题适用不同的法律，多部法律共同规范和调整国际贸易行为和法律关系。马来西亚对外贸易相关法律法规主要包括：《海关法》《海关进口管制条例》《海关出口管制条例》《海关估价规定》《消费税法》《反补贴和反倾销法》《植物检疫法》《保护植物新品种法》等。

二、海关监管法律制度

《海关法》是规定海关事务的专门法律，也是以规定进出境主体的权利义务来规范海关各项业务的总体规范。马来西亚《海关法》于 1967 年 11 月 2 日颁布生效，它取代了原 1952 年《马来亚国家海关条例》。沙巴和沙捞越海关法令沿用至今，仅在 1980 年进行过重大修订。《海关法》共 169 个章节，21 个部分，其中第三部分包含征收关税和税率、货物估价、部长豁免、缴纳税款和退税，以及海关控制解除等内容。此外，还有 1988 年《海关进口管制条例》《海关出口管制条例》和《海关估价规则》等。

（一）禁限进出口货物的监管

根据 1967 年《海关法》，马来西亚国际贸易和工业部是进出口货物禁限制管理的主管部门，国际贸易和工业部部长可发布如下两类禁令：一类是绝对或者附条件的禁止某种或者某类货物进出口；另一类是除指定的港口或地区外，禁止某种或者某类货物进出口。按照《海关法》第 31 章（1）条的规定，如公众对于某特定货物是否属于被禁止进出口的货物种类存在疑问，该问题由海关总署进行判断。进出口商违反禁限制规定的，海关有权根据相关法律的规定没收或销毁相关货物。

（二）一般货物进出口的监管

一般货物进出口是指货物在进出境环节完全缴纳进出口税费，并办结各项海关手续后，可以在境内自行使用、销售，或者运离关境自由流通的海关结关制度。一般货物进出口的监管主要包括四个环节：一是受理申报，并进行审核；二是对货物实施查验；三是计征和收取关税；四是货物放行和结关。海关在申报审核环节主要对报关人资格、报关时限、报关单及随附单证进行查实。在查验环节主要根据申报单据对进出境的货物进行核查，以确定货物的实际情况与单证是否相符。征收关税是通关程序中最具实际意义的环节，只有在货物完税后方可放行和结关。此外，根据1967年《海关法》，进口商有义务在货物进口后的6年内保存与货物估价相关的所有文件和记录以备可能的查验，否则将可能导致相当于进口货物价值2～10倍的罚款。

（三）对进出境旅客物品的监管

海关根据相关法律、法规规定的权力和程序对马来西亚进出境旅客的物品进行有序监管。[①] 抵达或离开马来西亚的旅客或其他人员必须向海关人员申报所有应缴税或违禁品，否则，这些商品会被认定为未经海关查验的货物。海关局长可指令对旅客的行李进行检查，旅客有责任按要求提供、开箱、拆包和重新包装其行李。海关人员出于检查目的，可将旅客带到海关办公室进行检查。一经发现或有合理理由怀疑进出境人员所携物品违反相关法

---

① Malaysia Productivity Corporation，http：//www.mpc.gov.my/wp-content/uploads/2016/08/guidebookImportExport.pdf，最后访问日期2017年7月18日。

马来西亚

127

律法规，海关人员有权扣押违禁品。

（四）侵犯商标权的进出口管制

根据马来西亚 1975 年《商标法》的规定，海关有权对侵犯商标权的进出口货物实施边境管制措施。海关可基于如下两种情况扣押存在商标侵权可能的进口货物：一是应当地商标权人提出的申请而采取行动；二是海关主动采取行动。

第一种情况，如商标权人认为某类进口商品存在商标侵权行为，该商标权人可根据法律向商标注册官提出维权申请。申请批准后，商标注册官须立即向海关发布禁令，海关据此采取必要行动，阻止该商品入境并扣押货物。根据《商标法》，"伪造商标商品"是指货物（包括包装）未经许可，使用与某商品相同或相似的商标，或在其本质方面无法区别，以及侵犯 1975 年《商标法》所规定的商标权人权利的行为。为防止商标权人滥用权利，商标注册官会要求申请人交存一定金额的担保，用以支付可能发生的货物扣押费用和法院裁定的赔偿。此外，申请人须在禁令签发后 60 日内提起侵权诉讼。反之，进口商可以向法院申请赔偿令。如申请人在法定时限内未提起诉讼，扣押货物将被退还给进口商，同时申请人须支付法律裁定的赔偿。

第二种情况，海关人员可根据伪造商标商品的表面证据扣留或暂停释放货物。

该货品一经扣留，海关人员须通知商标注册官、进口商及该商标的所有者，也可随时向商标所有者寻求协助，以行使该权力。进口商可以对货物的扣留或暂停释放货物提出上诉。海关人员只有在善意行为的情况下才能免除责任。

（五）旅客进出境的金融管制

自 2012 年 1 月 31 日起，居民和非居民可以携带不超过

10 000 美元的等值林吉特进出马来西亚。如果携带超过允许限额的林吉特，应事先获得马来西亚国家银行的书面许可。

居民和非居民携带外国货币和旅行支票进出马来西亚的数额没有限制，但总额超过等值 10 000 美元的须填写海关申报表，如未申报或申报数额虚假，根据《海关法》《金融服务法》《反洗钱、反恐怖主义融资和非法活动收益法》等当地法律，属于违法行为。海关人员可以质疑和检查任何人，扣留并没收任何未申报或虚假申报的货币。

三、关税法律制度

关税是指进出口商在经过一国关境时，由该国政府设置的海关针对进出口商品向进出口商所征收的税费。关税征收除了作为国家财政收入的一项重要来源外，也是为了保护国内工业免受进口商品的竞争。

（一）管理制度

1967 年《海关法》及 1996 年《关税法》是规范马来西亚关税管理制度的主要立法，其他涉及关税的现行主要法规还包括：《关税（豁免）法》《东盟关税（豁免）法》、1994 年《东盟国家原产货物（共同有效优惠关税）关税法》《棕榈油分集加工产品关税（豁免）法》、1993 年《反补贴和反倾销税法》、1994 年《反补贴和反倾销法实施条例》等。

根据《海关法》第 2 条，"关税"是指按照《海关法》或 1993 年《反补贴和反倾销法》的规定征收的进口税、出口税、附加税或附加费，按照 2006 年《保障法》的规定征收的保障税，以及联邦政府或州政府所同意的用于替代出口税的特许权使

马来西亚

129

用费。马来西亚关税有两种归类系统：一种用于东盟内部贸易，另一种则是用于与其他国家贸易。

马来西亚设立关税申诉仲裁庭，公众可对 1967 年《关税法》、1972 年《销售税法》、1975 年《服务税法》及 1976 年《国内税法》管辖的事项提出申诉，由海关局长进行裁决。

（二）关税水平

1. 出口关税。

马来西亚仅对一些资源性产品的出口征收关税，对其他一般性的出口商品不征收关税。马来西亚征收出口税的商品包括：原油、原木、锯材和棕榈油等资源类产品。对野生动物、木材、石油和棕榈油等产品征收 5% ~ 30% 的出口税，对石油统一征收 20% 的出口税。[①]

2. 进口关税。

马来西亚作为世界贸易组织成员方，关税总体水平较低。大多数商品的关税税率低于 25%。近几年，大部分原料、零部件和机械设备的进口税已经取消。据统计，主要货物的平均税率约为 5%；食品的关税不超过 5%；中间产品和运输设备的税率平均低于 20%；消费类货物的税率较高，有的高达 60%；高价机动车辆征收的关税税率高于 100%。总之，在约 600 种进口产品目录中，只有 91 种产品的关税税率超过 50%。马来西亚作为东盟自由贸易区的成员国，其关税减让将执行《共同有效优惠关税》计划，对于东盟贸易伙伴的进口关税税率多数低于 5%。[②]

（三）关税的计算

1967 年《海关法》授权财政部长以公布命令的形式在政府

①② 祁希元：《马来西亚经济贸易法律指南》，中国法制出版社 2006 年版。

公报上公布进出口应税产品的应税税率，并规定缴税主体。皇家关税局对进出口应税产品进行分类和估价，以作为征税的依据。马来西亚关税计征标准主要适用丛价关税，即主要按照货物的价格来计征关税。进出口货物的完税价格由海关以该货物的成交价格为基础审查确定。成交价格是指进出口货物买方为购买该货物向卖方支付的对价。出口货物的完税价格一般为离岸价格（Free on Board，FOB），即不包括国际运费和保险费的价格；进口货物的完税价格通常为到岸价格（Cost Insurance and Freight，CIF，成本＋保险＋运费）。如果进出口货物的实际成交价格采用了其他价格标准，应当作相应的调整。当成交价格不能确定时，完税价格由海关依法估定。

四、反倾销与反补贴法律制度

（一）反倾销与反补贴的法律渊源

反倾销和反补贴是贸易救济的两种主要途径。1993 年《反补贴和反倾销法》（Countervailing and Anti – Dumping Duties Act，CADDA）是马来西亚提供贸易救济的主要法律，该法第二部分主要涉及反补贴，第三部分涉及反倾销。《反补贴和反倾销法》授权国际贸易和工业部等相关政府机构作为反补贴和反倾销调查权力机构对外国制造商或出口商的不公平贸易行为进行调查、认定和采取相关补救措施。1994 年，马来西亚还颁布了《反补贴和反倾销法实施条例》。1998 年，马来西亚对《反补贴和反倾销法》进行了修订，主要目的是与《世贸组织协定》的内容相衔接，在认定程序上更为严格。

马来西亚

131

（二）反倾销与反补贴的主要内容

1. 反倾销和反补贴的主要概念。

反倾销、反补贴是在国际贸易自由化的背景下，WTO 赋予各国用以保护本国经济和产业的合法手段和工具。

根据马来西亚《反补贴和反倾销法》，出口到马来西亚的产品的"出口价格"低于该出口国的产品或"同类产品"在其国内市场的"正常价格"，就构成倾销。"出口价格"是指实际已支付或需支付的"被指控出口产品"的价格。在出口商和进口商或第三方之间，由于关联或补偿协议安排导致没有出口价格或出口价格不可信时，可在该进口产品首次转售给无关联关系的独立买主的价格基础上推定出口价格。"被指控出口产品"是指出口到马来西亚的产品，在504法案下受反补贴或反倾销行动针对的主体。"同类商品"是指同"被指控出口产品"在各方面相同或相像的产品，也包括那些在物理上、技术上或化学特性上、应用或使用上同"被指控出口产品"相似的产品。"正常价值"是指出口国在国内市场的正常贸易过程中支付的价格。用于确认正常价格的销售价格必须大于成本，且不受买主和卖主之间关系的影响。[①]

"补贴"的定义是：政府、公共机构、由政府委托或管理的私人机构、执行政府职能的公共机构（下统称"补贴提供者"）提供的与商品的生产、制造或出口相关的财政捐助，涉及以下一项或多项：（1）补贴提供者直接将资金转拨给商品生产、制造、出口企业（下称"企业"）；（2）在特定情况发生时，补贴提供者可能会将资金直接转拨给企业；（3）补贴提供者接受企业的实际或潜在负债；（4）补贴提供者应从企业收取但却未收取相

---

① 找法网：《马来西亚反倾销行动》，http：//china.findlaw.cn/info/jingjifa/fanqingxiaofa/fg/1061504.html，最后访问日期2017年9月29日。

关款项（不包括允许的豁免或减免）；（5）补贴提供者向企业提供基础设施以外的货物或服务；（6）补贴提供者直接购买企业提供的货物；（7）政府或者公共机构向相关筹资机构捐助。

2. 反倾销与反补贴的主要措施。

如果出口商或出口制造企业获得其政府的补贴或存在倾销行为，给马来西亚的同类产业造成实质性损害，马来西亚政府可以启动调查机制并采取相关救济措施。根据《反补贴和反倾销法》，实质损害包括价格影响、数量影响和利润影响。价格影响是指进口倾销或有补贴的产品对马来西亚同类产品价格产生了包括价格削减、价格不振、价格受抑制的不良影响；数量影响表现为对马来西亚同类产品的市场份额、销售数量产生负面影响；利润影响指上述因素导致马来西亚同类行业的利润水平下降。

当马来西亚国内产业有证据证明补贴或倾销商品正在对其利益造成损害时，可以向国际贸易和工业部提出调查申请。书面申请应当包括申请企业的产品产值在同行业中的比重。只有申请企业总产值占国内总产值的 50% 以上且不低于国内生产总值的 25% 时，方有资格单独申请。否则，必须由行业组成达到上述要求的申请团共同申请。

具体实施调查的机构是马来西亚贸易发展联合会。具体调查程序包括四个阶段，分别是：（1）准备阶段，该阶段主要是申请材料的准备，可向贸易发展联合会官员进行咨询以获取相关帮助。（2）提出申请阶段，该阶段主要是由调查机构对申请材料和申请证据的准确性和充分性进行核实。调查机构须在 30 天内决定接受或拒绝调查申请。（3）发起调查并作出初步裁定。该阶段调查机构对申请事项展开全面调查，并允许受指控的国家为维护自身权益提出进行自我辩护并提供支持性材料。自宣布启动调查之日起 120 天内，马来西亚政府必须就调查事项作出初步结论。如果案情特别复杂，影响特别巨大的，可以延长 30 日。（4）最终裁决。在最终调查阶段，调查机构将对受控方进行现场调查和专访，其目的是核实证据，确定事实和损害之间是否存在因果关系，为是否采取保护性措施提供充分的裁决基础。如果最终调查认定为存在反补贴和倾销行为，则自公布裁决之日起 5 年内对该商品征收反倾销、反补贴关税。

五、中国—东盟自由贸易区原产地规则

（一）中国—东盟自由贸易区简介

中国—东盟自由贸易区（CAFTA）是中国与东盟十国组建的自由贸易区。中国和东盟对话始于 1991 年，中国 1996 年成为东盟的全面对话伙伴国。2010 年 1 月 1 日贸易区正式全面启动，是目前世界人口最多的自贸区，也是发展中国家间最大的自贸区。2002 年 11 月 4 日，在柬埔寨金边第六次东盟—中国领导人会议上签署了《中国—东盟全面经济合作框架协议》（下称《框架协议》）。随后于 2004 年签署了《东盟—中国自由贸易协定》和《争端解决机制协议》，为东盟与中国之间的贸易和投资流动提供了良好的基础，标志自贸区建设进入实质性执行阶段。2009 年 8 月 15 日，《中国—东盟自由贸易区投资协议》签署，主要谈判结束。根据《框架协议》，至 2010 年 1 月 1 日中国对东盟 93% 产品的贸易关税降为零。1991~2016 年，双方贸易额增长近 56 倍，累计投资额增长近 355 倍；2016 年双方人员往来突破 3 800 万人次；每周往来中国与东盟各地的航班超过 2 700 架次；双方互派留学生接近 20 万人次。

当前，东盟正致力于将共同体建设提升到更高层次，共建"一带一路"正成为中国—东盟合作的新亮点。《中华人民共和国与东南亚国家联盟关于修订〈中国—东盟全面经济合作框架

马来西亚

协议〉及项下部分协议的议定书》生效，亚洲基础设施投资银行投资项目不断增多，为中国—东盟合作与"一带一路"建设增添了新的活力。2016 年中国与东盟各国领导人一致同意推进"一带一路"倡议与"东盟互联互通总体规划 2025"对接，区域基础设施互联互通网络正在形成。

（二）自由贸易区原产地规则

由于第三国可能将货物先运进一体化组织中实行较低关税或贸易壁垒的成员国，然后再将货物转运到实行高贸易壁垒的成员国以达到避税的目的，自由贸易区组织制订了"原产地规则"，规定只有自由贸易区成员国的"原产地产品"才享受成员国之间给予的自由贸易待遇。原产地规则主要包括两方面内容：一是原产地标准和操作流程的制定与颁布；二是原产地证书的签发与复核。

1. 原产品分类。

中国—东盟自贸区原产地规则规定原产品分为两类：完全获得产品和非完全获得产品。

（1）完全获得产品。完全获得产品有严格的范围限制，原产于中国—东盟自贸区一缔约方的完全获得产品包括：

①在该缔约方收获、采摘或收集的植物及植物产品；

②在该缔约方出生及饲养的活动物；

③在该缔约方从上述第 2 项活动物中获得的产品；

④在该缔约方狩猎、诱捕、捕捞、水生养殖、收集或捕获所得的产品；

⑤从该缔约方领土、领水、海床或海床底土开采或提取的除上述第 1 至 4 项以外的矿物质或其他天然生成的物质；

⑥在该缔约方领水以外的水域、海床或海床底土获得的产品，但该缔约方须按照国际法规定有权开发上述水域、海床及海

床底土；

⑦在该缔约方注册或悬挂该成员方国旗的船只在公海捕捞获得的鱼类及其他海产品；

⑧在该缔约方注册或悬挂该成员方国旗的加工船上仅加工及/或制造上述第7项的产品所得的产品；

⑨在该缔约方收集的既不能用于原用途，也不能恢复或修理，仅适于用作弃置或原材料部分回收，或者仅适于作再生用途的物品；

⑩上述第1至9项所列产品在该缔约方加工获得的产品。

符合完全获得标准的产品即被视为原产于中国—东盟自贸区的产品，各缔约方应给予其自贸区优惠关税待遇。

（2）非完全获得产品。

对于非完全获得产品，中国—东盟自贸区采用的是百分比标准，即"增值标准"的判定方法。中国—东盟自贸区原产地规则规定，为判定一产品属原产于中国—东盟自贸区的非完全获得产品，该产品中原产于中国—东盟自贸区的成分占其总价值的比例不应少于40%（这部分价值被称为"中国—东盟自贸区成分"），这一判定方法也被称为"直接判定"。在直接判定有困难的情况下，也可采用"间接判定"的方法，即非中国—东盟自贸区成分占制成品总价值（离岸价格）的比例不应超过60%。此外，非完全获得产品的最终生产工序应在中国—东盟自贸区缔约方的境内完成。

（3）累计原产地规则。中国—东盟自贸区成分可以在自贸区内部进行累计，也就是说，只要某产品中原产于自贸区而不局限于自贸区中的某一个国家的原材料价值超过了总价值的40%，即可被视为中国—东盟自贸区的原产品。

（4）产品特定原产地标准（Product – Specific Rules）。除适用"增值标准"外，非完全获得产品中还有一些特定产品，它们不能按照或不能完全按照40%的"增值标准"来判定其原产地。中国—东盟自贸区对这些特定产品的原产地规则有着明确而详细的规定。目前双方已确定了第一批实行特定原产地标准的产品，这部分产品共 460 多个，其中 6 个产品（如羊毛）不适用增值标准，采用税目改变标准，其余的产品（如纺织品）采用选择性标准，即可选择适用增值标准和税目改变标准，或选择适用增值标准和加工工序标准。

2. 原产地证明书。

根据原产地规则，原产地证明书由出口方指定的发证机关签发。为使中国出口到东盟的《货物贸易协定》项下的产品享受东盟给予的关税优惠待遇，自 2005 年 7 月 20 日起，国家质检总局设在各地的出入境检验检疫机构开始签发中国—东盟自由贸易区优惠原产地证明书表格 E（FORM E）。

第三节　与马来西亚进行贸易的法律风险与防范

一、贸易壁垒风险与防范

（一）贸易壁垒风险

贸易壁垒风险主要体现在三个方面：进出口产品限制和技术性贸易壁垒、服务贸易领域外资准入条件限制、反倾销和反补贴风险。

1. 进出口产品限制和技术性贸易壁垒。

贸易壁垒是政府用来减少进口产品对本地产品的竞争而采取

的措施。尽管马来西亚对多数商品实施开放性贸易政策，但是为保护本土经济和市场，马来西亚仍在部分领域采取贸易壁垒，包括对部分商品的进出口限制及技术性贸易壁垒。例如，马来西亚药品标签制度、营养标签制度，以及中药及保健品的进口和进出口商品检验检疫等方面也存在技术性贸易壁垒。马来西亚是继美国、加拿大、澳大利亚、新西兰和日本之后第六个实施强制性营养标签制度的国家。自 2005 年 7 月以来，超过 50 种食品必须符合马来西亚政府的标签规定。马来西亚营养标签制度虽然同食品法典委员会的原则规定基本一致，但对热量等标注要求具有一定特殊性，增加了企业产品开发和标签设计难度。[①] 又如，马来西亚要求所有肉类、加工肉制品等必须来自经过农业部兽医服务局检验和批准的工厂；所有肉类进口产品必须获得兽医服务局的进口许可证；所有肉类、加工肉制品等必须通过伊斯兰教中心的清真认证；牛、羊、家禽屠宰场及肉蛋加工设备必须获得穆斯林发展部的检验和批准等。[②] 2000～2015 年，东盟区域的非关税壁垒及非关税措施呈上升趋势，从原有的 1 634 项增至 5 975 项。

2. 服务贸易领域外资准入条件限制。

马来西亚关于服务业的外商持股比例没有一部统一的法律来加以规范，而是体现在调整不同服务行业的法律中，如《保险法》规定外商在保险领域的持股比例问题，《法律职业法》规定外商在法律服务领域的持股比例问题。对于合资公司而言，外国投资人不仅受到持股比例的限制，还须将其他股份按照法律规定分配给马来人或当地其他土著人。此外，马来西亚政府根据国内经济发展需要，可能会对股权限制比例进行调整。尤其在服务领域内，对外商持股比例的限制较多且复杂。服务领域外资准入的诸多限制性条件和复杂的管理制度无疑给中国投资者增加了投资

---

① 广东省商务厅走出去公共服务平台，http：//go. gdcom. gov. cn/article. php? typeid = 8&contentId = 3194，最后访问日期 2017 年 9 与 10 日。

② Export Gov，https：//www. export. gov/article? id = Malaysia – Trade – Barriers，最后访问日期 2017 年 9 月 10 日。

成本和风险。

3. 反倾销和反补贴风险。

尽管反倾销或反补贴措施是 WTO 赋予成员方进行自身经济和市场保护的合法手段和工具，但是也存在滥用或过度使用的可能性。目前，国际上尤其是一些欧美发达国家在传统的关税贸易壁垒的基础上发展出以环保、安全、知识产权、反垄断等内容为主的贸易调查。从目前的情况看，马来西亚还未对中国发起此类贸易调查，但并不排除其可能性。近年来，马来西亚政府发起的反倾销调查涉及的中国产品包括冷轧钢、彩图板、螺纹钢等。

（二）防范措施

针对上述风险，建议主要采取如下防范措施：

有关贸易壁垒的风险主要源自东道国的"国家经济主权"范畴。东道国通过国内立法、国际性谈判和会议形成国际公约或双边、多边条约等将对本国经济的保障措施以合法形式确定下来。如要进一步改善贸易投资环境，避免相关风险和获取更多商贸利益，还有赖于政府之间的博弈，通过签订和修改相关贸易或投资协议，进一步消除贸易壁垒，改善经贸环境，争取更多领域的国民待遇和最惠国待遇。

就贸易商自身而言，要加强对贸易目标国相关政治经济环境、法律环境、宗教人文等方面的了解，及时关注马来西亚相关政策、法律法规的变动和所采取的临时措施。尤其是加强对马来西亚贸易许可证制度、海关法律制度、检验检疫制度、贸易知识产权保护制度、外资准入制度及司法保障措施等内容的学习和了解，提高风险意识，做好法律和市场风险方面的评估工作，避免盲目入市。此外，出口产品生产商还应从产品自身入手，采取切实的措施保证产品符合目标出口国的质量、环保、安全、技术等方面的标准和要求，提高产品竞争力，避免遭遇技术贸易壁垒。

马来西亚

针对反倾销和反补贴等政府采取的贸易调查，有些生产商放弃自我辩护的机会，对于调查不予回应，往往会导致严苛的关税处罚。因此，相关生产商和贸易商应当积极应对，按照调查的程序和时间要求，积极提供相关证明材料，通过合法手段维护自身权益。

二、关税风险与防范

马来西亚仍然存在的关税高峰、关税升级和关税配额制度使部分商品面临较高的交易成本。

第一，马来西亚仍然存在关税高峰。根据马来西亚承诺落实《东盟共同有效特惠关税的方案》，所有在东盟国家间交易的工业产品的进口税只介于 0% ~ 5%。[①] 马来西亚在 2014 年的平均最惠国税率约为 5.15%[②]。虽然如此，马来西亚还是存在着关税高峰。对于那些马来西亚认为重要的产品如汽车、纺织、服装和皮革、食品和饮料等与本地产品竞争的进口货物，关税保护还比较高。根据 1976 年《国内税法》，除了进口关税，部分进口货物还需要缴纳国内税。根据 2004 年《国内税条例》，需要缴纳国内税的产品包括：汽车、四轮驱动车、摩托车、酒类和烟。[③] 举例来说，马来西亚的汽车行业由两家本地制造商（普腾和第二国产车）主导，且获得政府通过"国家汽车政策"的大力支持。[④] 根据马来西亚汽车协会官网公布的信息，从东盟国家进口

---

① Malaysian Investment Development Authority, http://www.mida.gov.my/home/taxation/posts/? lg = CHN，最后访问日期 2017 年 9 月 12 日。

② World Integrated Trade Solution, http://wits.worldbank.org/CountryProfile/en/Country/MYS/Year/2014/TradeFlow/EXPIMP，最后访问日期 2017 年 9 月 6 日。

③ Malaysian Investment Development Authority, http://www.mida.gov.my/home/taxation/posts/? lg = CHN，最后访问日期 2017 年 9 月 11 日。

④ Wikipedia, *The Free Encyclopedia*, https://en.wikipedia.org/wiki/Malaysian_motor_vehicle_import_duties，最后访问日期 2017 年 9 月 11 日。

的车辆将不被征收进口关税。然而，从东盟以外国家所进口的车辆必须缴纳 30% 的进口关税，而且所销售的车辆除了需要缴纳 6% 的商品与服务税之外，还要缴纳 60% ~ 105% 的消费税（视汽车引擎容量而定）。[①] 这些消费税的征收明显影响了进口轿车在马来西亚市场的竞争力。

第二，马来西亚存在明显的关税升级情况。关税升级是一种保护措施。任何加工商品的进口税将明显高于未经处理的商品或原料。举例来说，虽然未经处理的可可是零关税产品，但可可加工品将视加工程度被征收不同的税率以保护该国的可可业。[②]

第三，马来西亚仍实行关税配额制度。自 2008 年 4 月 1 日起，马来西亚政府对部分进口产品实施了关税配额制，主要针对农产品，如鸡、牛奶和奶油、鸡蛋、包菜等。进口农产品数量将被配额内外关税控制，税率介于 10% ~ 50%。而配额数量是根据国内现有的生产情况通过协商确定，以减少进口产品对本地产品的竞争。

总的来说，上述关税制度给中马贸易构成一定障碍。针对关税减免的互惠互利谈判对进一步促进两国贸易具有重要意义。

此外，尽管依据贸易自由化的政策，多种原料、组件与机械的进口税已被取消、减低或豁免，但仍存在部分高税收产品。中国贸易商在与马来西亚进行贸易时还需切实做好贸易产品税收方面的调查与评估，切实避免相关风险。

三、外汇风险与防范

外汇风险是指在对外贸易经营活动中，因汇率的波动使外贸

---

① *The Edge Markets – Make Better Decisions*，http：//www. theedgemarkets. com/article/govt-continue-offering-excise-duty-reduction-support-auto-industry-says-miti，最后访问日期 2017 年 9 月 12 日。

② Laman Web Rasmi Lembaga Koko Malaysia，http：//www. koko. gov. my/lkm/loader. cfm? page = industry/statistic/tarifs. cfm，最后访问日期 2017 年 9 月 12 日。

企业的各项经济活动面临损失可能性的风险。贸易各方在货款结算过程中可能涉及不同货币的相互兑换，汇率波动就成为外贸企业必须面临的风险因素。马来西亚是一个经济开放型国家，其汇率受到国际政治、经济、市场的影响比较明显。其次，马来西亚虽然政局较为稳定，但也存在潜在的政治风险，包括逐渐激烈的党派之争、美国对马来西亚的影响、与邻国的领土争端以及某些社会治安问题。受国际国内政治、经济等多种因素的影响，马来西亚汇率时有比较明显的波动。

针对马中贸易的汇率风险，建议采取如下防范措施：

一是争取使用人民币进行结算。2011 年，马国家银行委任旗下独资子公司 MyClear 和中国银行马来西亚分行共同开发人民币结算系统。这项结算服务由 MyClear 运作，中国银行马来西亚分行被马来西亚国家银行授权为马来西亚境内人民币结算银行。马来西亚 11 家金融机构正式加入 MyClear 的人民币结算系统服务。签订结算协议的 11 家金融机构是：马来亚银行、联昌银行、大众银行、丰隆银行、兴业银行、大马银行、安联银行、马来西亚回教银行、马来西亚 Muamalat 银行、丰隆投资银行及侨丰投资银行。人民币结算系统已于 2012 年 3 月 21 日由马来西亚国家银行宣布正式生效。

二是不断完善企业外汇风险管理体制，强化管理机制建设，培养或引进优秀外汇管理专业人才，对企业风险的各个环节进行评估与防范，从人才储备上增强企业抗外汇风险能力；同时不断借鉴其他优秀企业外汇风险防范过程中的丰富经验，有效结合企业实际情况，整理出一套适合企业长期发展的风险防范策略，从制度上增强企业抗外汇风险能力。[①]

三是加强企业内部管理，正确选择计价与结算币种，在合同中设置价格调整条款，有效弥补汇率变化带来的损失，同时合理

① 张彭：《国际贸易中的外汇风险及其防范》，载于《决策与信息旬刊》2015 年第 9 期。

选择金融衍生工具，有效规避外汇风险。

四、其他贸易风险与防范

中国企业在马来西亚开展贸易活动还应注意如下事项：

一是防止商业欺诈行为。中国贸易商在处理与马来西亚自然人或公司业务时欺诈案件时有发生，外贸商需要保持警惕，采取适当预防措施防止因受欺诈而受损。第一，对不明收款人或通过不熟悉的方式付款时需保持警惕：比如在未当面洽谈的情况下，要求支付货物和服务的预付款；仅通过电子邮件进行沟通，且不使用带有公司名后缀的电子邮箱；要求资金转入未知银行账户等。第二，对马来西亚的交易方进行背景调查，有效核实其身份。第三，对于仅提供移动电话号码的公司需要提高警惕。

二是注意马来西亚当地的礼仪、习俗和文化。虽然马来西亚是旅游国家，但是马来西亚人有自己的习俗和宗教原则，对外国贸易商和投资者来说，了解和注意马来西亚人的习惯很重要。例如：社交中问候的方式取决于约见人。一般的马来人了解西方的问候方式，并会用标准的方式进行问候。穆斯林妇女在公共场所不与非家庭成员的男性握手，而是点头表示尊重。如果不确定握手是否合适，最好参考旁边人的方式。马来西亚的工作日在不同的州有所区别。常规的工作日是星期一至星期五，柔佛州、吉打州、吉兰丹州和登嘉楼州则为星期日至星期四。当有穆斯林与会时，避免安排星期五，因为穆斯林周五需要祈祷。因此，在马来西亚进行商事活动时，要注意避免无意冒犯的举止被当地人误解而导致潜在商机的丧失。

三是加强防范贸易合同法律风险。相对于境内贸易，国际贸易存在经营环境复杂、地域范围广、周期长等特点。一个交易行为可能涉及两个甚至多个国家或地区，企业可能会面临不同的贸易制度、产品标准、海关制度和司法制度等，其间经历多种贸易环节，如国际货物运输、货款国际支付、保险、质检、货物清关等。在国际贸易合同中对上述交易环节没有明确的约定或由于不了解相关法律法规、国际公约或惯例而导致约定无效可能给贸易商造成重大经济损失。因此，从事国际商品贸易一定要高度重视贸易合同风险控制，通过合同明确如产品规格、数量、质量、价款组成、合同支付方式、运输方式、风险转移和承担、货物保险、不可抗力、争议管辖和解决等内容，对合同风险有合理的评估和预期，对风险有预置的解决措施，最大限度地控制国际贸易风险可能带来的损失。

第四节　典型案例

某国际汽车销售商 A 公司诉马来西亚海关案

（一）案例介绍

本案是一起因进口货物被海关扣押而引起的诉讼案件。该案的原告为一家国际汽车销售企业 A 公司，被告是马来西亚海关。而 B 公司则是一家在马来西亚注册登记的公司，它是 A 公司在马来西亚的销售代理之一。2006 年，A 公司通过 B 公司向马来西亚出口了 96 台轿车。该批轿车运到马来西亚目的港后，存放在港口的汽车存放中心达两个月之久无人提货。马来西亚海关发现该批货物既未签发进口许可也未缴纳关税。根据 1967 年《海关法》的规定，海关向该批轿车的收货人 B 公司和汽车存放中心签发了扣押令。扣押令签发一个月后仍无人对该批汽车的所有权提出申请，根据《海关法》第 128 章第 1 条的规定，自扣押令签发一个月后无人对货物提出主张的，货物的所有权自动归马来西亚国家所有。根据该规定，海关向 B 公司签署了没收令并在公共媒介上进行公告。2013 年，A 公司向海关提出主张该批货物所有权的申请，被海关驳回，A 公司遂向马来西亚高等法院提起诉讼。马来西亚高等法院一审判决海关的扣押令无效，并指出海关应当就谁是货物的所有权人展开调查，但是海关实际并未进行任何调查。海关对一审判决不服，遂上诉至马来西亚上诉法院。上诉法院于 2017 年 4 月作出终审判决，支持了海关的诉求。上诉法院认为基于以下两个主要原因。A 公司对海关的指控不能成立：一是海关签署的扣押令完全符合《海关法》的相关规定；二是在扣押令签署的一个月内，A 公司有完全的权利提出货物所有权的主张，而 A 公司直至 2013 年才提出申请已经超过了时效，货物在扣押令签发一个月后其所有权根据法律已经自动归属于马来西亚。上诉法院还指出，马来西亚海关只需要根据已知的信息签发扣押令，即便在货物的所有权人、收货人或代理人等信息都未知的情况下，只要符合《海关法》规定的扣押条件，海关同样可以立即签发扣押令。也就是说，海关没有对货物所有权人进行实质调查的义务。

（二）案例评析

此案是一起典型的由于出口商在跟踪货物出口情况方面怠惰而完全丧失货物所有权的案例。该案的主要启示有三点。

一是要对马来西亚的进口代理商进行充分的信用调查。本案虽未过多提及进口代理商 B 公司，但是 B 公司作为提单显示的收货人未履行提货义务是导致货物被扣押的重要原因之一。虽然案件没有提及 B 公司未及时提货的原因，但是作为案外的重要背景，我们可以推测如下几种可能性：B 公司由于经营不善或其他原因已经破产；B 公司并未获得进口汽车的相关资格，无法依约办理进口许可证等进口手续；其他原因。但不管是基于何种原因，与一个可靠的进口商合作是贸易成功的基础。出口企业在选择合作伙伴时必须对其做到充分的了解。

二是出口商必须要尽到勤勉谨慎之责，只有对其出口的货物在国际运输中的各个环节进行密切的跟踪与关注，才能及早发现问题并有时间作出妥善的处理，避免产生不必要的货物仓储、堆存等费用和罚款，并积极采取维权措施，防止损失的扩大。

三是要加强对马来西亚海关、贸易、货物运输等相关法律法规的学习和了解。如果在本案中，A 公司能够对于马来西亚海关关于货物扣押的制度有比较深入的了解，则不会错过维权的最佳时机，从而能避免对货物所有权的丧失。

（本案例由编写组根据马来西亚皇家关税局诉日本某国际汽车销售公司相关资料整理编写。）

马来西亚工程承包法律制度

第一节 在马来西亚进行工程承包的方式与业务流程

一、马来西亚工程承包概况

（一）马来西亚工程建筑业现状与展望

马来西亚承包工程市场整体基础比较好，发展比较稳健。马来西亚政府是建筑行业的管理者、推动者。发展基础设施是马来西亚国家转型计划的主要推动力之一。为了实现在 2020 年之前成为发达国家的目标，马来西亚政府正在努力改善基础设施和房产建设状况。经过不断的努力，马来西亚基础设施的质量在东盟国家位居前列。在亚洲开发银行的最新报告中，马来西亚是所在地区道路密度最高的国家之一。该国的收入增长和城镇化将继续推动基础设施的需求，特别是在电力、道路、机场和水务等领域。

马来西亚取得这一成果的主要原因是，政府坚定不移地致力于马来西亚五年经济计划，重点实施许多基础设施项目。马来西亚自20世纪80年代初便采用公私伙伴关系（PPP）模式。该模式允许政府通过与私人企业分担项目费用来启动更多的基础设施项目。与此同时，私人企业也通过实施项目得到了快速发展，成为促进国家经济增长的重要参与者。

1.《马来西亚第十个规划》（2011～2015年）下的基础设施建设成果。

《马来西亚第十个规划》是马来西亚实施新经济模式后的第一个五年计划。在基础设施开发方面，该计划侧重于升级基础设施以增强互联互通能力，发展以人为本的公共交通系统，发展物流和贸易便利化设施，努力重组水务业。

在此规划下，为了顺应需求的增长，政府对运输、科技和能源基础设施进行了大量投资。五年时间内，路网长度增长了68%，推动了乡村到城市的互联互通。在丹戎派莱帕斯港和巴生港两大港口（均属于世界集装箱港口20强）的带动下，货运和货柜量增长了23%。吉隆坡国际机场建设了新的跑道和航站楼，航空乘客数量增长了46%。

在国家宽带网络倡议下，马来西亚新装光纤近56 000公里，已接入了70%以上的马来西亚家庭。边嘉兰石油综合体于2012年开始启动，面积达到9 100公顷，有助于提升马来西亚的能源实力。《马来西亚第十个规则》（2011～2015年）基础设施领域取得的成就如表4－1所示。

表 4 - 1　　　《马来西亚第十个规划》（2011～2015 年）
基础设施领域取得的成就

基础设施	成就
5 年间新增道路	93 100 公里
国家道路开发全球指数	从 2010 年的 1.42 到 2014 年的 2.29
航空乘客人数增加	39%
城市铁路乘客量增加	32%
世界物流指数排名	从 2013 年第 29 名至 2014 年第 25 名
家庭宽带普及率	增至 70%
净水供应人口覆盖率	增至 95%
污水处理人口覆盖量	4 100 万
发电量增加	5 458 MW
电力供应人口覆盖率	98%

资料来源：《马来西亚第十个规划》（2011～2015 年）。

2. 《马来西亚第十一个规划》下的基础设施建设规划（2016～2020 年）。

《马来西亚第十一个规划》基础设施建设规划五个重点领域是：（1）建立基于综合需求的运输系统；（2）促进物流增长和加强贸易便利化；（3）提高数字基础设施的覆盖面、质量和经济性；（4）继续提高供水服务；（5）促进能源持续增长。

《马来西亚第十一个规划》期间，在交通领域内将重点发展的项目如表 4 - 2 所示。

表 4 - 2　　　《马来西亚第十一个规则》期间交通领域重点发展项目

序号	项目名称	合同额（预计）	项目规模	位置
1	吉隆坡地铁 2 号线	420 亿林吉特	52.2 公里	双溪毛糯 - 布城
2	巴生河谷轻轨 3 号线	400 亿林吉特	48 公里	吉隆坡周边环线
3	南部铁路	89 亿林吉特	197 公里	金马士至新山市
4	东海岸铁路	600 亿林吉特	620 公里	登嘉楼道北至吉隆坡

马
来
西
亚

续表

序号	项目名称	合同额（预计）	项目规模	位置
5	DUKE 高速公路	11.8 亿林吉特	18 公里	杜塔至乌鲁巴生
6	SUCK 高速公路	42 亿林吉特	31.8 公里	吉隆坡市
7	DASH 高速公路	41.8 亿林吉特	20 公里	雪兰莪州
8	泛婆罗洲高速	1 500 亿林吉特	2 083 公里	贯穿整个东马
9	新马高铁	430 亿林吉特	350 公里	吉隆坡至新加坡
10	SKIP 高速公路	24.2 亿林吉特	17 公里	西岭至布城
11	Kidex 高速公路	25 亿林吉特	14.9 公里	金銮镇至白沙罗
12	吉隆坡外环路	15 亿林吉特	24 公里	吉隆坡
13	海滨高速	30 亿林吉特	83 公里	东马
14	马六甲皇京港	140 亿美元	—	马六甲

在房屋建设领域，政府推出了若干个房屋计划，例如人民房屋计划、第一房屋存款融资计划、马来西亚公务员房屋项目等，预计这些计划将会推动房建领域的增长。马来西亚房屋建筑市场主要活跃在以吉隆坡为中心的巴生河谷地区、新山市、马六甲市、槟城和亚庇市等地。

在能源项目方面，政府的目标是到 2020 年将温室气体排放量与 2005 年相比减少 40%，计划将可再生能源在全国能源结构中从 2015 年的 2% 提高到 2020 年的 11%。马来西亚政府计划新建 7 626MW 的产能来替换现有达到使用年限的电厂和满足未来五年的新需求，这其中包含太阳能、生物质能源、水电等可再生能源约 5 190MW。

（二）马来西亚主要工程承包企业介绍

马来西亚由于建筑业起步较早，因此培养了一大批本地有实力的承包商，这些企业大多成长于二十世纪七八十年代，其时正是马来西亚经济快速发展期。源于多年来在马来西亚这个高度竞争市场中的历练，这些公司有着良好的管理体系、优良的人才队伍和资源储备、丰富的施工经验和天然的属地优势。

马来西亚建筑行业中主要私人企业介绍如下：

1. United Engineers Malaysia Berhad。

该公司是马来西亚最大的建筑公司之一，以实施大型基础设施项目而闻名，资产总额约为67亿美元（约合234亿林吉特），股东资金超过22亿美元（约合77亿林吉特）。1988年以来，在马来西亚完成基础设施建筑项目总额已经累计84亿美元。

2. YTL Corporation Berhad。

该公司是马来西亚最大的承包商公司之一。截至2015年3月31日，该公司及其在马来西亚的四家上市子公司的总市值约为31亿林吉特（约合84.0亿美元）。

3. IJM Corporation Berhad。

该公司在1983年由三家公司合并而成。其主要业务包括房产开发、基础设施建设和种植业务，市值为28亿美元。

4. Gamuda Berhad。

该公司成立于1976年，主要从事工程建设、基础设施经营和物业发展，市值为22亿美元。

5. Malaysian Resources Corporation Berhad。

该公司于1969年由Perak Carbide改制而成，主要从事房屋开发及建筑等，市值为6.61亿美元。

6. WCT Holdings Berhad。

该公司创始于1981年，专业从事土木工程建设、住宅和商业开发以及物业投资。公司的市值为4.68亿美元。

7. Kumpulan Europlus。

Kumpulan Europlus Berhad专业从事制造和贸易产品和建筑材料，以及物业投资和建筑承包。公司市值达3.30亿美元。

8. Hock Seng Lee Berhad。

Hock Seng Lee Berhad是一家家族企业，成立于20世纪60

年代。该公司以他们购买的第一艘疏浚船命名，如今已是马来西亚海洋工程领域的龙头企业，市值为2.56亿美元。

9. Mudajaya Group Berhad。

该公司于2003年在马来西亚证券交易所主板上市前进行了重组，业务范围包括建筑、房地产开发、建筑产品制造和贸易，市值为2.46亿美元。

10. Muhibbah Engineering（M）Berhad。

该公司成立于1972年，业务领域主要为基础设施建设，市值为2.26亿美元。

这些本地企业的业务主要集中在马来西亚市场，由于当地市场规模有限，相对于知名国际工程承包商来说，规模要小得多。比如规模最大的IJM集团，2016年的营业额也仅仅58亿林吉特。但是，由于"土著份额"等国家政策因素，以及本地企业众多且熟悉当地市场等因素，本地企业占据了大部分的市场份额，占比超过80%。

（三）中资企业在马来西亚工程承包市场的业务开展情况

中资企业进入马来西亚工程承包市场普遍比较晚，大部分都是在2000年以后进入马来西亚的。但是近年来，中国承包商正积极直接或通过与当地承包商的合作参与当地工程。尤其是在中国提出"一带一路"倡议以后，越来越多的中国工程承包企业进入马来西亚这一热点区域。

据中国驻马来西亚使馆经商处不完全统计，目前在马来西亚注册的中资承包商已经超过100家，仅近5年内就新增超过50家。中资承包企业凭借着灵活的经营模式、强大的财务资金能力、丰富的施工管理经验，在马来西亚的工程承包领域市场份额逐年快速增长，大有赶超日韩欧美企业的趋势。

据中国商务部统计，2015 年中国企业在马来西亚新签工程承包合同 317 份，新签合同额 71.98 亿美元，完成营业额 35.62 亿美元，当年派出各类劳务人员 1.35 万人，年末在马来西亚劳务人员 1.46 万人。新签大型工程承包项目包括中国石化工程建设有限公司承建马来西亚炼油厂 Rapid 项目 P2 包；中国港湾工程有限责任公司承建马来西亚吹填工程二期（STP2）；中铁国际集团有限公司承建马来西亚安邦博瑞姆新城（雅益轩）项目等。近两年，中国工程承包企业取得了较大的成绩，仅中国交通建设有限公司承建的马来西亚东部沿海铁路一二期合同总额就超过了 650 亿林吉特，充分体现出中国工程承包企业在承揽和实施特大型项目的实力水平。

中国承包商在资金、劳力、材料方面比起其他外国承包商以及马来西亚当地承包商都具有一定优势。2016 年 11 月，在马来西亚总理纳吉布访问中国期间，中马双方共签署了 14 份合作文件，总价值达到 1 440 亿林吉特。此外，2017 年 5 月 9 日，马来西亚中资企业协会与马来西亚中华总商会签署谅解备忘录，致力于推动商会成员间的合作，建立良好的平台，充分利用中华总商会植根于马来西亚社会的优势，以及中华总商会与马来西亚政府、社会各界建立良好的人脉关系，促进中国企业与马来西亚华人华商、当地企业的合作。

二、马来西亚工程承包的程序

马来西亚招标过程的模式各不相同。其中，最常见的是公开招标、议标和混合型招标。

第一种是公开招标。公开招标是一种传统的招标方式。通过这种模式，业主可以在尽可能多的候选人中选择性价比较高的承包商。公开招标有利于提高透明度、可靠性和公平性，降低招标

马来西亚

风险。

第二种是议标。议标采用谈判方式，合同范围和价格由业主和指定承包商协商确定。这种模式的优点是能够提高效率，保密性较高。当然，议标可能会损害透明度、可靠性和公平性。在马来西亚，在政府采购和基础设施项目里也部分使用议标方式。

第三种是混合型招标。许多业主选择使用混合型模式来进行招标。业主首先进行公开招标，随后与入围投标者进行谈判，确定工作内容和价格，再协商一致签订合同。混合型招标通常适用于大型工程。

具体招投标程序如下：

（一）获取信息

在马来西亚，政府出资的项目由政府主管部门发布信息。例如，工程部及其所属的公共工程局负责发布联邦政府道路项目及其他一般民用建筑类项目信息；交通部负责发布铁路、海运、航空运输及港口项目信息；能源委员会负责发布马来半岛和沙巴州电力等能源基础设施项目信息（注：沙捞越州电力项目归沙捞越能源局负责）。私人项目一般通过主要报刊发布招标及项目信息。

此外，所有政府招标会用马来语刊登在至少一份报纸上。国际招标会分别用马来语和英语刊登在至少两份报纸上。投标前期工作信息可以通过投标机构的网站 MyPROCUREMENT（http：//myprocurement. treasury. gov. my）和政府部门网站（http：//www. malaysia. gov. my）发布。

（二）参加招投标

投标文件一般都需要购买。招标文件包含具体的条款和条件及附件，具体包括规格、价格表、工期、维修期和工作责任范围等内容。

招标文件的出售日可以从招标广告中得到。对于政府项目，只有符合当地注册要求的承包商才能购买招标文件。在国际招标的情况下，承包商可免除当地注册要求先行参加投标，但要求外国承包商应在建筑业发展局注册后才能签订工程合同。根据马来西亚法律，在马来西亚从事建筑行业的所有承包商都需要在建筑业发展局注册。

投标人一般需要提交投标定金或者投标保函。对于政府出资的项目，在政府注册的本地供应商和承包商可免除投标定金，外国承包商投标必须提交一般不超过100万林吉特的投标定金。

当地投标者投标准备时间一般不少于21天。国外投标者投标准备时间一般不少于56天。

（三）公开招标的评标流程

1. 开标。

招标公告或招标文件中载有截止时间以及提交标书的地址。提交投标一般可以通过邮寄方式发送或者放入专门的投标箱内。通常，提交的投标书里应包括技术和商务方案，分两份并密封，以便进行独立评估。开标委员会将开启标书，所有投标者将获得序列号，投标人名称将被省略，以便技术和商务评标委员会对标书进行公正独立的评估。

2. 评标。

评标委员会将根据评标标准对所有的投标者进行评选。评选工作通常由两个独立的委员会完成，即技术评标委员会和商务评标委员会。两者将会编制投标排名，招标秘书处将预先评标，再由委员会各部门审议和决定。

3. 选定中标者。

评标委员会将斟酌和选定中标者。中标者的选择将基于一般投标原则和标准作出评估。评标委员会对所有投标进行审议。私人项目对选定中标者的标准较为灵活。对于政府出资的项目，招标价值高于 1 亿林吉特的工程项目以及招标价值高于 5 000 万林吉特的供应项目，委员会作出建议后，送交财政部作最后决定。因此财政部是所有重大项目选定中标人的决策者。

对于政府出资的项目，中标者的信息将在招标机构的网站和 MyPROCUREMENT 网站上予以公布。

三、马来西亚工程市场准入法律制度

（一）企业准入要求

1. 建筑业发展局注册证书。

在马来西亚，50 万林吉特以上的政府项目都必须通过招投标程序完成。所有打算参加本地投标的承包企业，都必须向建筑业发展局（CIDB）注册成为有资格的成员。如果本地没有合格的服务商或供应商，招标人将会邀请国际服务供应商参与投标。对于特定工程，如果当地承包商没有足够的专业知识和能力，为鼓励技术转让，可以允许国际承包商和当地承包商以合伙（联合体）方式投标。没有合适联合体参与投标的，可以进行国际招标。

私人项目对投标者没有具体门槛要求，一切都取决于业主的个人需求，所以在此不再赘述。但是，在马来西亚进行任何建筑工程的外国承包商都必须在建筑业发展局登记并成为其会员。

根据 1994 年《建筑业发展局法》的规定，除非已经注册并持有建筑业发展局签发的有效注册证书，任何单位和个人不得实施任何建筑工程，否则构成违法行为，将被处以不超过 10 万林吉特的罚款。

建筑业发展局证书共分为 7 个注册等级，承包商无权实施超过注册等级对应的工程价值的建筑工程。以下为各个注册登级对应的实施工程的规模：

（1）G1——不超过 20 万林吉特；

（2）G2——不超过 50 万林吉特；

（3）G3——不超过 100 万林吉特；

（4）G4——不超过 300 万林吉特；

（5）G5——不超过 500 万林吉特；

（6）G6——不超过 1 000 万林吉特；

（7）G7——无限制。

按照法律规定，外国独资公司不能获得 G7 证书，而没有 G7 证书，公司不能作为总承包商参与政府 1 000 万林吉特以上项目的投标。因此，外国公司要想参加此类项目的投标，必须与当地公司合作。

凡是实施金额超过 50 万林吉特的项目，承包商必须向建筑业发展局申报，并向其缴纳合同金额的 0.125% 的费用。承包商未按规定申报的，可以处以最高 5 万林吉特的罚款。承包商不缴纳费用的，可处以 5 万林吉特或者应缴金额的 4 倍的罚款，以较高者为准。

2. 土著企业保护政策。

为鼓励和支持土著（即马来种族）企业的发展，配合国家创建土著商业和工业社区的目标，许多马来西亚政府招标项目要求必须有土著公司参加。外国公司要参与该项目，必须与土著公司组成联合体投标或者作为土著公司的分包商。

土著公司须符合以下标准：

（1）根据马来西亚公司法成立；

（2）资本至少为 25 000 林吉特；

（3）股东是土著（马来种族）；

（4）董事会里土著至少占51%；

（5）董事总经理必须是土著；

（6）管理人员、专业人员和监管人员中，土著至少占51%；

（7）辅助人员中，土著至少占51%。

（二）人员准入要求

在马来西亚，工程施工现场的所有人员都必须登记，并参加由建筑业发展局认可的培训师提供的为期一天的"建筑人员安全引导课程"。此培训被认为是马来西亚最成功的安全培训之一。培训完成后，参与者将获得建筑业发展局绿卡。绿卡每两年需更新一次，证明持有人已经经过注册并享受保险。绿卡被视为进入施工现场和符合1994年《建筑业发展局法》第33条的初步要求。未依法获得绿卡而实施项目的，工作人员及雇主都将会面临法庭诉讼。

项目施工现场的所有管理人员和建筑工人都必须经过综合安全卫生培训，以提高施工现场的安全水平。混凝土泵设备操作员、起重机操作员、挖掘机操作员、塔式起重机操作员等设备操作人员，都必须持有建筑业发展局认证的各工作领域的有效证书。

公司雇用外国员工的，应当为该员工办理工作准证，建筑业从业人员的工作需先向建筑业发展局申请，然后到移民局办理。办理工作准证应当提供雇主的申请信函、雇佣合同、公司的注册文件、护照原件及复印件、学历证明或技术等级证书复印件及英文翻译件、申请人个人简历、标准护照照片和相关申请表格等资料。

（三）材料要求

建筑业发展局负责规范建筑行业所使用的建筑材料质量，按照《建筑业发展局法》附件规定的标准，管理市场上的建筑材料，包括陶瓷制品、卫生洁具、水泥、铝、不含石棉的纤维水泥板、隔热材料和玻璃等。除非经过建筑业发展局认证，任何人不得直接或间接处理不符合标准的施工材料，违反规定的，可处不低于 10 万林吉特，不超过 50 万林吉特的罚款。

马来西亚海关负责禁止进口所有不符合建筑业发展局规定的建筑材料。

（四）马来西亚常见标准合同版本

马来西亚的标准合同形式通常由马来西亚工程部（Jabatan Kerja Raya Malaysia，JKR/Malaysian Public Works Department，PWD）、马来西亚建筑协会（Pertubuhan Akitek Malaysia，PAM）、马来西亚工程师协会（Institute Engineer of Malaysia，IEM）、马来西亚建筑业发展局（CIDB）发布。

1. 工程部标准合同。

目前马来西亚工程部在传统的总承包的基础上，制订了兼顾机械工程和建筑工程的标准合同格式。包括：

（1）《JKR 合同 203A（1/2010 修订版）》；适用于合同价格基于工程量表的合同；

（2）《JKR 合同 203（1/2010 修订版）》；适用于合同价格基于图纸和规范的合同；

（3）《JKR 合同 203N（1/2010 修订版）》；如主合同采用第 203 或 203A 范本，则指定分包合同采用此版本；

（4）《JKR 合同 203P（1/2010 修订版）》；如主合同采用第 203 或 203A 范本，则指定供应合同采用此版本。

上述合同已经相当成功地被用于各种不同规模和复杂程度的建筑、基础设施和工程项目。

2. 工程部设计与建造标准合同。

由于"设计加建造"模式变得越来越流行，马来西亚工程

马来西亚

部制定了《PWD 合同 DB（1/2010 修订版)》标准版本。

3. 建筑业发展局标准合同。

建筑业发展局编制了若干个标准合同范本，包括：

（1）《CIDB 房建工程标准合同范本》（2000 年版）。

（2）《CIDB. B（NSC)/2002 - 指定分包标准合同范本》。

针对分包合同，建筑业发展局编制了《建筑分包工程条款》（2007 年版），而"设计加建造"的标准合同版本仍在编制之中，并预计在未来几年内出版。目前，建筑业发展局还没有编制其他类型的合同标准版本，如交钥匙合同、项目管理合同等。

4. 马来西亚建筑师协会标准合同。

马来西亚建筑师协会于 2006 年编制了下列标准合同版本：

（1）《2006 年 PAM 合同协议和条件（含工程量表)》；

（2）《2006 年 PAM 合同协议和条件（无工程量表)》；

（3）《2006 年 PAM 分包合同协议和条件》。

以上标准合同都用于私人项目。

5. 马来西亚工程师协会标准合同。

迄今，马来西亚工程师协会共编制了 3 种标准合同版本：

（1）《IEM. CE2011：IEM 土木工程合同》（2011 年 7 月第二版)，此版本是《IEM. CE 1/89：IEM 土木工程施工合同条件》（1994 年 9 月第二次重印版）的替代版。

（2）《IEM. CES 1/90：IEM 土木工程分包合同条件》，该合同配合《IEM. CE 1/89：IEM 土木工程施工合同条件》（1994 年 9 月第一次重印版）一起使用。

（3）《IEM. ME 1/94：IEM 机电工程合同条件》（1994 年第一版)。

马来西亚工程师协会标准合同主要应用于：私人项目，土木工程、机电工程，传统总承包招标合同。

马来西亚

第二节　马来西亚工程承包法律 体系及基本内容

一、马来西亚与工程承包相关的法律简介

马来西亚法律基于普通法法律体系。《联邦宪法》第 160 条规定，普通法适用于联邦或其他适用范围。1956 年《民法》第 3 节进一步规定，普通法和衡平法可以在马来西亚适用。因此，英国的判例对马来西亚法院审判具有很高的指导性。在马来西亚，英国案例经常被诉讼或者仲裁所援引。虽然英国法可以在马来西亚适用，但并不能代替马来西亚的法律，它仅起到补充作用。

马来西亚工程承包相关的法律分类列举如下。

（一）与建筑项目规划与许可有关的法律

1. 1976 年《城乡规划法》。

本法的目标为控制和管理马来半岛的城乡规划。它确立了国家、州和地区的规划管理部门。本法条款涉及关于发展规划（例如测量、批准、审阅和公布）、规划控制（例如土地和建筑物使用、批准，对规划部门决定的申诉）、申诉委员会、树木保护令、土地购买通知和征用，以及其他附属杂项规定。本法令仅适用于马来半岛，不适用于东马的沙捞越和沙巴。

2. 1956 年《土地开发法》。

本法设立了联邦土地发展局及地区发展委员会，以负责解决

马来西亚土地发展和交割事宜。它规定了：政府部门的义务和权力；政府部门的长官；处理资本资产和设立土地发展基金的方式。

3. 1966 年《房屋开发（管理与许可）法》。

本法规定有关马来半岛房屋开发业务的管理和许可事宜，规定了房屋开发商的许可条件以及与许可相关的义务，以及行政长官关于房屋开发事宜的权力。本法也规定了诸如保护购房者利益和设立购房者索赔仲裁等事宜所必须考虑的因素。

4. 1976 年《地方政府法》。

通过制定本法，废除了从殖民地时期沿用而来的若干个单行法律，将其中对地方政府的权限划分和设置的规定集中于本法中。规定了州政府有权在辖区内管理土地开发。

（二）与建设项目征地与拆迁相关的法律

1. 1960 年《土地征用法》。

本法规定了州政府为预定目的而征用土地所涉及的全部事项，包括：州经济和规划部门（在吉隆坡为经济和规划委员会）关于征地申请所需要考虑的因素；土地调查；后续补偿评估；土地管理人决定提起诉讼（包括裁决程序）以决定土地相关问题，例如相关人利益、地契和应付金额。

2. 1965 年《国家土地法》。

本法规定了土地占有、土地登记、土地费用等事宜。

（三）与建筑工程勘察、设计相关的法律

1. 1974 年《道路、排水及建筑物法》。

本法旨在为马来西亚当地制定统一的管理道路、排水和建筑物相关领域活动的规则。

本法规定当地政府或经其许可的个人都可以建造道路，也制订了关于设置于道路之下或者两侧的树木、路灯、水管和其他设施的规则，规定了当地政府机关有义务建设和保养排水供水道和背街小巷。本法还规定了建筑行为的规则，包括但不限于评估建筑物的安全和稳定性、拆除违章建筑、惩罚建设和售卖违章建筑的行为等。

2. 1996 年《马来西亚标准法》。

该法规定了在马来西亚适用的标准。

（四）与建筑工程从业资格相关的法律

1. 1967 年《建筑师法》。

本法规定以下执业人员的注册事宜：建筑师、建筑技师、建筑绘图员、工程检查员、外国建筑师、学位建筑师、学位室内设计师、室内设计师、亚太经合组织设计师、东盟设计师、提供建筑咨询服务和室内设计咨询服务的人员。

2. 1967 年《工料测量法》。

本法规定下述工料测量师的注册事宜：顾问工料测量师、职业工料测量师、临时工料测量师、工料测量顾问。

3. 1967 年《工程师注册法》。

本法规定工程师提供专业服务前，必须在马来西亚工程师委员会注册。

4. 1994 年《建筑业发展局法》。

本法规定建筑业发展局的职能、建筑企业的登记及管理等事宜。

（五）与建筑工程计量支付相关的法律

2012 年《建筑业支付和判定法》旨在采取强制性法定裁决

马来西亚

的办法，解决工程承包合同中的付款纠纷。该法消除了有条件付款的普遍做法（如"付款时付款"和"背靠背"），并建立起更经济和更快捷的争议解决方式。该法还规定了裁决程序结束后的赔偿额度，以及承包商降低工作进度或暂停工作的权利。

（六）与安全、环保与职业健康相关的法律

1. 1984 年《统一建筑物法规》。

该法规规定了以下事宜：（1）通知的提交管理；（2）执行公众安全事宜，例如施工围栏和临时设施；（3）现场工作时间、交通管制、安全的限制；（4）公共基础设施的保护，例如冲洗槽、道路清洗、路肩使用许可等；（5）垃圾、碎片的保存和处理；（6）违规的处理以及许可的更新；（7）施工期间对建筑物的保护，18 米以上建筑在施工期间的防火保护等。

2. 1994 年《职业安全与健康法》。

该法规定职业安全与健康的相关要求。

3. 1974 年《环境质量法》。

该法规定污染预防、减轻和控制，以及提高环境质量的要求。

二、马来西亚工程承包相关法律基本内容

马来西亚工程承包适用的法律主要包括：1967 年《建筑师法》；1994 年《建筑业发展局法》；1950 年《合同法》；1976 年《城乡规划法》；2012 年《建筑业支付和判定法》。

（一）1967 年《建筑师法》

马来西亚建筑师委员会是负责实施 1967 年《建筑师法》的

法定部门，根据该法的规定，履行以下职能：

（1）负责专业建筑师、学位建筑师、室内设计师和建筑绘图员的注册；

（2）负责建筑和室内设计咨询业务的注册；

（3）管理建筑师行为和操守；

（4）组织职业考试和许可；

（5）负责建筑和室内设计项目的评审；

（6）开发和推动职业化；

（7）在国内外层面代表建筑师团体。

建筑业咨询业务包括以下主体形式：

（1）独立建筑师（应当具有建筑师资格）。

（2）合伙（合伙人应当均为建筑师）。

（3）法人团体（负责公司管理的董事应当为建筑师，且应就一切建筑业务作最终决定）。

（4）多专业经营的主体（同时提供建筑咨询、专业设计服务和工料测量服务，建筑师至少拥有70%的股权；拥有设计人员和工料测量人员；每个专业的人员至少拥有10%的股权；其他人员最多拥有30%的股权）。

该法规定，只有在日历年度内在马来西亚居住不少于180天的建筑师或国外建筑师才有权向审批部门提交图纸。建筑师有权实施以下行为：

（1）依据其专业实践，对建筑业及结构、厂房设备作出评估；

（2）为规划报批及变更规划图纸准备报批材料；

（3）进行关于土地使用的规划研究和环境影响研究；

（4）为马来西亚个人或政府编制规划报告。

（二）1994 年《建筑业发展局法》

1994 年《建筑业发展局法》是管理建筑业的一项主要法律。

马来西亚

本法设立了建筑业发展局，赋予其与建筑业相关的职能。

依据该法，建筑业发展局的主要职能可以分为三个类别：发展和促进、咨询和管理。具体包括：

（1）促进和刺激建筑业的发展、提升和扩张；

（2）就建筑业相关事宜向联邦政府和州政府提供咨询和作出推荐意见；

（3）促进、刺激和实施建筑业相关的研究；

（4）促进、刺激和协助建筑业服务的出口；

（5）就建筑业提供顾问和咨询服务；

（6）推动建筑业的质量保证；

（7）建立和维护建筑业信息系统；

（8）鼓励标准化和提升建筑技术和材料水平；

（9）提供、促进、审查、协调建筑业技术工人和现场监工的培训计划；

（10）认可和注册承包商，以及注销、暂停、回复承包商资格；

（11）为技术工人和现场监工提供认可和证明。

本法律规定，除非已经注册并持有建筑业发展局签发的有效的注册证书，任何单位和个人不得实施任何建筑工程，否则，构成违法行为，将被处以不超过 10 万林吉特的罚款。

建筑业发展局证书共分为 7 个注册等级，承包商无权实施超过注册等级对应的工程价值的建筑工程。注册费用根据注册等级而不同。

（三）1950 年《合同法》

工程承包合同是建立工程承包关系的基础。因此，合同法与工程承包密不可分。马来西亚没有单独的建筑工程合同法律，建筑工程承包合同适用 1950 年《合同法》。

马来西亚

有关 1950 年《合同法》具体内容可参见本书第一章第二节"马来西亚合同法"相关内容。

（四）1976 年《城乡规划法》

1976 年《城乡规划法》的目标为控制和管理马来半岛的城乡规划。它确立了国家、州和地区的规划管理部门。该法条款涉及关于发展规划（例如测量、批准、审阅和公布）、规划控制（例如土地和建筑物使用、批准，对规划部门决定的申诉）、申诉委员会、树木保护令、土地购买通知和征用，以及其他附属杂项规定。

本法将资产开发定义为在地上或者地下实施建筑、设计、矿业、工业或其他类似行为，或者对建筑物或土地的功能进行任何实质性修改，或者进行土地合并或拆分的行为。广义上讲，开发可以分为两种：（1）实施物理操作，例如建筑或设计工作；（2）实质性改变功能。在进行开发之前，应当提出相应的申请。

除了当地政府，任何人不得在相关规划获批之前启动、承担或实施开发行为。

规划报批分为四个部分，开发商可以同时提出申请，也可以分阶段进行申请。四个阶段及审批机关分别为：

（1）土地相关事项的报批（例如土地性质变更，土地划分）——土地和矿产部门的地区土地办公室；

（2）规划许可的报批——规划部门；

（3）建筑图则的报批——当地政府的建筑部门；

（4）土工图则、道路及排水图则的报批——当地政府的工程部门。

审批时还应保证公众可以知晓和参与。在规划获批之后，开发商可以实施以下事项：测量师根据测量结果编制现场布置图，

马来西亚

以确保其与规划平面布置图和现场实际情况相符；建筑师使用现场布置图在规划平面布置图上进行建筑设计；进行建筑图纸等资料的报批等。各项报批完成后，才能启动土建工作。

（五）2012年《建筑业支付和判定法》

在马来西亚，据统计大约50%的建设项目的停工原因为业主付款延迟或不付款，导致承包商无力继续实施项目。为了解决建筑业的现金流问题，马来西亚制定了2012年《建筑业支付和判定法》，采取强制性法定裁决的手段，解决建筑合同中的付款纠纷。

该法改变了有条件付款的普遍做法（如"付款时付款"和"背靠背"模式），并建立起更经济和更快捷的争议解决方式。判定是解决建设合同纠纷的一个通用途径。该手段使得建设合同中未收到款的一方可以采用经济、快速的方法解决其与未付款方的争议。无论在项目施工期间还是完工之后，均可随时申请判定。这是一个强制性的法定程序，不需要双方为此达成协议。所有程序都保密进行。

该法规定，评判者必须在45个工作日内作出判定，除非合同双方一致同意延长。如果评判者在规定的期限内未能作出判定，其随后作出的判定被视为无效，评判者也无权获得与裁决有关的任何费用。当事人必须遵守判定，并支付判定金额，除非该判定已被高等法院搁置。但是如果对方没提出上诉，判定应当是终局的。根据该法，判定只能在有限的理由下搁置，如：判定过程中存在欺诈或贿赂，评判者没有独立或公正地行事等。

该法还规定了判定程序结束后的赔偿额度，以及承包商降低工作进度或暂停工作的权利。

马来西亚

第三节　承包工程的法律风险与防范

一、招投标环节中的法律风险与防范

（一）业主没有责任接受最低价投标或任何投标

马来西亚合同法遵循英美法系的相关规则。招标邀请只是要约邀请，因为它们只是业主对有关承包商提交投标书或要约的意思表示。因此，除非有明确约定或者相反规定，业主没有责任接受最低价投标书或任何其他投标书，业主对此不承担法律责任。因此，如果业主撤回招标邀请，未接受任何承包商的投标书，未签署任何协议，投标人需自行承担未中标风险。

（二）招标流程可能被撤销

招标邀请约定期限的，业主可以按其意愿，在有效期限内，随时撤回或取消招标邀请，而不必对潜在投标者承担责任。投标者花了大量的费用提交投标后，可能就会面对招标流程被业主撤销的风险。

大多数竞争性投标方案中的一般假设是投标人承担投标费用的全部风险。投标费用由投标人承担，所涉及的费用可能相当高，特别是涉及设计工作时。因此，投标人必须将这笔费用包括

在投标金额中，以便在中标后得到这笔费用补偿。对于未中标的投标人，则需要自行承担该费用。不过也有例外。在某些情况下，承诺支付可能是业主隐含之义，即使没有合同，业主也应承担投标人所支付的费用。一般结合以下四个因素来判断业主是否承担此项责任：

（1）所涉及的工作大大超过在正常招标过程中的工作；或所涉及的工作不是一般招标过程中免费的工作。

（2）费用是根据业主的要求而产生的，且投标人可以证明其工作或服务一般预计是可以得到补偿的。

（3）如果这些工作或服务有利于业主，或者业主可以利用这些工作或服务获得一定好处或利益，即业主可能获得不当得利。

（4）未授标或签订合同的原因是：

①由于业主的过失；

②属于一般承包商所接受的风险以外的情况；

③业主邀请他人投标却自始未有招标意图。

如果上述任何一个原因成立，那么会认定为业主有隐含的支付承诺。

（三）投标人撤回投标所承担的风险

虽然通常投标人在付出努力和支出后，不会轻易从投标流程中退出。但是如果发生投标金额计算错误等情况时，投标人将试图退出招标流程。如无特别约定，原则上投标人享有此权利。

但是，撤回投标的行为可能给业主制造了以下困难：

（1）导致有效标书不足以保持招标的竞争性；

（2）导致招标过程失败而必须重新招标，增加招标过程的费用和导致项目推迟的后果。

因此，业主通常会在投标邀请的文件中加入以下条款：

（1）投标有效期；

（2）约定投标不可撤销；

（3）要求提交投标保函，并约定如果投标人在其投标书还未被正式接受或拒绝之前退出招标，其投标保函将被没收。

如果投标人在提交不可撤销的投标书后中标，投标人拒绝与业主签订合同，除其投标保函有被没收的风险外，投标人还需承担违约责任。另外，马来西亚一些业主（如政府机构）采用"黑名单"制度，已列入黑名单的投标人不能再投标，以此作为惩罚措施，阻止投标人不当撤回投标。

（四）意向书的法律约束力

在马来西亚，业主有时会向中标者发出意向书。一般来说，意向书中还可能包括附加条款和条件。中标与否最终取决于双方谈判或中标者是否接受附加条款和条件。而且，意向书通常包含"受制于合同"或"不具有法律约束力"等措辞。因此，意向书一般不具备法律约束力。

然而，有些情况下，意向书可能会有一定的法律效力，其中包括意向书包含对中标者开始设计、订购材料、实施部分工程的指示等。如果最终未签署任何合同，此指示可能被法庭解读为业主愿意对有关工作进行支付的承诺。

（五）合同文件效力

根据 1949 年《印花税法》规定，除非另有豁免，合同必须盖章，并且至少在执行后 30 天内加盖印花。否则，合同文件的证据效力将不被法庭所认可，直到纳税义务人支付有关罚款为止。

马来西亚

二、项目融资中的法律风险与防范

项目融资含义广泛。本章所述项目融资是指承包商筹集资金，以弥补其预先支出的建筑费用和业主支付进度款之间的差额。

在大多数马来西亚标准建筑合同下，进度款的支付顺序为：承包商定期向建筑顾问提交进度付款要求，顾问评估后颁发载明进度款金额的工程进度证书，业主根据进度证书支付进度款。从马来西亚实践来看，承包商准备付款要求和顾问评估至少需要一个月时间。业主付款通常是在收到进度证书的一个月后。如果没有预付款，意味着承包商至少垫付两个月的建筑费用。建筑行业的承包商、分包商、供应商等，在项目启动时必须有适当的项目融资。常用方法是通过项目融资贷款，主要有定期贷款、透支服务、信用证和建筑进度债权融资等几种形式。

（一）定期贷款

定期贷款一般是商业贷款，具有规定的利息、还款时间表以及固定到期还款日。定期贷款通常被用于：重大资本改善，大型资本投资（如购买机械），流动资金，购买现有业务，并可以作为大额首付款，以尽量减少每月付还款和总贷款成本。偿还定期贷款需要抵押品和相对较长和严格的审批流程，但它是相对经济的融资来源。

（二）透支服务

透支服务是建筑行业最常见的贷款形式。透支服务是一种信用额度，通过往来账户实现。通过透支服务，客户可以提取超过现有往来账户可用余额的款项，但不超过设定的信用额度。在银行允许的情况下，透支服务可以无担保。但是通过抵押担保，往往能获得更好的利息。透支服务的利息计算通常参考基本贷款利息。如果透支服务是通过抵押品担保，一旦承包商未能偿还，银行有权变现。

（三）信用证

在马来西亚，信用证通常用于采购机器设备。设备供应商可以要求承包商在交易发生之前交付银行信用证。信用证能确保正确和及时的付款，承包商可以不提前付款，而将支付延迟到设备交付以后。

（四）建筑进度债权融资

建筑进度债权融资是专为债权人而设的财务融资。它允许承包商针对建筑进度支付要求（发票）进行融资。一旦承包商提交建筑进度付款要求，承包商不必等待业主的付款，而立即从银行获得现金流。

三、工程合同中的法律风险与防范

（一）保函的约定

履约保函是保证承包商履行合同责任的常见方法。履约保函的常见类型有两种，一是附条件履约保函，银行在所附条件满足

马来西亚

的情况下予以付款；二是无条件履约保函即见索即付保函，无论施工合同各方之间是否有真正的争议，争议款项是否应该支付，银行都必须在业主提出兑付要求时予以支付。

在马来西亚工程市场，无条件履约保函是通常采用的保函形式，该保函存在业主恶意或者随意兑付的风险。对此风险，除事后通过争议解决途径解决外，承包商还可以在业主提出兑付要求时，向法院申请禁令，禁止银行进行支付。在马来西亚，申请该禁令需要具备以下条件：申请人能够证明业主兑付保函时有欺诈行为，并且银行已经知晓有关欺诈行为；或者证明业主履行合同责任时有欺诈行为或显失公平的情况。

在马来西亚，除了履约保函之外，还存在以下两种担保形式：一种是公司担保。此类担保一般由母公司提供，约定承包商违约时担保人承担连带责任，风险与无条件履约保函比稍小。另一种是履约保证金。马来西亚政府标准版本的建筑合同，为双方提供了履约保证金这一选择担保形式，约定业主从进度付款中扣除并保留 10% 作为履约保证金，总额一般不超过合同总额的5%，于合同履行完毕时予以返还。

（二）合同准据法与争议解决方式的选择

在马来西亚，所有的标准建筑合同都约定，合同将受马来西亚法律管辖和按照马来西亚法律解释。按此约定，所有合同均受1950 年《合同法》和普通法管辖。

在马来西亚，只要订立的合同不属于 1950 年《合同法》规定的无效或可以撤销的合同范畴，当事人可以自由签订合同，法院将支持各方的意愿。

1950 年《合同法》规定，通过欺诈、虚假陈述、胁迫、不当影响而获得的合同，皆是可撤销合同。由相互或共同的错误引起的合同、违法合同、欺诈合同、对生命或财产进行伤害或者破坏的合同、不道德或违反公共政策的合同皆是无效合同。

合同纠纷一般以诉讼、仲裁和调解的方式解决。在马来西亚发生的任何商业纠纷，马来西亚法院都有裁判权。马来西亚有专门的建筑法庭。马来西亚通常以仲裁作为解决商业纠纷的主要手段，在建筑领域尤其如此。马来西亚的绝大部分标准建筑合同都包含有仲裁条款。合同一经签署，仲裁条款将形成双方之间的仲裁协议，双方之间的任何合同争议或纠纷必须通过仲裁解决，除非双方后来一致同意以其他形式解决纠纷。调解基本遵循当事人意思自治和不违反法律强制性规定的原则，与中国的民事调解制度差别不大，在此不再赘述。

关于诉讼和仲裁的具体内容请参见本书第七章马来西亚争议解决法律制度。

（三）合同价格

在典型的施工合同里，业主应支付对价来交换承包商根据合同已完成工程。因此，业主有责任根据特定合同条款向承包商支付约定的金额，否则将构成违约行为，需为其造成的后果承担责任。

如果合同中没有业主支付条款，承包商有权根据普通法的原则获得合理的报酬（即合理的价格索赔），或根据 1950 年《合同法》的规定申请支付。这一原则在 2012 年《建造业支付与判定法令》中得到进一步明确。该法规定，即使合同没有关于付款的明确条款，承包商有权索取有关付款。这一条文进一步规定了计量的方式、付款的频率和到期日。

由于变更施工合同较为常见，马来西亚大多数标准建筑合同都有变更条款，允许业主通过指令变更来改变工程范围，合同金额将因此调整。

（四）支付方式

在马来西亚，大部分施工合同规定承包商将在施工过程中逐步得到报酬，每笔付款将被视为对最终合同价格的分期付款。在此基础上，定期付款和里程碑付款是通行的付款方式。

一是定期付款。定期付款是马来西亚建筑行业最常用的付款方案。定期付款是指定期（一般为每月或每季度）根据工程的进展情况和合同的进度付款。定期支付往往支付的是通过中期计量确认的款项。计量有较长的周期，其中包括通过承包商的付款申请，工程顾问对其付款申请的衡量和估价，以及业主或其授权人随后签发的必要证书。在法律上，中期计量仅仅是根据承包商履行的工作进度来推算承包商履行工作的大概价值，如有偏差，可以在后续的计量中调整。

二是里程碑付款。此类付款方式的合同里设置若干个里程碑及对应金额，约定业主在承包商完成里程碑后向其支付相应金额。里程碑付款在专业服务协议、机电合同、供应合同、涉及重复工作的合同以及较小金额的固定总价合同中相当常见。里程碑付款方式的主要特点是承包商必须满足规定的付款先决条件，即完成预定阶段目标。因此，合同中必须对阶段目标和对应金额进行明确约定。里程碑付款是合同总额的组成部分，如果合同发生变更、使用暂列金额等情况，应在里程碑付款时作出必要的调整，以反映各工程阶段的真实状况。

另外，还有少部分合同不设置进度付款而是项目完工后付款。在此支付方式下，只有承包商完整的履行其合同责任才有权要求付款。在马来西亚，有时会对该支付方式进行细微调整。例如，承包商在实际完成证明书的规定期限内（通常 14 ~ 21 天），一次性获得约 95% 的合同金额。剩余金额，连同针对变更、暂列金额等的金额调整，将在缺陷责任期间逐步支付，或者在签发最终履约证书时一次性支付。

在马来西亚"收款后付款"条款无效。根据 2012 年《建造业支付和判定法》，"背靠背"模式等有条件付款条款属于无效条款。该法禁止有条件付款。建设合同中，以下"有条件付款"均为无效：一方有责任付款的条件是当该方从第三方收到付款之后或者是当该方获得资金或提取融资产品的资金之后。如果建筑施工合同项下的付款条款因以上原因无效，业主应在收到承包商的进度付款要求或发票后 30 日内予以支付。

根据普通法，如果业主不付款或延迟付款，除合同中有专门约定外，承包商不享有暂停工程的权利。在马来西亚各种标准建筑合同版本中，有些特别规定承包商可针对不付款或延迟付款的问题而暂停工程，有的并没有类似的条款。在没有合同明确的条款的情况下，承包商的暂停工程会构成违约。

但是，根据 2012 年《建造业支付和判定法》，如果判定的金额没有被全部或部分支付，承包商有权暂停工程或减缓进度。在此情况下，承包商不仅不违反合同，而且有权公平合理地延长工期；有权针对其暂停或减缓工作进度所造成的损失和费用要求索赔。承包商应在收到判定金额全部付款后 10 个工作日内，恢复施工。

2012 年《建造业支付和判定法》适用于私人合同以及马来西亚政府订立的建筑合同，但须遵守有关规定的豁免。即 2012 年《建造业支付和判定法》不适用于任何涉及紧急情况、不可预知的情况，以及涉及国家安全或有关安全设施的建筑工程的合同。

（五）开工条件

建筑合同中一般会对开工条件进行约定，譬如办理保险、交付场地、办理保函、支付预付款等。除了这些合同约定的开工条件外，要注意法律规定的开工条件。如办理建筑业发展局的注册，办理施工准证及各类法定牌照等。

施工合同涉及的几项申请的管理部门如表4-3所示。

表4-3   申请开工涉及的部门列表

主要阶段	申请部门
土地事宜申请 （Application for Land Matters）	地区土地办事处/土地和矿产部 （District Land Office/Department of Land and Mine）
规划许可申请 （Application for Planning Permission）	当地政府（Local Authority） 计划部门（Planning Department）
建筑图则申请 （Application for Building Plans）	当地政府 建筑部门（Building Department）
土方工程计划及道路及排水计划申请 （Application for Earthworks Plan and Road and Drainage Plans）	当地政府 工程部（Engineering Department）

此外，承包商还要遵守设施服务提供商（例如任何提供水、电、电话、污水处理和其他相关服务的公司或机构等）规定的开工条件。

（六）工期延误罚款

在不可归责于承包商的原因导致工程延误时，业主有必要推迟项目完工日期，且往往需要批准承包商延期。大多数马来西亚标准建筑合同版本都约定承包商必须在延迟事件发生后的规定时间内申请延期。有些标准建筑合同版本甚至进一步规定，如果承包商未能在延迟事件发生后的规定时间内提交延期申请和索赔，则被视为放弃此项权利。但是，与政府的建设合同标准版本一般没有类似的条款。

当承包商由于自己的错误，未能在规定期限内完成工程，或承包商未能根据合同在延迟事件发生后的规定时间内提交延期申请，可能构成违约并且要承担相关的违约责任。马来西亚的标准建筑施工合同版本通常包括误期违约金条款，约定如果承包商由于自己的错误，不能在规定期限内按照建筑合同完成工程，业主可以扣除规定确定的损害赔偿金额。

在马来西亚，虽然约定有误期违约金条款，业主仍然必须证明实际损害赔偿，否则将导致法院拒绝给予赔偿。法院应该根据其判断实质的损害赔偿，而不是根据约定的名义损害来裁判。

（七）性能不达标罚款和承包赔偿责任限制

马来西亚建筑合同一般约定承包商的责任上限，由于承包商的过错导致的损害赔偿金额不得超过合同条款所指定的违约金额。在合同条款的谈判过程中，要关注性能不达标罚款的触发条件和计算方法，一定要约定性能罚款赔偿责任上限。

（八）税务和保险

1. 税务。

在马来西亚，建筑合同主要涉及以下税种：

（1）2014年商品和服务税。根据2014年《货物和服务税法》，承包商需要为其服务和工作缴纳商品和服务税，当前税率为6%。

（2）预扣税。根据1967年《所得税法》，向非马来西亚居民个人或公司付款时，付款人必须从此类付款中扣除预扣税，并将所述税款向税务局缴纳。

（3）公司税。如果公司的管理和控制权在马来西亚行使，则该公司被认定为马来西亚的税务居民。

①居民公司的公司税税率。

实收股本为250万林吉特以下的公司的税率如表4-4所示。

表4-4　　　　　　　实收股本为250万林吉特以下的公司的税率

应计收入（Chargeable Income）	税率（Tax Rate, %）
第一个50万林吉特	18
超过50万林吉特	24

其他居民公司的税率为24%。

②非居民公司（Non - Residence Companies）的税率如表4-5所示。

表4-5　　　　　　　　　　非居民公司的税率

收入类型（Type of Income）	税率（%）
营业收入（Business Income）	24
动产租金（Rental of Moveable Properties）	10
特许权使用费（Royalties）	10
技术或管理服务费（Technical or Management Service Fees）	10
股息（Dividends）	豁免
其他的收入（Other Income）	10

（4）个人所得税。非居民就业人士（外籍人士）的收入必须按28%的税率征税。

2. 保险。

根据马来西亚标准建筑合同版本，承包商通常有责任对业主（包括代理人及雇员）赔偿所有因为其实施工程所引起的诉讼和索赔，由于业主（包括其代理人及雇员）的过错引起的除外。除此之外，承包商还需因为施工中的侵权行为向第三者或其雇员承担责任。

办理保险是应对这一风险的常用方式。办理保险一般被设定为工程开工的先决条件。保险对象涵盖建筑工程、第三方责任和雇员等。

（1）工程一切险。马来西亚政府建筑合同标准版本约定，承包商必须针对全部建筑工程和所有尚未安装的材料和货物（包括承包商和分包商拥有或租用的机械设备，但不包括临时建筑物），因火灾、闪电、爆炸、风暴、洪水等造成的损失和损害办理保险。保险有效期应涵盖至建筑工程完工（包括业主已占用的完成部分）。

在马来西亚私营企业常用的建筑标准合同版本中，合同双方可以选择由承包商或业主负责提供保险。

（2）第三者责任保险。为转移施工的原因导致项目业主和承包商以外的第三人受到财产损失或人身伤害的赔偿责任，承包商应对其进行投保，确保有效期至工程维修期结束。

（3）雇主责任险及雇员社会保险。根据 1952 年《工人赔偿法》，承包商应针对施工过程中对其雇员任何损害作出赔偿。承包商可以通过办理雇主责任险转移此风险。

根据 1969 年《雇员社会保障法》，承包商应为登记或安排登记受雇的所有本地工人按照"员工社会保障计划"进行注册，并要求所有分包商遵守相同的规定。

（九）知识产权

与工程有关的知识产权归属通常由业主和承包商协商，并在建设合同中予以约定。

马来西亚《版权法》规定版权属于创作者。但是，在就业或服务期间做出的工作，根据劳动合同或服务合同，版权将被转让给作者的雇主或委托人。

因此，一般来说，如无另行约定，承包商基于受托合同和行为产生的版权归属于业主。

此外，承包商应确保对其使用的知识产权拥有所有权或使用权。通常合同会规定，承包商必须针对所有侵犯知识产权的索赔，以及业主在任何此类诉讼中可能承担的一切费用和损害赔偿，向业主赔偿。

值得注意的是，根据 1996 年《建筑师规则》，除非另有规定，建筑师将拥有其设计的所有建筑文件，图纸和作品的署名权。

（十）合同争议诉讼时效

需要注意的是，施工合同各方必须在诉讼时效内提出索赔。

诉讼时效在如下法律中予以规定：适用于西马的 1953 年《限制法》；适用于沙巴的 1952 年《限制条例（沙巴）》；适用于沙捞越的 1959 年《限制条例（沙捞越）》；1948 年《公共当局保护法》。

一般而言，合同或侵权索赔的诉讼时效为 6 年。但是，1953 年《限制法》不适用于关于马来西亚政府签订的合同的任何诉讼或仲裁。1948 年《公共当局保护法》规定，此类诉讼或仲裁的诉讼时效为 36 个月。这意味着在与马来西亚政府签订的施工合同中，承包商只有 36 个月的期限向政府提出索赔，而政府则有 6 年的时间来决定是否起诉承包商。

四、工程建设中的法律风险

（一）环境保护法律风险防范

根据 1974 年《环境质量法》，如果某项建筑项目属于法律规定的必须进行环境评估的项目，则其在开工前必须通过环境影响评价，编制环境影响评估报告，提交对当地环境可能产生的潜在影响的研究，以支持该建筑开发。需要进行场地适合性评估。任何可能导致新的污水或排放源的工程，在任何土地或任何建筑物上建造规定处所，进行任何施工使土地或建筑物成为规定处所，安装焚烧炉、燃油设备和烟囱，使用和占用规定处所和规定的运输工具都应获得书面许可。

（二）劳工法律风险与防范

关于劳工法律风险和防范的内容可以参阅上述雇主责任险和雇员保险部分和本书第五章有关内容。

（三）安全风险与防范

1. 建筑物和施工工程安全。

根据《建筑业发展局法》，在施工期间及完工后一定时间内，承包商有责任确保建筑物和施工工程安全，管理或控制任何施工现场的人也有责任确保施工现场和进出工场地的安全。

《建筑业发展局法》规定，在违反安全事项的情况下，建筑业发展局有权立即停止工程施工，由承包商承担费用检查现场，作出施工指令，并拆除有缺陷的建筑物或建筑物的任何有缺陷的部分。不遵守建筑业发展局的指示，可能构成犯罪，一经定罪，可处不超过50万林吉特的罚款。

承包商因违法而导致死亡事故，即构成犯罪。一经定罪，则会被处以不超过50万林吉特的罚款，或不超过两年的监禁，或两者并罚。

2. 职业安全与健康。

人力资源部下属的职业安全与健康部门（Department of Occupational Safety and Health，DOSH）负责管理和执行与职业安全与卫生有关的立法与事务。该部门已采取一切必要措施，建立了良好的管理系统，并已经获得马来西亚标准部的 MS ISO 9001：2000 认证。

该部门负责以下 3 项法律的执法活动：

（1）1994 年《职业安全和卫生法》；

（2）1967 年《工厂与机械法》；

（3）1984 年《石油法（安全措施）》。

1994 年《职业安全和卫生法》规定了业主、制造商、供应商和员工的一般职责与责任。例如，业主必须确保雇员的工作安全、健康和福利，例如提供培训和监督；雇用超过 5 名雇员的业主需要制定书面的安全与卫生政策；如果在工作地点有 40 名以上的员工，每个业主应在工作场所设立安全卫生委员会；定期举行安全会议和维持准确的记录文件；对于合同价格超过 2 000 万林吉特的建筑和工程施工工作，需要委任一名主管安全卫生人员，定期进行检查以确保工作场所的安全。

1967 年《工厂与机械法》的目标是保障工厂员工的安全、健康和福利事宜以及对机械的登记和检查等事宜进行控制。一些高风险的机器如锅炉、压力容器、乘客升降机等起重设备必须由职业安全与健康部门进行检查和认证。所有工厂和通用机械必须在职业安全与健康部门注册，然后才能在马来西亚安装和操作。

第四节　典型案例

一、马来西亚槟城二桥设计施工总承包（Engineering Procurement Construction，EPC）项目案例

（一）案例介绍

马来西亚槟城二桥是连接马来西亚第三大城市槟城和马来西

亚大陆的第二座跨海大桥，全长 22.5 公里，其中跨海桥长 16.5 公里。它是东南亚最长跨海桥梁，也是马来西亚近 20 年来最大的土建工程项目，总投资额约 14.5 亿美元，2014 年 3 月正式通车。槟城二桥是中国和马来西亚两国政府间合作的 EPC 项目，中国承包商承建了施工技术难度最大的海中主桥工程和桥下部结构及基础工程。

槟城二桥项目总造价约为 14.5 亿美元，其中工程难度较低的常规部分留给了马方企业，而马方企业无法完成的有难度的部分由中国企业承建。为了控制投资成本，项目初期联营体采用了中国标准并进行了相当程度的设计优化。然而，在初步设计方案（包括成本造价等）已经完成的情况下，中国政府为项目提供优惠贷款，马方将项目模式由 PPP（政府和社会资本合作）模式转变为了 EPC 模式，马方新的管理团队多位英国留学归来的桥梁专家，要求在承包总价不变的条件下将建设标准由中国标准变更为英国标准。虽然中国已经修建了世界 60% 的桥梁，但是马来西亚曾经是英国殖民地，对于英国标准认可度较高。虽然设计标准提高，但是工程造价不变，这无疑增加了项目管理的难度，也给整个中方团队带来了严峻的挑战。槟城二桥是中马两国之间的第一个政府间的框架合作项目，本着从大局出发的考虑，中方团队最后接受了苛刻的设计标准。

面对严苛的设计标准和既定的成本造价，中方选择加强科技创新、强化项目管理、认真学习国际标准，实现了安全、优质、高效、经济地履约，成功完成了项目建设，获得了业主的认可。马来西亚总理纳吉布在中马建交 40 周年时指出，槟城二桥建成通车，是两国友好关系发展的又一里程碑。

自 2014 年 3 月 1 日建成通车后，槟城二桥目前使用者累计已超 600 万车次，每天平均约 1.2 万车次，最高峰时日通行约 2 万车次。槟城二桥的通车，大大改善了两岸人民的出行，对当地社会发展发挥着极其重要的作用。项目的成功也为中国承包商策划、承揽与实施大型融资类 EPC 项目能力的不断提升带来重要而深远的意义。

（二）项目合同履行方面的启示

1. 国际工程项目承包要高度重视项目融资。

本项目刚开始采用 PPP 模式，后改为中国政府提供部分融资，由中国承包商负责 EPC，即采用国际工程承包市场较为通行的融资 + EPC 模式。融资到位为该项目的顺利实施创造了重要条件。国际工程承包过程中，融资往往成为中国承包商的一个"瓶颈"。中国承包商应该将提升融资能力、创新融资模式作为一项重要核心竞争力来打造。在国际工程市场开拓中，应该将融资责任的划分和融资是否到位作为项目评审的重要方面。对业主负责融资的项目，可以要求业主提供资金到位的证明。对承包商负责融资的项目，一定要落实融资的担保条件，一般融资银行要求东道国提供政府担保或者其他担保措施。同时，要将融资与合同的成立、生效、项目开工的时间计算有机衔接。

2. 中国企业走出去必须适应不同技术标准的要求。

该项目实施之初，中国承包商力争使用中国标准，但由于业务代表多为有丰富英国履历的工程师，认为中国的工程建设尤其是桥梁建设的历史还不够长，而该项目的设计寿命将达到 120 年，最终选择适用英国标准。在项目的设计过程中，承包商与设计咨询和审查单位有过多次的沟通，从刚开始的不适应到后来的出色完成建设任务，获得马来西亚政府的高度肯定，对中国承包商来说，是一次学习的过程。这样的经历说明，我们不要惧怕外国标准。同时也要正视适用英美标准给项目的设计审批、进度和成本造成的影响。项目整体采用英国标准，中国的承包商、材料供应商和分包商、设计单位对英国标准的熟悉程度有待进一步的提升。配合"一带一路"倡议的实施，中国国家相关部委、工程承包商、相关行业协会，要大力推进中国标准的翻译工作，要积极推进中国标准走出去。中国工程建设相关参与各方要共同努力，提升中国标准的可接受度，在有中国融资的情况下要力争使用中国标准。

3. 国际工程实施过程应该坚持国际化采购和本土化采购并举。

中国的工程承包商必须提升国际化的资源整合能力。同时，中国工程承包商既要走出去，又要走进去，深度融入当地市场。很多国家对工程承包的本土化比例有一定的要求，要求中国承包商在工程分包、劳务分包和物资设备采购方面，优先选择当地供应商，带动当地的就业，积极履行社会责任。该项目在物资采购和工程、劳务分包方面积极利用当地合作伙伴，取得了良好的效果。

4. 国际工程履约过程中必须高度重视项目行政许可办理工作。

该项目在实施之初，中国承包商高度重视行政许可、征地拆迁和环境评价工作，积极督促和配合业务完成相关许可工作，为设计通过审查后，积极履行合同创造了良好条件。在马来西亚实施项目，尤其要重视征地拆迁问题。马来西亚的土地多属于私人所有，各州对征地拆迁的补偿相关规定不一致，征地拆迁往往会成为影响工程项目建设的关键因素。征地拆迁关系项目的成本和工期，要落实项目征地拆迁的责任主体。在马来西亚，提出开发新项目的任何一方都有义务执行项目环境评价相关程序，以便在实施项目时通过环境影响评估，若不能通过环境影响评估，任何项目不得开始实施。同时，要认识到马来西亚属于联邦制国家，不同州对项目许可方面有不同规定。

5. 国际工程承包要特别留意项目物流成本、气候条件和汇率变动对项目经济效益的影响。

一要注重项目物流成本的控制，马来西亚的材料运输方式多

马来西亚

187

为海运，要平衡好项目物流成本和运输时限的关系。二要关注马来西亚气候条件的特点，马来西亚主要为热带季风气候，全年高温且多雨，要高度重视雨季对项目工期的影响。三要关注项目建设期间通货膨胀和汇率波动对项目成本的影响，要通过适当的合同安排和资源配置时点的策划，减少其对项目成本的影响。

（本案例由编写组根据相关资料整理。）

二、马来西亚吉隆坡安邦轻轨延伸线 EPC 承包项目案例

（一）案例介绍

马来西亚吉隆坡安邦轻轨延伸线（以下简称"安邦轻轨"）项目，为既有线安邦轻轨的延伸线，正线线路总长度 18.048km。该项目业主为马来西亚国家基建公司（Syarikat Prasarana Negara Berhad），由政府财务部成立。线上工程总承包商为 George Kent（Malaysia）Berhad。2012 年 10 月 24 日，中国某外经公司与 George Kent 公司签署了正式合同，合同额为 2.6 亿林吉特，作为线上承包商 George Kent 公司的分包商，承担线路轨道的设计、采购、施工、调试及试运行工作。该工程完工日期为 2016 年 3 月 31 日，合同开工日期 2013 年 9 月 1 日。但由于线下移交滞后，导致实际开工日期为 2014 年 5 月 22 日，部分段落线下移交滞后 16 个月，原计划工期要顺延 1 年左右。根据业主、总包商的赶工要求，中国外经公司克服重重困难，为业主挽回一年多工期，2016 年 6 月 30 日，全线通车。项目始终保持了安全、质量、环保工作总体可控的良好态势，实现了零安全质量事故的目标。马来西亚总理纳吉布盛赞安邦线延伸线的贯通，大大改善了马来西亚

的旅客出行条件，感谢中国公司对工程建设开通作出的努力。

（二）项目履约过程中的启示

安邦轻轨项目作为中国某外经公司第一个海外铁路轨道工程项目，是中国某外经公司海外战略项目。该项目有以下突出的亮点。

1. 适应国际市场规则，结成利益共同体抱团走出去。

利用中国某外经公司在马来西亚的属地化经验及成熟的精英管理团队，带领国内参建单位走出国门；利用中国某外经公司在马长期经营获得的市场信息及资源，精心策划项目执行方案，消除国内参建单位对陌生市场的疑虑和恐惧，增强其项目盈利的信心，以更加科学的管理模式带动国内参建单位的积极性。中国某外经公司与国内参建单位、当地分包商的合同模式不是传统意义上的分包模式，而是采用了类似"风险共担、利益共享"的联营体模式，大家共担风险、共享收益，以利益分配作为管理主要导向，依托中国某外经公司先进的管理平台优势，将所有参与方连接成"利益共同体、生命共同体、价值共同体"，共同把蛋糕做大，占领市场。"强化履约策划、优化资源配置、实行精细管理、加强全程监控"是本项目管理的一大特点。安邦项目的顺利实施，成功实现了"树立品牌、积累经验、培养人才、创造效益"的战略目标。

2. 重视合同变更索赔工作。

由于马来西亚的投标竞争比较激烈，价格本身不高，项目成本压力较大，这要求项目部将合同变更索赔作为工作重点，做好项目变更索赔的策划，成立项目变更索赔工作机构，加强签证管理。本项目很好地抓住了业主二次赶工的机会，以及大量当地公司不愿介入的变更工作，一有机会就增加我方的合同额，在大量的变更中寻找盈利的机会。以现场良好的进度管理、质量管理、

马来西亚

安全环保记录赢得总包、业主的青睐，把所有我方能实施的待定工作都争取到我方合同范围内，真正把"中国能力"和"中国速度"展现给当地市场。

3. 项目应积极推进国际化采购和属地化管理。

通过国际化招标，采用"公开招标、多次报价"和"大宗轨料、设备竞争性报价"等采购方式，运用市场竞争手段降低成本。该外经公司国际化采购和属地化管理并举。通过引入少量国内工班长，实行"传、帮、带"，以有效规避当地分包商无成熟队伍、工人签证难和分阶段开通而造成的施工不连续、窝工风险。

4. 严格遵守马来西亚有关环保方面的法律法规，积极履行社会责任。

我国公司在施工过程中做到了严格规章制度，加大处罚力度，要求施工队伍将建筑及生活垃圾、废油、废水运至环保部门指定地点进行处理，禁止现场燃烧废品等，所有废弃物都由专人负责运至指定地点将其回收，并做好相关记录。通过持续不断的努力，在当地政府有关部门、业主、咨工多次组织对我方施工区域的水质、噪音、空气质量等检测检查中，其结果均符合当地有关规定，受到当地政府和业主的认可和好评。

（本案例由编写组根据相关资料整理。）

三、关于保函止付禁令的案例

（一）案例介绍

A 公司和 B 公司订立合同，合同内容为 B 公司为 A 公司在马六甲的炼油厂设计、供应、制造和建造某些结构钢。根据合同规定，B公司向A公司提供了金额为10%合同额的履约担保，形式为无条件见索即付银行保函。

截至2009年5月31日，B公司完成了所有工程，把所有约定的钢结构送到施工现场。然而，A公司提出了"扣款"索赔，要求在工程款中扣留部分款项，以纠正工程缺陷。双方举行了几次会议，试图解决这个问题，但都未果。

随后，A公司要求银行支付履约保函。B公司以显失公平或不合情理为理由，申请法院禁令，禁止业主兑付履约保函。

高等法院的判决支持了B公司的请求，但是在上诉程序中，上诉法院予以驳回。B公司又上诉至联邦法院。

联邦法院认为银行担保是在承包商和银行之间独立的合约，独立于争议方之间的基本合同。联邦法院承认自治原则的刚性有时会导致不公。法官们进一步指出，马来西亚和其他普通法司法管辖区的法院现在更愿意将显失公平或不合情理视为一个独立理由，以允许并向受益人发出法院止付禁令。

关于是否存在"显失公平或不合情理"，很大程度上取决于每个案件的事实情况。关于本案，法官们认为，虽然B公司已经提出了所谓的"显失公平或不合情理"的几个事件，但未能成功证明这几个事件确属"显失公平或不合情理"。法官们无法找到干涉上诉法院裁定撤销禁令的理由。因此，联邦法院坚持上诉法院的裁定。

（二）案例启示

履约保函一般为无条件见索即付保函，业主（保函受益人）兑付保函时无须实际证明承包商存在违约事实。因此，承包商承担了较大的保函风险。

对于严格履约的承包商，履约保函被业主无故没收，不但会导致经济上的损失，也可能导致银行或者公众对承包商的不利评价。纵然承包商可以通过承包合同之诉，请求承包商赔偿损失，但是事后诉讼的漫长和或然特性，使其显然不如事前的法院止付禁令直接有效。

本案带来如下启示：

（1）对于业主信誉欠佳、风险较大的项目，在投标及合同谈判时，承包商可争取在履约保函中设置兑付条件。

（2）发生争议时，双方尽可能加强沟通，采取积极协商的态度及友好的方式解决纠纷，尽量避免采取兑付保函手段。

（3）对于无条件见索即付保函，银行收到业主兑付保函的通知后，必须在一定时间内予以支付。为保全保函，承包商需及时与银行沟通，利用好支付窗口时间，及时启动保函止付程序。

（4）承包商应充分了解申请法院保函止付禁令的流程及资料，整合好内外部法律服务资源，提前准备好预案。一旦决定申请保函止付禁令，可以高效地准备好扎实的证据材料。

（本案例由编写组根据马来西亚某工程建筑公司诉马来西亚某炼油公司相关资料整理编写。）

马来西亚劳工法律制度

第一节　马来西亚劳工法律
体系及基本内容

一、马来西亚《劳工法》概述

（一）1955 年《雇佣法》

1955 年《雇佣法》规定了最基本的雇用条件，适用于西马半岛及纳闽联邦直辖区内所有月薪不超过 2 000 林吉特的雇员及所有体力劳动者。然而，其中的一些特定条款，如涉及生育保障、最低工资、退休年龄等在适用范围上并无薪资限制。

此法规制所有雇佣契约，具体涉及雇佣服务条件、薪资发放、雇佣合约的终止、解雇索赔、退休福利、工作时间与假期、生育保护等。1955 年《雇佣法》还赋予劳工局官员聆审有关索偿或投诉的案件并颁发判令的权力。凡有违反该法者，劳工局官员可将其起诉至法庭。

东马的沙巴与沙捞越两州另有单独的劳工法分别管制该两州的劳工事项。该两项法令的条文与 1955 年《雇佣法》基本相似。然而，其中存在不同的规定，例如：州劳工法中对雇佣非居民雇员有特殊规定，[①] 欲雇佣非居民雇员的雇主必须先向沙巴或沙捞越的劳工局局长申请一张雇佣非居民雇员的执照。

（二）1991 年《雇员公积金法》

雇员公积金依据 1991 年《雇员公积金法》建立，是为雇员提供养老金和财务保障的系统。一般而言，雇员公积金由雇主按照雇员月工资的 12% 强制缴纳，雇员按照月工资的 8% ~ 11% 强制缴纳。[②] 尽管被定义为养老金，在特定的情形并满足相关条件时，仍允许雇员在退休前从公积金中提前支取资金。在马来西亚工作和居留的外国劳工可通过向公积金管理机构（同时向雇主提供复印件）提交通知的形式，选择缴纳公积金并从中受益。[③]

（三）1969 年《雇员社会保险法》

1969 年《雇员社会保险法》仅适用于马来西亚国民及永久居民。社会保险机构（Social Security Organization，SOCSO）依据 1969 年《雇员社会保险法》提供两项保险计划以保障雇

---

① 依据 1959/1963 年《移民法》第 71 条的定义，非居民是指任何不属于沙巴或沙捞越的人士。

② 具体缴纳比例见本节第二（四）部分"社保及福利"。

③ 中华全国律师协会：《"一带一路"沿线国家法律环境国别报告》第一卷，北京大学出版社 2017 年版，第 1062 页。

员及其受赡养者的福利，该两项计划分别为职场工伤保险计划和伤残抚恤金计划。1969 年《雇员社会保险法》还规定，符合该法项下定义的雇员和雇主须向社会保险机构登记和缴纳保金。

（四）1967 年《劳资关系法》

马来西亚的劳资关系体制依据 1967 年《劳资关系法》规制。该法由劳资关系局（Department of Industrial Relations）执行。该局管制国内雇主、雇员与他们的职工工会之间的关系。该法主要涉及以下内容：

（1）保护资方、劳方及其工会的合法权利。

（2）调整资方、劳方与工会之间的关系，促进劳资关系，包括预防和解决劳资争端。

（3）处理有关要求及职工会代表集体谈判的范围及程序，如调职、招聘、解雇索赔、复职、职责的分配、订定劳资集体谈判协议有关条文。

（4）处理雇主与职工会集体谈判所引起的争议以及禁止因上述事项引起的罢工与关闭工厂的事项。

（5）强调自我管理为劳资关系和谐的关键，在没有外来干预的情况下，谈判及解决歧见。

（6）人力资源部部长可在劳资争端的任何阶段中介入或将争端移交工业仲裁庭裁决。

（7）对任何已移交工业仲裁庭审理的集体协议或经工业仲裁庭裁决事项的争执，禁止罢工或封锁工厂。

（五）1994 年《职业安全与卫生法》

1994 年《职业安全与卫生法》规定了雇主、雇员、自营者、机器和材料的设计者、制造商、进口商和供应商的一般职责。依据该法,雇主须尽可能切实保障劳动者的卫生、安全与福利,建立安全的工厂和作业制度。例如,雇佣 40 个或更多人的雇主须在工作地点设立一个安全与卫生小组来确保安全与卫生措施得到定时的检查。雇主须对在工地上已发生的或可能发生的任何意外、危险事件、职业上的中毒或疾病,向最近的职业安全与卫生办公处报告。

二、马来西亚《劳工法》基本内容

(一) 雇工要求

1. 外籍人员的雇佣。

在非公民就业方面,马来西亚存在若干限制。1968 年《雇佣(限制)法》第 5 条规定了有效的就业许可证的要求。除非获得有效的就业许可证,外籍人员不得在马来西亚境内从事任何业务。[①] 若违反本条规定,劳工局可分别对雇主和雇员处以不超过 5 000 林吉特的罚款,不超过 1 年的监禁或两者并罚。

申请就业许可证方面,根据雇佣的是否为技术人员,行业、部门、省份不同(马来西亚半岛或沙巴或沙捞越州)等情况,申请程序有所不同。

就业许可证的有效期一般为 2 年或 3 年,到期时可申请更新。2011 年 4 月马来西亚政府提出名为 "Residence Pass - Talent" 的人才计划,由该计划引入的外来人才的工作许可证有效期可为 10 年,且该证件持有人的配偶也允许在马来西亚工作。[②]

---

① 根据 1968 年《雇佣(限制)法》,特殊身份证持有人和其他永久居民无须获得工作许可证。

② 此许可证需通过总理府成立的马来西亚人才股份有限公司进行申请。

2. 女性员工的雇佣。

在马来西亚，女性雇员享有女性怀孕产假。所有女性雇员，无论薪资高低，都有权享受 1955 年《雇佣法》规定的生育福利。女雇员在怀孕 28 个星期后生产，满足法律规定的条件[①]则有权享有至少 60 天的产假。另外，女雇员不可在产假期间被裁退。

在产假期间，女雇员将可享有与其每天基本工资等同的产妇津贴。[②] 如果女性雇员在分娩时已经拥有 5 个或以上活着的孩子，虽然无法享有上述产妇津贴，但仍可享有产假。

雇佣女性雇员要遵守以下规定：

（1）女性工人不得在晚上 10 点至早上 5 点之间从事农业或工业类工作，除非事先获得劳工局局长批准；

（2）女性雇员不得连续工作 11 个小时；

（3）女性雇员不得从事地下工作。

违反上述规定的雇主一经定罪，劳工局有权对其处以一定金额的罚款。

另外，根据 1952 年《公共服务交通工具（驾驶员、交通指挥员监控）条例》，处于公共服务交通工具指挥岗位的女性雇员可在夜间 10 点至翌日凌晨 1 点工作。但凌晨 1 点至凌晨 5 点，雇主不得要求该等女性雇员工作。

3. 未成年人的雇佣。

1966 年《劳工法（儿童及少年）》专门规定了对儿童和少年的雇佣，包括雇佣儿童及少年可以从事的工作行业，工作时间和工作天数。根据该法规定，"儿童"是年龄在 15 岁以下的人士，而"少年"则是年龄已达到 15 岁但未到 18 岁的人士。雇主可以在法律允许的特殊情况下雇佣儿童和少年。例如，儿童允许在家庭生意中从事简单工作，在政府所批准的学校或学院工作

[①]（1）在分娩前 4 个月，她已为公司至少工作了一天，或（2）在分娩前 9 个月，她已为同一家公司至少工作了 90 天。

[②] 领取月薪的女性雇员如果在请产假期间已经领取工资，则视为已经领取产妇津贴。

等。少年则可在任何办公室、商店、仓库、工厂、工作坊、戏院、俱乐部及公会工作。对于儿童和少年的工作时间，1966 年《劳工法（儿童及少年）》也有详细的规定。

（二）工作时间和假期

1. 正常工作时间及加班时间。

雇员正常工作时间为每天 8 小时或每周 48 小时。雇主不得要求雇员在以下的情形继续工作：持续工作超过 5 个小时且休息不超过 30 分钟；一天超过 8 小时；一天持续工作超过 10 小时（包括休息时间）；一个星期超过 48 小时。

若雇员超时工作（Over Time），报酬是平时工资的 1.5 倍。雇员休假日工作则得付雇员平日工资的 2 倍，国定假日为 3 倍。

2. 休假。

雇员每一年拥有 11 天的有薪公共假期，其中 5 天国定假日是：国庆节、元首诞辰、州元首或苏丹诞辰、劳动节和马来西亚日。另外 7 天，必须由雇主另行通知雇员。

根据马来西亚的劳工法，凡是公共假期恰逢周日，就一定要补假，否则雇员可以到劳工法庭进行投诉，并由法庭起诉该雇主。

3. 带薪病假。

雇员有享有带薪病假的权利，随工作年限不同，雇员可享有带薪病假的时长如表 5－1 所示。

表 5－1　　　　　　　　雇员带薪病假时长

雇佣年限	病假
少过 2 年	14 天
2～5 年	18 天
超过 5 年	22 天

如果必须入院留医，一年的病假总计 60 天。雇员必须在病假开始后的 48 小时内通知雇主，不然他将被视为无故缺席。①

（三）工资

1. 工资的发放及扣减。

工资包括薪金及其他现金款项，但不包括膳食、住宿、外出津贴、交通费、免费医疗和住院福利、个人意外及人寿保险以及年度花红等。工资最迟必须在工资期限结束后的 7 天内发放。工资期限不可超过 1 个月。

当雇主没发出停职通知书而终止合约，工资必须在当天清结。如果雇员没发出停职通知而欲终止合约，雇主最迟必须在停职后的 3 天内发放工资。雇员被警方扣留或在监狱期间，雇主没有发放工资的义务。

无须雇员同意，雇主可扣除以下款项：（1）公积金；（2）社会保险金；（3）所得税；（4）扣回 3 个月前错误发放的工资；（5）尚欠雇主的赔偿；（6）取回先前无利息的贷款。

2. 工资的计算方式。

（1）基本工资率（Ordinary Rate of Pay）是雇员在正常工作时间内应得的一天工资，但不包括休息日或公共假期的加班费；

（2）每小时工资率（Hourly Rate of Pay）是基本工资率除以一般工作小时的工资；

（3）月薪雇员基本工资率＝月薪/26；

（4）周薪雇员基本工资率＝周薪/6。

雇主可以用其他的方式计算，但不可少于以上计算方法所得到的结果。

另外，雇员刚开始上班或停职的工资按以下的比例来计算：月薪×当月的工作天/当月的天数。

---

① 1955 年《雇佣法》有关解雇保护等相关内容参见本节"三、劳动合同法律制度"。

3. 最低工资。

2016 年《最低工资令》已于 2016 年 7 月 1 日起施行，除涉及家庭佣工外，还涉及所有私营部门的雇员。该法规定的最低工资如下：

（1）马来西亚半岛每月 1 000 林吉特或每小时 4.81 林吉特，沙巴、沙捞越和纳闽每月 920 林吉特或每小时 4.42 林吉特。

（2）在马来西亚半岛，为期 6 天的工作周，最低日薪为 38.46 林吉特；每周工作 5 天，最低日薪为 46.15 林吉特；每周工作 4 天，日薪为 57.69 林吉特。

（3）在沙巴、沙捞越和纳闽，为期 6 天的工作周，最低日薪 35.38 林吉特；每周工作 5 天，最低日薪 42.46 林吉特；每周工作 4 天，最低日薪 53.08 林吉特。

根据 2011 年《全国工资协商理事会法》，雇主不遵守《最低工资令》将被予以下处罚。

（1）如果雇主未能向其雇员支付最低工资单上规定的基本工资，一经定罪，将处以不超过 10 万林吉特（每名雇员）的罚款。法院还可以命令雇主向雇员支付最低工资和雇员基本工资之间的差额。

（2）如果持续违反《最低工资令》，除了上述所有罚款之外，还应承担每天不超过 1 000 林吉特的罚款。

（3）惯犯的处罚：根据本法被定罪的任何人，如果重复犯罪，应处以不超过 2 万林吉特的罚款或监禁不超过 5 年的处罚。

（四）社保及福利

马来西亚强制要求所有企业、主体及机构购买社会保险计划。社会保险计划包含就业公积金和社会保险组织提供的职业工伤保险计划和失能养老金计划。

1. 就业公积金。

就业公积金依据 1991 年《雇员公积金法》建立，旨在于员工退休时为其提供一次性付款，每年保证最低 2.5% 的利息。雇主及员工必须按月缴纳公积金，这是所有马来西亚营业雇主及身为马来西亚公民或永久居民的员工的强制义务。[①] 具体比例取决于员工的年龄以及员工月工资高于 5 000 林吉特还是低于 5 000 林吉特。具体缴纳比率如下：

（1）年龄不足 55 岁者。

雇主缴纳：（a）月薪为 5 000 林吉特及以下者，至少缴纳雇员月薪的 13%；（b）月薪超过 5 000 林吉特者，至少缴纳雇员月薪的 12%。

雇员缴纳：至少缴纳雇员月薪的 11%。[②]

（2）年龄 55~75 岁者。

雇主缴纳：（a）月薪为 5 000 林吉特及以下者，至少缴纳雇员月薪的 6.5%；（b）月薪超过 5 000 林吉特者，至少缴纳雇员月薪的 6%。

雇员缴纳：至少缴纳雇员月薪的 5.5%。[③]

所有外国劳工以及侨民的雇主可以免于强制性的公积金缴纳，但他们可选择缴纳，缴纳率如下。

（1）年龄不足 55 岁者。

雇主缴纳：每个雇员每月 5 林吉特。

雇员缴纳：雇员月薪的 11%。[④]

（2）年龄 55~75 岁者。

雇主缴纳：每个雇员每月 5 林吉特。

雇员缴纳：雇员月薪的 5.5%。[⑤]

[①]　侨民或外籍员工亦可选择向 EPF 缴费。
[②]　参考 1991 年《雇员公积金法》第 3 附表（A 部分）。
[③]　参考 1991 年《雇员公积金法》第 3 附表（C 部分）。
[④]　参考 1991 年《雇员公积金法》第 3 附表（B 部分）。
[⑤]　参考 1991 年《雇员公积金法》第 3 附表（D 部分）。

马来西亚

雇主须在雇员上班后立即为雇员向公积金局登记，那些依该法被豁免的人士除外。

2. 社会保险组织（SOCSO）提供的保险计划。

依据 1969 年《雇员社会保险法》，社会保险组织负责管理工伤保险计划及伤残抚恤金计划，两者是为月收入等于或低于 3 000 林吉特员工而提供的保障。不论其后续工资收入是否超过前述金额门槛，一旦某员工起初符合该项计划则其会保留在该计划中。

（1）工伤保险计划。SOCSO 保护员工免于工业事故，包括任何在工作中可能发生的意外、职业病伤残或因任何原因导致的死亡，SOCSO 同样提供职业的和身体上的康复福利。职场工伤保险计划对以下情况提供补偿。

一是通勤事故，包括：在居住地与工作地点之间通勤过程中；往返于工作地点与公司指定的就餐地点途中；往返于与工作直接有关的地点途中。①

二是在工作时间之外但由工作原因引起的事故，即在工作时间之外发生，但在履行本职工作时在工作地点发生的事故。

三是职业病，即员工因工作原因暴露在有害物质环境下而产生的疾病。②

在工伤保险计划项下，通常由雇主缴纳员工月薪的 1.25% 而员工不缴纳任何费用。该计划提供的保障包括：医疗费、短期补助、永久失去劳动能力的补助、长期照顾津贴、家属补助、殡葬费、康复治疗费、返回工作岗位计划、家属的福利以及教育费等。

如果雇员在工作期间受伤，或是在上下班途中受伤，雇员可以向 SOCSO 提交索赔。如果受伤是由工作场所发生的事故造成

---

① 在上述情况中，除非由于个人原因在途中发生了停止或目的地转换，所有通勤事故均视为与工作相关。

② 《职业病清单》参见 1969 年《雇员社会保险法》附表 5。

的，雇主必须通过填写事故报告并提交索赔表来通知 SOCSO。
另外，雇员还需要向 SOCSO 分支机构提交出勤记录、医疗证明
和身份证复印件。如果在上下班途中发生事故，还必须提交警察
所写事故报告和事故发生时所采用路线的草图。

（2）伤残抚恤金计划。伤残抚恤金计划为符合条件的雇员
就任何与工作无关的原因而导致的伤残和死亡提供保障。伤残被
定义为永久性的损伤，因此不太可能得到治愈，并且由于与正常
健康个体相比，雇员失去至少 1/3 的能力，从而导致收入损失。
该计划提供的保障包括：伤残养老金、伤残补助、长期照顾津
贴、生存者养老金、殡葬费、康复治疗费、返回工作岗位计划、
家属的福利以及教育费。

在伤残抚恤金计划项下，由员工与雇主各自承担一半，双方
合计缴纳员工月薪的 1%。

3. 工伤事故及赔偿。

1952 年《劳工赔偿法》规定雇主必须为雇员缴纳工伤保险，
以保证雇员就工伤得到赔偿。该法仅适用于马来西亚国民及永久
居民。

根据 2016 年《雇员社会保障（修订）法》，不管薪金高低，
强制所有的雇员必须向社会保险机构缴纳社会保险。保费计算以
月薪 4 000 林吉特为上限标准。如果员工的月薪超过 4 000 林吉
特，薪金将被视为每月 4 000 林吉特。此法的附属法是 2005 年
《外籍工人赔偿计划（保险）条例》（The Foreign Workers' Com-
pensation Scheme（Insurance）Order 2005），其规定雇佣外籍工
人的雇主须向此条例指定的保险公司团投保，为外籍工人在工作
时间内的意外造成的受伤提供赔偿。

4. 医疗保险。

大部分公司向员工及其家属提供医疗保险，医保福利待遇通
常基于劳动合同中约定。

在 SOCSO 健康筛选计划下，40 岁及以上的 SOCSO 成员有权

免费检查。健康筛选计划将筛查心血管疾病、糖尿病以及宫颈癌等疾病。然而，筛查只能在注册的诊所进行。

除医疗保险外，雇主还向员工提供其他各项福利待遇，诸如休息日、公众假期、年假、病假及其他津贴。员工的福利程度通常与行业有关并且基于劳动合同的约定。

（五）劳动保护措施

隶属人力资源部的职业安全与卫生局（Department of Occupational Safety and Health，DOSH）负责管理及执行相关职业安全与卫生法律，以确保工作中的人员及其他人士的安全、卫生和福利受到保护，以免遭各领域的职业活动所引起的危险。这些领域包括：制造业、采矿业、建筑业、农林渔业、公共事业（燃气、电供、用水及卫生服务）、运输业、储存和通信业、批发零售业、旅馆餐馆业、金融业、保险业、房地产和商业服务业以及公共服务及法定服务业。

该局对工业活动的管制主要基于1994年《职业安全与卫生法》及其附属条例，[①] 1967年《工厂与机械法》及其附属条例[②]及1984年《石油法（安全措施）》。雇主触犯上述法律的某些规定将导致被控告至法庭。

1994年《职业安全与卫生法》旨在为个别行业或机构设计自我调节计划，为在马来西亚的雇员和雇主间营造一个安全又卫生的工作环境提供法律架构。依据该法，雇主须对在工地上已发生的或可能发生的任何意外、危险事件向最近的职业安全与卫生

---

① 包括1995年《雇主的安全与卫生通用政策说明（例外）条例》，1996年《严重工业意外危害管制条例》，1997年《危险性化学物的分类、包装与标签条例》，1996年《安全与卫生小组条例》，1997年《安全与卫生事务员条例》，2000年《危害健康化学物的使用和接触标准条例》，2004年《意外、危险事件、职业中毒与职业疾病通知条例》。

② 包括1970年《电动载人和载货升降机条例》《机械围栏和安全条例》《通告、合格证明书和检查条例》《安全、卫生与福利条例》《蒸汽锅炉与不点燃的压力容器条例》，1986年《石棉处理条例》《建筑操作和工程建设（安全）条例》，1989年《矿物灰尘条例》《噪音接触条例》。

办公处报告。工作过程中，涉及危险化学物的须由合格胜任的人士来进行空气质量测试和人身安全监督，至少配备一个安全与卫生事务员以及一个职业卫生医生以确保工作地点受到恰当的监视。

1967 年《工厂与机械法》的主旨是在有关工人安全、卫生与福利的事项方面管制工厂，以及登记和检查机械。一些高度危险的机械（如锅炉）和其他吊升设备（如塔式起重机）必须由该局证明合格和检查。所有的工厂和普通机械必须向职业安全与卫生局登记后方可在马来西亚安装和操作。机械及生产过程的某些作业、安装、保养和拆卸需要合格胜任的人员。因此，一些机械如吊机、升降机及抽风设备系统在安装时，强制要求有合格胜任的人员在场以确保安全的安装，而高度危险的设备（如锅炉）则须由锅炉技工和蒸汽工程师操作。

三、马来西亚劳动合同法律制度

（一）劳动合同的形式和内容

根据 1955 年《雇佣法》的规定，马来西亚西马半岛与纳闽联邦直辖区内所有月薪不超过 2 000 林吉特的雇员及所有作业人员（无薪资限），皆受该法的保护和约束。该项法明文规定，雇主不能与员工签署低于劳工法基本待遇的合同，否则该劳动合同即属无效。

月薪高于 2 000 林吉特的员工，以雇员和雇主的合同即录取信（也称聘请合约）的约定为主。如果雇主和雇员双方之间的录取信未约定的，应参考最基本的劳工法执行。

马来西亚的法律规定，劳动合同中必须涵盖以下内容：员工姓名、身份证号码、职位、被分配的部门与主管姓名、永久或临时合同、工作期限（永久雇员除外）、聘请合约生效日期、工作时间、工资、津贴和超时津贴，支付工资日、试用期、离职通知、年假（一年最少8天）、病假、公共假期、其他福利等。如果雇主和雇员双方之间的劳动合同中没有关于某项权利或义务的约定，也应参考最基本的劳工法，即1955年《雇佣法》的规定。

通常情况下，雇主与雇员形成劳动合同的程序为：雇主向拟录取雇员发出"录取信"，雇员上班首日发出"聘请信"，3个月后发出录取的"确认信"。

（二）试用期的规定

"试用期"一词是指在雇员职位确认或终止之前的"考验"工作期间。一名新雇员需经历试用期的考验，使雇主能够确认该雇员是否适合所从事的岗位。资格和技能不是唯一考核标准，工作能力和工作态度也是重要的考核因素。

试用期可约定1~6个月，或1~4年，取决于雇员地位或行业性质。试用期可由雇主酌情延长，雇员不可要求延长试用期。

当雇主未在试用期确认雇佣的决定，或在试用期届满之前延长试用期，或终止其雇佣关系时，如果合同规定了其他的试用期条件，雇员不能视为已被雇佣。但如果在试用期之后没有收到雇佣确认，但给予了涨薪，雇员只可理解为雇主对其表现满意。同时，如果服务合同中的条款明确在试用期后没有确认程序，则该雇员将视为被雇佣。

1967年《劳资关系法中》对"工人"的定义包括试用人员，解除雇佣关系要求复职的试用人员。马来西亚法院裁定，试用人员享有与永久雇员相同的权利，无正当理由不得被解除雇佣关系。

马来西亚

（三）劳动合同的期限及延期

在马来西亚，一旦员工确认雇佣关系，雇主在没有正当理由的情况下，不得解雇该员工。其中，永久性雇佣人员在退休前不得被解雇。

但实际上马来西亚目前普遍使用的是固定期限合同，特别是雇佣外籍员工以及在建筑行业从事项目的员工。固定期限合同下雇员仅在固定期限被雇用，而不是永久（直到退休）。在某种程度上，固定期限的员工是临时雇员，但在雇佣期限内雇主不能随意解雇雇员，否则雇主将承担赔偿其剩余合同期限的收入等法律责任。换言之，至少在雇佣期限内，固定期限员工工作和获得报酬的权利是被保证的。比如在 United Engineers Malaysia Bhd vs Jurgen H. Dorbecker 的案件中，原告为 3 年聘用期的雇员，但在两年后被终止雇佣合同。工业法庭裁定雇主赔偿其剩余合同期限的收入。

在固定期限合同的情况下，除非提前终止，否则该合同在合同到期后自动终止。一般来说，固定期限合同不具有续约权，续约取决于是否有进一步的安排。

（四）劳动合同义务及惩罚措施

雇佣合同是雇主和雇员之间具有法律约束力的协议。雇主和雇员违反合同条款，如雇主不支付雇员的工资，雇员违反规定的工作时间等会导致合同违约。各方有义务根据雇佣合同履行职责。

除合同条款外，雇主还必须遵守法律规定的义务和责任。任何一方发生以下情况，则视为违约：

（1）雇主未按照 1955 年《雇佣法》第三部分向雇员支付

马来西亚

207

工资；

（2）雇员连续两个工作日以上无故缺席；

（3）雇员必须在病假开始后的 48 小时内通知雇主，不然他将被视为无故缺席。

违约方（雇主或雇员）须向另一方支付赔偿金，并自动终止雇佣合同。没有正当理由被解雇的雇员，可以在解雇后 60 天内，向劳工局局长或劳资局局长提出书面申请。被解雇者可能会申请复职，但工业法庭更常见判决是给予赔偿以代替复职，赔偿金通过月薪确定。

对于正式雇员，工业法庭裁定的补偿金最多不得超过雇员 24 个月的月薪（试用人员为 12 个月）。然而，所有补救措施会根据实际情况酌情考虑，工业法庭会根据具体情况进行裁定。但需要注意的是，雇主在不公平解雇案件中的潜在风险很高。高薪和高级员工在雇佣 10 年后被解雇的，雇主最多须支付 34 倍月薪的赔偿，可能会高达数十万林吉特。

雇员必须遵守雇佣合同所规定的辞职通知义务。如果雇佣合同具体规定了 2 个月辞职通知期，如果雇员不能遵守 2 个月的通知期，雇员必须向雇主支付 2 个月的工资作为赔偿。但在雇员或其家属受到危险、死亡、暴力或疾病的威胁，员工可以不经通知，终止与雇主的雇佣合同，尽管雇佣合同中未规定此类条款。

（五）劳动合同的终止

劳动合同可因以下原因终止：（1）双方同意终止；（2）雇主单方终止合同（解雇）。

1. 双方同意终止。

双方同意终止劳动合同的，雇主或雇员可依雇佣合同上注明的停职通知期限呈上停职信以终止合同。如果在合同里没注明，将根据以下通知期限通知（见表 5 - 2）。

表 5 - 2　　　　　　　　　　　　　通知期限

雇用年限	通知期限
低于 2 年	4 个星期
2~5 年	6 个星期
超过 5 年	8 个星期

雇主、雇员任何一方可放弃接受停职通知的权利。

一般认为，雇主或雇员在以下两种情况下可以在没有通知的情况下终止合同或通知期限届满前终止合同：

（1）如果一方有故意违反雇佣合同条款的情况；

（2）向对方支付相当于通知期间内所得报酬的赔偿金。

2. 雇主单方终止合同。

（1）因雇员不当行为而终止合同。雇主可根据雇员有违反合同或默认条款的不当行为，经适当查询后，无须通知、无须支付赔偿金解雇员工，或者降级员工，或者给予适当的其他较轻处罚。[①]

为查询目的，雇员可被暂时停职，期限不得超过两周，但应支付至少一半的工资。如果调查没有发现雇员的任何不当行为，雇主应立即向雇员偿还所扣除的全部工资。

（2）因雇员表现不佳而终止合同。雇主有权解雇表现不佳的雇员，包括试用人员。但法律要求每个雇主应制定一个明确的程序，以便监督人员知道如何处理表现不佳的员工。根据雇员是试用期员工还是正式员工，雇主终止合同的义务有所不同。

①关于试用人员。试用期内雇主须考察试用人员的性格、适应性和基本能力，是否拥有正确的技能、能力、态度以确认是否可以雇用为正式员工。如果在试用期结束时认定不适合，则试用期终止。

---

① 如果处以暂发工资的处罚，不得超过两周工资。

雇主应及时通知试用人员或提醒他的缺点，使其在试用期结束之前，达到公司预期的标准。如果通过警告、指导、培训，试用者的表现在合理时间内仍然没有改善，那么雇主可以终止试用人员的服务。

②关于正式员工。针对正式员工，首先，雇主必须告知雇员在哪方面没有完成工作以作为雇员工作不佳的依据。

其次，雇主应保证评判程序是公正的，即在终止合同前通知雇员存在的问题，并给予他一个公平的改进机会。

工业法庭也一再强调，雇主因雇员表现不佳而解雇时，必须在解雇前已告知该员工所做的工作不符合工作标准，并给予合理时间改善。该等合理时间的长短取决于工作类型，例如体力劳动者或机器操作员可能需要比经理或执行人员更少的时间来改进工作。

（3）雇主因裁员而终止合同。裁员是指雇主解雇剩余的劳动力或员工。雇主有权以他认为的最佳方式组织、重新组织公司架构，其中就包括裁员。在马来西亚，雇主裁员必须符合法律要求及条件。

①裁员必须符合法律要求和条件。虽然裁员是公司特权，但雇主有义务确认裁员是其最后救济。需审慎考虑并须采取替代选择以改善情况。就选择裁员对象，雇主需遵循下述原则：

第一，超过退休年龄的员工先于其他员工；

第二，临时工与固定期限员工先于永久员工；

第三，同一工作范畴内，外籍员工先于本土员工；

第四，最先选择服务年限最低的员工（"后进先出原则"）。

②裁员前必须要预先告知拟被裁雇员。在公司裁员前必须预先告知雇员，以让其做好心理准备。属于1955年《雇佣法》调整范围内的雇员，通知期长短取决于员工的工作年限。不属于1955年《雇佣法》调整范围内的雇员，通知期间长短则取决于雇佣合同的约定。

③裁员必须依法报告。根据 1955 年《雇佣法》的规定，在裁员前，雇主必须向最近的劳工部门报告裁员情况，包括自愿离职、临时裁员或雇员减薪情况。未按照《雇佣法》规定时间内提交报告的，即属违法行为，雇主将被处以不超过 1 万林吉特的罚款。

④裁员必须支付遣散费。属于 1955 年《雇佣法》调整范围内的雇员，如在解雇前已在公司连续工作 12 个月及以上，则有权要求雇主支付遣散费，遣散费则视雇员在该公司的资历和薪资而定。根据 1980 年《终止和解雇条例》第 6 条规定，遣散费应支付如表 5－3 所示。

表 5－3　　　　　　　　　　　　　遣散费标准

工作年限	遣散费用
低于 2 年	每年 10 天的日均收入
高于 2 年但低于 5 年	每年 15 天的日均收入
超过 5 年	每年 20 天的日均收入

不属于 1955 年《雇佣法》范围内的雇员，遣散费取决于雇佣合同。但雇主必须在裁员之日前至少 30 天向马来西亚税务局提交表格说明情况。

⑤裁员必须按照程序指引规范操作。如需裁员，雇主还应遵守 1975 年《劳资和谐行为准则》所规定的程序准则进行裁员。

首先，公司必须要根据裁员的步骤将雇员分类进行筛选，包括考虑：公司高效的运作，能力、经验、技能和职业资格测评，工作年限和地位，年龄，家庭情况以及国家政策范围内制定的其他标准。

其次，1975 年《劳资和谐行为准则》第 22（a）条规定，如确有必要裁员，雇主应采取包括提前告知相关雇员，引入自愿裁员和裁员、退休补贴计划，退休超龄员工，协助人力资源部为辞退雇员寻找工作，延长雇佣终止日期，在通知员工及工会前，确保不发布裁员公告等措施保护被裁员工的利益。

最后，公司裁员时也必须要分批裁员，因为一次性的大举裁员，将会对公司和雇员造成巨大且严重的伤害。大公司必须向劳工局呈报该公司的状况、告知裁员的状况，包括会进行多少次裁员以及每次裁员人数。在此缓冲期内，雇员也有更多时间寻找替代的工作。

⑥对裁员不公的救济。如上所述，如果存在不公平的雇佣或违反裁员要求的情况，员工有权质疑裁员（行为）。法院如果发现裁员不当或者裁员的要求没有得到遵守，或者有不公平的雇佣的情况，或雇主以裁员为借口非法解雇员工，法院可以命令雇主恢复或补偿正式雇员最高可达 24 个月的复职和退休工资（实习期员工最多为 12 个月工资）。

四、马来西亚劳动争议解决机制

马来西亚劳动争议解决的机构有：马来西亚工业法庭，其根据 1967 年《劳资关系法》负责集体争议、承认争议、解雇争议和集体协议争议的解决；马来西亚劳工法庭则依据 1955 年《雇佣法》管辖个体劳动争议；另外，社会保障委员会及其上诉委员会负责社会保障争议。

对这些机构的裁决，当事人可以向法院寻求上诉救济或寻求司法审查。除此之外，劳动争议当事人还可以协商或者通过普通民事法院的程序来解决。

（一）集体争议与马来西亚工业法庭

1967 年《劳资关系法》的立法目的是规范劳资关系、预防和解决劳资争议，这些争议包括承认争议、解雇争议和集体协议争议。

1. 承认争议的处理方式。

工会团体要代表雇员去和雇主进行集体谈判，它首先要得到雇主的"承认"，需要事先向雇主提交一个符合规定格式的承认请求。雇主接到承认请求应在 21 天内作出答复：要么承认，要么不承认，要么将承认请求提交给劳工部劳资关系局局长（即劳资关系总监），以确定该工会团体是否有代表相关雇员谈判的权利。为了确定这一问题，劳资关系总监可以把该问题提交职工总会总监并请求其作出决定。如果问题还是得不到解决，劳资关系总监应当报告给劳工部部长，部长应当对这个问题作出决定，部长的决定是终局的，不能在任何法庭被质疑。

2. 解雇争议的处理方式。

一个雇员，无论其是否为一个工会的成员，如果他认为自己被不合理或者不正当解雇，他可以向劳资关系总监书面提出申诉（须在被解雇后 60 天内），收到申诉后，劳资关系总监应当采取各种必要的方式解决争议。如果不能解决争议，劳资关系总监应当报告给劳工部部长，劳工部部长收到后，如果认为有必要的，可以将争议提交工业法庭，由法庭作出裁决。

3. 集体争议的处理方式。

劳资双方的争议无法通过双方的协商来解决时，劳资关系总监可以采取各种必要的措施促进争议的迅速解决。如果劳资关系总监认为争议无法解决，他应当报告给劳工部部长。劳工部部长认为有必要或者为了迅速解决争议的目的，可以在任何时候采取必要的措施调解争议。如果当事人之间的争议仍然没有解决，在工会和雇主双方共同提交书面请求时，劳工部部长可以将争议提交工业法庭。劳工部部长也可以不经调解程序直接将争议提交工业法庭。

（二）个体劳动争议与劳工法庭

1955 年《雇佣法》处理的劳动争议仅仅是涉及金钱支付义务的权利争议，由劳工法庭处理，由劳工部的劳工局局长即劳工总监主持。该法第 69 条授权劳工总监可以审理和决定任何与雇佣合同或者该法及其附属规定有关的工资或者现金款项的争议，根据劳工总监的调查，他可以发布雇主支付判定金额给雇员的命令。

劳工总监在审理争议过程中，如果认为有必要，可以将相关的法律问题提交高等法庭作出裁决，然后按照高等法庭的裁决作出对相关争议的裁决。争议的当事人如果对劳工总监的裁决不服，可以向高等法庭上诉。

如果相关争议没有被提交劳工总监处理或者争议提交后又撤回的，1955 年《雇佣法》不禁止相关方就有关雇佣合同的争议向法院提起诉讼。雇员有合理的理由认为雇主为了逃避相关的薪金支付义务而准备逃匿，他就应当向地方治安法庭起诉而不是向劳工总监申诉。治安法官可以传唤被控告的雇主并要求其提供金钱担保。雇主不提供金钱担保，法庭可以将其拘留，除非其能提供充分的理由证明其不会逃匿。

（三）工伤补偿争议和社会保障委员会

劳工部为了执行《雇员社会保障法》，成立了社会保障委员会，负责雇员社会保障计划的管理和执行。1967 年《劳资关系法》规定，企业内部应当建立一个有效的程序来处理雇员和雇主间的纠纷，目的是促使争议在尽可能低的层面尽快得到解决。该法也规定，如果劳资双方签订有集体协议，则应当在集体协议中规定一个集体争议的协商解决程序，这个程序应当规定，对于不同类型的争议，雇员一方可以在不同层次提起争议并要求加以解决。如果争议在企业内部不能解决，可以提交到双方同意的雇主联合会和工会联合会层面的争议解决机制。如果争议仍然不能解决，则可以将争议提交劳工部部长。

（四）马来西亚劳动争议处理制度的特点

马来西亚劳动争议处理制度一个显著特点是，没有明确区分权利争议和利益争议，而是区分个体争议和集体争议。根据1967 年《劳资关系法》，争议当事人基本不能直接向工业法庭起诉。除了因个体解雇引发的争议外，工业法庭处理的其他两类争议，以及规模性的解雇引发的争议，都属于集体性质的争议，对于这类争端，马来西亚的法律显然强调采取双方协商与行政调解的方式来解决。1955 年《雇佣法》仅对处于弱势的雇员个体提供救济机制，对其余的群体则没有提供救济机制，1955 年《雇佣法》之外的雇员群体的劳动争议只能求助于普通民事法院。必须强调，尽管按照 1967 年《劳资关系法》、1955 年《雇佣法》《雇员社会保障法》的规定，在承认之诉中劳工部长作出的决定、工业法庭和社会保障上诉委员会的裁决是终局的，不受任何法院的司法审查，但是，由于马来西亚民事法院中的司法审查主义的发展，所谓的"终局"在实践中并没有多大的实际意义。例如，在 R. Ramachandran v. The Industrial Court 一案中，马来西亚联邦法院认为，在司法审查中，工业法庭的裁决要同时受到实质性和程序性审查，如果发现裁决是错误的，法院可以直接给予当事人适当的救济和判决而不必将案件发回重审。①

---

①　蔡德仿、苏金锐：《马来西亚劳动争议处理制度初探》，载于《创新》2010 年第 2 期。

马来西亚

第二节　马来西亚劳务合作的主要法律

一、马来西亚外籍劳工概况

（一）概述

马来西亚政府鼓励各类公司培训和使用本地员工，但是因马来西亚国内劳动力短缺，政府允许在部分领域雇用外国劳工。

马来西亚制造业外籍劳工来源国为菲律宾、泰国、尼泊尔、老挝、土库曼斯坦、哈萨克斯坦、缅甸、乌兹别克斯坦、柬埔寨和印度尼西亚等国家。制造业以外其他领域雇用外籍劳工，应由雇主向内政部外籍劳工处提交申请，来源国为菲律宾、泰国、尼泊尔、老挝、土库曼斯坦、哈萨克斯坦、缅甸、乌兹别克斯坦、柬埔寨、斯里兰卡和印度尼西亚等国家。

马政府规定，外国公司可引进外籍员工担任缺乏熟练的马来西亚籍员工的职务，亦可将某些主要职位（Key Posts）永久保留给外国人。为改善投资环境及促进技术转移和引入外来技术，自 2003 年 6 月 17 日起，马政府进一步放宽外国制造业公司雇用外籍员工的规定，具体如下：

（1）外国公司缴足资本在 200 万美元以上者，可自动获得最多 10 个外籍员工职位，包括 5 个关键性职位；执行员职位的外籍员工雇佣期最长可达 10 年，非执行员的可达 5 年。

（2）外国公司缴足资本超过 20 万美元但少于 200 万美元者，

可自动获得最多 5 个外籍员工职位，包括至少 1 个关键性职位；执行员职位的外籍员工雇佣期最长可达 10 年，非执行员的可达 5 年。

（3）外国公司缴足资本少于 20 万美元者，其外籍职位核定将依据以下原则考虑：①缴足资本达到 14 万美元（约 50 万林吉特），可考虑给予关键性职位；②具备专业资格及实际经验的执行员职位可考虑获得 10 年雇佣期，具备专业资格及实际经验的非执行员可达 5 年，但是公司必须培训马国民使其最终能接任该职位；③关键性职位及时限的数目依据个案而定。

（4）马国民拥有的制造业公司，可依要求自动获得所需的技术性外籍职员职位，包括研发职位。

在同一家公司内被调至另一职位的外籍员工须领取新的工作准证，其原有的工作准证将被修改以反映职位变化；接替外籍员工职位的新外籍员工也须领取新的工作准证。[①]

（二）中马劳务合作情况

2003 年 9 月，中马两国政府签署了《关于雇用中国劳务人员合作谅解备忘录》。2004 年初，中马劳务合作委员会召开会议并签署会议纪要。根据该纪要，马方向中国开放了古建筑维护、制瓷、木器加工、家具制造等 4 个行业，允许中国籍劳工进入。同时，中方还向马方有关政府部门提交了首批 18 家开展对马来西亚劳务合作业务的公司名单。但是，上述 4 个领域劳务均属技术工人范围，由于薪资较低以及对技术劳务定位的认识不同，目前，双边劳务合作尚有很大发展潜力。中国公司主要以承包工程带动技术劳务输出和派出少量有技术专长的劳务人员[②]。

---

① 李哲威、韩秋：《浅谈外国公司在马来西亚设立公司及相关的资质要求》，载于《中国总会计师》2014 年第 10 期。

② 李涛：《20 世纪 90 年代以来新马华人社会的变化及其原因探析》，载于《八桂侨刊》2008 年 12 期。

马来西亚

二、外籍劳工的引进

（一）主管机构

马来西亚国际贸易及工业部牵头成立的外劳委员会（Committee on Foreign Labor）全权负责马来西亚半岛制造业的外劳申请事务。成员由内政部、移民局、工业发展局、中小型工业发展机构以及人力资源与劳工局的代表组成。委员会在接到雇主申请后的 14 个工作日内给予批复。但沙巴州和沙捞越州的外籍劳工准入由州政府管理。

马政府对雇佣外籍劳工实行个案批准制度，并附带一定条件；雇主必须在尝试雇佣本国公民未果后，外籍劳工的申请才可能获得考虑。为确保只有必要时才雇佣外籍劳工，外籍劳工须缴纳年度税，制造业、建筑业、服务业的劳工税为每人每月 100 林吉特，种植业与佣人每人每月 30 林吉特。

（二）招聘外国人员的条件

除非获得有效的就业许可证，外籍人员不得在马来西亚境内从事任何业务。[①] 向外籍员工颁发工作许可的一般条件包括：

（1）外籍劳工仅被允许在特定的行业工作，例如制造业、建筑业、种植业、农业以及服务业；

（2）雇主应当从内务部一站式服务中心取得雇佣外籍劳工的名额；

---

① 根据 1968 年《雇佣（限制）法》，特殊身份证持有人和其他永久居民无须获得工作许可证。

（3）申请时不少于 18 岁，不超过 45 岁；

（4）证实已通过来源国的移民安全调查；

（5）在来源国批准的医疗中心已确认健康；

（6）不属于《移民法》（1959/1963）第 8 条第（3）项下禁止入境的外籍公民；

（7）外国劳工必须来自于批准的来源国。[①]

（三）申请程序

1. 入境前。

雇主在雇佣外籍劳工前，必须首先取得来源国家的移民安全通关认证通行证，获得该人员入境安全检查的结果，并在入境事务处取得签证（Visa with Reference，VDR）批准。马来西亚入境事务处批准 VDR 批准前，外国工人必须留在本国。

VDR 的申请表可以在移民局或通过电子服务系统在线提交。VDR 申请程序需要提交以下材料：

（1）VDR 申请表；

（2）内政部批准函（配额批准）；

（3）收取征收费的原始收据；

（4）IM. 12 和 IM. 38 表格；

（5）保证金—存款/保险担保/银行担保（保险担保必须盖章至少 18 个月）；

（6）外国人护照复印件；

（7）外国人最新照片（护照尺寸）；

（8）自发行之日起 3 个月内的来源国医疗中心的医疗证明；

（9）外劳补偿计划（保险）；

（10）除种植业外，需提交健康保险计划外国人保险。

---

① 中华全国律师协会：《"一带一路"沿线国家法律环境国别报告》第一卷，北京大学出版社 2017 年版，第 1061 页。上述（2）至（6）项条件同样适用于向外籍专业雇员办法许可。

2. 入境后。

外籍劳工只能通过入境处发出的 VDR 和由原籍国马来西亚驻外机构签发的入境签证在允许的入境点进入马来西亚，并且雇主必须确保外籍劳工在入境点的清关过程于到达时间后 24 小时内完成。

入境人员需要取得马来西亚医疗机构的健康检查才能取得访问通行证（临时就业）［Visit Pass（Temporary Employment），VP（TE）］，此种健康检查需要在 FOMEMA① 注册的医疗中心进行。该外籍人员如果没有通过上述健康检查，那么不能在马来西亚逗留和工作，将被遣返回来源国。

颁发访问通行证（临时就业）应由发出 VDR 批准函的移民局作出。

3. 访问通行证的延期。

VP（TE）有效期为 12 个月。雇主可以在到期日前 3 个月申请延期。

雇主必须确保延期申请程序在 VP（TE）到期之前进行。任何到期后提交的申请均有可能被视为是对移民法律的违反。

VP（TE）延期的申请须提交以下材料：

（1）外籍劳工有效期为 12 个月以上的护照；

（2）延长 VP（TE）申请；

（3）雇主公司的员工/公司代表的身份证件；

（4）担保或保险有效期在 18 个月以上的银行担保、保险担保或存款担保；

（5）健康保险计划外国人保险，种植业除外；

（6）外劳补偿计划；

（7）外国工作人员必须接受 FOMEMA 注册的诊所/医疗中心进行身体检查和认证合格（仅限第 2 年和第 3 年）；

---

① FOMEMA 是马来西亚政府指定为境外人士到马来西亚居留工作提供体格健康检查服务的一间私人企业公司。

（8）从业期间和报告。

马来西亚政府允许外籍劳工在马工作 10 年。在完成或终止就业后，雇主必须通过签退记录确保外国劳工回到原籍国。如果通过签出备忘录相应地完成遣返程序，则可以要求撤回其为该劳工作出的担保。

三、工作许可与签证

（一）居留证

居留证是发给任何符合 1963 年《入境条例》第 16 条第 1 款（Regulation 16A，Immigration Regulations 1963）规定的任何类别的外国人的通行证。

1. 居留证的类别。

（1）类别 3：与马来西亚公民有家庭关系的人。

①马来西亚公民的丈夫/妻子；

②28 岁以下公民的亲生子女/继子女/养育子女；

③具有马来西亚公民身份的孩子的生身寡妇/鳏夫；

④马来西亚公民的亲生母亲/父亲；

⑤马来西亚公民的岳母/岳父。

（2）类别 4：与马来西亚永久居民有家庭关系的人。

①18 岁及以下永久性居民的亲生孩子；

②永久居民的丈夫/妻子。

（3）类别 5：前马来西亚公民。

①自愿放弃公民身份的马来西亚公民；

②被剥夺公民身份的马来西亚公民。

2. 申请居留的条件。

（1）申请人必须持有有效期至少 6 个月的有效旅行证件或

马
来
西
亚

221

护照；

（2）申请人以有效的长期通行证在马来西亚逗留；

（3）申请类别 3 的申请人，必须持有效的长期通行证在马来西亚居住 3 年以上；

（4）申请类别 4 的申请人，必须持有效的长期通行证在马来西亚居住 5 年以上；

（5）申请类别 3 和类别 4 的通行证，可以通过网站：eservices. imi. gov. my/myimms/myPRP 向最近的入境事务处或者入境事务总部提交申请；

（6）在马来西亚境外出具的文件的复印件，须经马来西亚相应的驻外机构认证；

（7）此申请必须由马来西亚公民协助提出；

（8）沙巴和沙捞越州的申请必须由沙巴公民或沙捞越公民提出；

（9）在向移民局提交文件时，申请人必须出席。

（二）建筑业居住工作证

马来西亚外劳工作准证延长 5 年的措施，已在 2011 年 4 月正式生效，在新措施下，建筑业外劳可无条件申请准证延期 5 年，不必缴费 370 林吉特，用以接受马来西亚建筑业发展局（CIDB）重新评估及考取熟练技术文凭。[①]

（三）工作许可证

1. 工作许可证的申请。

外籍人士申请工作许可证所需文件如下：

---

① 商务部国际贸易经济合作研究院、商务部投资促进事务局、中国驻马来西亚大使馆经济商务参赞处：《对外投资合作国别（地区）指南：马来西亚》（2016 年版），第 51 页。

（1）一份申请表；

（2）雇主公司为公司代表出具的授权书或委托书；

（3）妥善完成 DP11 表格；

（4）申请人护照尺寸照片；

（5）已缴纳过印花税的雇主公司的接受函或雇佣合约，或者个人债券，用于申请旅游签证以临时雇佣；

（6）外籍人员护照的完整副本；

（7）其他文件（如有）如下。

①外籍人员简历，马来西亚投资发展局批准的非关键职位文凭/学位副本（如是马来西亚投资发展局及其在职人员批准的职位，则不需要上述职位）；

②如果外籍人士希望改变雇主，须向前雇主发出信函。

2. 工作许可证/就业审批程序。

（1）工作许可证和就业通行证的申请可以在马来西亚入境事务处的签证、通行证和许可证处或国家移民局办理。

（2）工作许可证/就业通行证的申请可以随社会访问通行证申请或社会考察通行证一并提交申请。

（3）所需支持文件：结婚证；公司/政府机关或企业/公司注册的发信函。

四、其他关于外籍劳工的规定

（一）外籍劳工就业的限制

马来西亚贸工部聘请外籍劳工的新指南主要内容是：外籍劳工的基本雇佣期为 3 年，如果表现良好可延长 2 年；外籍劳工雇佣期满或被终止服务时，可获得 3 个月的宽限期，以办理回国的手续；如果外籍劳工获得马来西亚国家技术训练理事会的认可，考获熟练证书（certificate of competency），其雇佣期可超过 5 年。

内政部规定，马方雇主必须首先寻找合适的马来西亚公民，如果没有合适的人选，外籍劳工的申请才能获得考虑。同时，为了保证马来西亚公民有公平的就业机会，马来西亚政府为各领域设定了本地工人相对外籍劳工的比例，如电子行业的比例是 2∶1，家具业的比例是 1∶1。但政府为了调控劳动力市场的供求情况，这种比例经常有所改变，具有一定的灵活性。

（二）外籍劳工持有证件的更新和保管

外籍劳工最基本的文件有护照、短期受雇工作准证和健康检查报告书及外劳卡等 4 种。护照是旅行证件，马来西亚规定在短期受雇工作准证批准之日起有效期应不少于 12 个月，外籍劳工的护照应由外籍劳工自己妥为保存，如果外籍劳工要求雇主保存其护照，则得写一封信要求；短期受雇工作准证可让外籍劳工合法工作，但必须每年更新；外籍劳工卡必须随身携带，以备随时检查；外籍劳工必须每年进行一次体检。

（三）外籍劳工的福利保障

1991 年《雇员公积金法》规定所有外籍员工与劳工不用缴纳公积金，但他们仍可选择缴纳，雇主为每人每月缴林吉特 5 元，而雇员则按其月薪的 11% 缴纳。

依据 1998 年劳工赔偿（外籍劳工赔偿计划）（保险）条例，所有的外籍劳工的工作及非工作伤害赔偿也归此法管辖。外籍劳工发生工伤和意外，雇主应采取所有援救和补救的措施，如同发生工伤意外的是本地工人一样，不得有差异对待。

如果外籍劳工在被雇佣期间死亡，雇主应负责所有丧葬事宜,并负担所有费用。雇主也应协助其家人向外劳意外赔偿计划取得赔偿金,并确保赔偿金交给权利人。

(四)外籍劳工的培训

从2004年3月1日起,所有输出到马来西亚的劳工必须在本国接受规定的职前培训。其目的是让外籍劳工了解马来西亚的风俗习惯和国情。马来西亚人力资源部将会派出官员到劳工输出国对培训设施和培训课程进行评估,对现已在马来西亚且没有接受培训的外籍劳工,将不再延续临时受雇工作准证。

第三节 在马来西亚进行劳务合作的 法律风险与预防

一、在马来西亚进行劳务合作的法律风险

(一)限制外国劳务输入的法律风险

马来西亚政府的劳工政策偏向保护马来西亚居民,要求优先雇佣马来西亚居民。该政策的目的是由马来西亚居民最终获得各个就业级别的培训及雇佣,从而解决本国就业问题。外国公司仅获准在缺少有经验的马来西亚居民的岗位上雇佣所需的外国员工。此外,外国公司在特定的"关键职位"雇佣外籍人士的数量也受到限制。1955年《雇佣法》第60条禁止雇主为雇佣外籍

马
来
西
亚

雇员而解聘本地雇员。

马来西亚法律还要求外资企业应当设立对马来西亚员工的培训计划。作为特定投资激励申请的一部分，企业还可能被要求向当局提交一份本土化计划。这对在马来西亚的外资企业来说无疑是一项额外的义务。

（二）与工会处理关系的风险

马来西亚工会对保护劳工的权利和社会福利有着重要影响。马来西亚工会的行为和事务由 1967 年《劳资关系法》以及 1959 年《工会法》两部法律管辖。上述法律以及相关规定旨在保护雇主、雇员及工会各方的合法权利，促进劳资关系的改善，预防和解决劳资争端。两部法律规范工会及其成员、管理人员、关联方的行为，规定了处理罢工、罢工纠察以及停工的相关机制。上述法律还规定了职工会代表要求集体谈判的范围及程序，如升职、调职、招聘、解雇索赔、复职、职责的分配、订立劳资集体谈判协议等。

工会可以自己的名义起诉雇主。在面对任何引起贸易纠纷时，工会享有诉讼豁免权。[①] 在某些例外情况下，工会还享有一般侵权责任的豁免权。

鉴于工会在马来西亚劳工体系中的重要作用，在马来西亚的中国企业必须认真了解当地劳工法律，学会妥善处理与雇员和工会的关系，实现合理控制工薪成本，减少劳资摩擦，保障企业的正常经营。

（三）轻信不具资质的中介机构的风险

近年来，我国驻马来西亚大使馆接获多起中国赴马来西亚劳务

---

① 但是存在以下限制：该等行为促使他人违反劳动合同规定，或妨碍了他人的贸易、生意或雇用活动，或侵犯他人按其意愿处置资产或雇员的权利。

人员的求助案。多数涉案劳务人员因不事先咨询了解马来西亚的有关劳务法律及政策，轻信了无对外劳务合作经营资格的劳务公司的虚假宣传，通过办理旅游签证赴马非法务工。虽然预交了高额中介费，但因马来西亚无用工单位接收，不能办理合法工作签证，更无法获取工资。亦有部分劳务人员因对收入、工作性质、工作与生活环境不满要求提前回国，与雇主产生劳资纠纷，导致护照被扣。[①]

因此拟赴马劳务人员不要轻信非法劳务中介宣传或个人承诺，要充分了解用工单位情况和工作内容，选择有对外劳务合作经营资格的企业并签订书面合同，办理合法工作签证。并在遇到拖欠工资等劳务纠纷时注意保存证据，循法律渠道理性维权，避免自身合法权益受损。[②]

（四）其他风险

1. 签证风险。

中国持外交、公务、因公普通护照者可免签证进入马来西亚停留 30 天。持普通护照的中国公民赴马来西亚仍应行前办妥签证。需注意，持因公普通护照虽可免签，但仅限从吉隆坡国际机场、吉隆坡第二国际机场等口岸入境，其他中、小口岸无权办理免签入境，行前请加以确认。在马来西亚和拟赴马来西亚的中国公民应密切关注签证动态，以免签证受阻。[③]

2. 出入境风险。

外国旅客入境马来西亚，需向关口移民官出示护照或其他种类合法身份证件（有效期在 6 个月以上）、有效签证和回程机票。移民官会视情检验旅客携带现金数额是否足以支付在马来西亚期间的费用开支。对此，马方无具体数额要求，但基本参考标

①② 中华人民共和国驻马来西亚大使馆：《关于赴马来西亚务工的提醒》，http：// www. fmprc. gov. cn/ce/cemy/chn/sgxw/t1454772. htm，最后访问日期 2017 年 9 月 20 日。

③ 商务部国际贸易经济合作研究院、商务部投资促进事务局、中国驻马来西亚大使馆经济商务参赞处：《对外投资合作国别（地区）指南：马来西亚》（2016 年版），第 51 页。

准为 2 000 林吉特（约合 500 美元）。机场对中国游客，尤其是 30 岁以下妇女入境审查比较严格。如发现当事人短期内频繁到马来西亚，该当事人可能会被拒绝入境。另外，由西马去东马需持护照。马来西亚移民局有权拒绝有犯罪记录、无经济能力及谎报到马来西亚目的的外国人入境。沙捞越州拥有移民自主权，从马来西亚其他地区入境沙捞越州后，请再次核查移民局官员批准的停留期限，以免超期停留影响出境。①

3. 没有有效通行证或许可证留在马来西亚。

根据 1959/1963 年《移民法》第 6（3）条②，生活在马来西亚（非马来西亚公民）没有有效的通行证或许可证是犯罪行为。一经定罪，可处以不超过 1 万林吉特的罚款或不超过 5 年的监禁或两者并罚，并处以不超过 6 鞭的鞭打罪。

如果确实出现了此种情况，建议：

（1）立即向马来西亚入境事务处执法处说明情况；

（2）不要使用中间人或代理人提供的服务；

（3）在入境事务主任调查和记录报告期间，充分合作。

4. 外籍劳工潜逃的风险。

当外籍劳工故意隐瞒雇主而无故离开工作地点，或从原籍国回到马来西亚后未返回工作地点，该外籍劳工将被视为潜逃。

雇主须向入境事务处通报潜逃案件，并提供：（1）雇主/公司代表的身份证件；（2）该外籍劳工的护照副本；（3）外籍劳工潜逃方式；（4）有效的警察报告。有潜逃行为的外国人将被入境处列入黑名单。他们入境时提供的担保也将被没收。

5. 附加风险——基于雇主与雇员关系的替代责任（Vicarious Liability）。

雇主对雇员的在雇佣期间因工作而产生的侵权行为承担责

---

① 商务部国际贸易经济合作研究院、商务部投资促进事务局、中国驻马来西亚大使馆经济商务参赞处：《对外投资合作国别（地区）指南：马来西亚》（2016 年版），第 52 页。

② Section 6（3）of the Immigration Act 1959/63（Act 155）.

任。替代责任原则是法律为雇主针对雇员过错所施加的责任。因此，如果雇员在工作范围内伤害了某人，雇主将承担责任。

企业业主正确地确定为企业提供服务的个人是员工还是独立承包商是至关重要的。雇主只对雇员的侵权行为负法律责任。他们通常不会对其独立承包商的侵权行为负责（除了一些例外之外）。

替代责任是一种虚拟的法律规定，是指基于第三方（雇主）与侵权人（雇员）之间存在的特殊关系而由第三方向侵权行为受害者替代承担因侵权方过错而引起的法律责任。雇主与作出侵权行为的雇员之间存在的有效雇佣关系是侵权行为的受害者得以向雇主提出赔偿的重要前提条件。

根据马来西亚相关法律，必须满足三项要求才能产生替代责任：（1）发生错误或侵权行为；（2）法律承认第三方（雇主）与侵权人（雇员）之间存在特殊关系，以及（3）侵权人的侵权行为是在履行工作职责时犯下的。受害者对雇主提出替代责任的原因包括但不限于：（1）雇主未做尽职调查而雇佣了存在不良记录（包括因疏忽大意而多次被辞退）的员工；（2）雇主明示或默示雇员的行为，并从雇员的该等行为中受益；（3）雇主相比雇员具备更好的财务条件来补偿受害者。

二、风险防范措施

（一）企业雇佣外籍劳工有义务协助办理申请及许可证，切实谨慎管理外籍劳工

在马来西亚，外国公民必须从移民局获得工作许可才可在马来西亚就业。拟雇佣外国公民的雇主有义务提出相关工作许可的

申请，申请的处理时间在 1~2 个月。与申请同时提交的还有相关员工的简历、资格证、关于资格证的材料真实性声明和相关就业合同。雇主还需在来源国一站式服务中心通过来源国的移民安全调查，在雇佣外国劳工之前向移民局申请签证批准。

除了协助办理申请及许可证的义务，雇主还须在雇佣外籍劳工的 14 天内向最近的劳工局汇报有关外国雇员的详情，并不时提供有关外国雇员的工作详情。如果该外国雇员的合同被终止，或雇员辞职，雇主必须在 14 天内以书面形式通知劳工部专员。如果本地雇员遭受外籍雇员歧视或外籍雇员遭受当地雇员歧视并向劳工部投诉，劳工局长有权指令雇主解决相关问题，雇主不遵守此类指令的行为会被认定为违法行为。

此外，根据 1959/1963 年《移民法》第 55B 条的规定，雇主雇佣"一名或多名非公民或无效入境许可证持有人的"属于违法行为，将会被处以 1 万~5 万林吉特的罚款，或不超过 1 年的监禁或两者并罚。

因此，中国企业在马来西亚雇佣外籍劳工必须及时上报有关外籍雇员的详情，接受劳工局监督，严格管理外籍劳工，包括在雇佣前严格检查其是否持有合法入境许可证及就业许可证。当发现外籍劳工潜逃，雇主必须立即向入境事务处通报潜逃案件，并积极配合相关部门进行调查。

（二）重点关注马来西亚劳工法律适用对象的区别，避免法律适用错误或遗漏

马来西亚部分劳工法规的适用对象区分国籍、区域以及劳动者的收入。例如，1955 年《雇佣法》只适用于在西马来西亚受雇的且月收入不高于 2 000 林吉特的员工或某些规定类别的马来西亚员工，但并不适用于东马的沙巴与沙捞越两州。1991 年《雇员公积金法》的强制每月缴纳公积金义务只适用于马来西亚

雇主及身为马来西亚公民或永久居民的员工，而不适用于外国劳工。

因此，中国企业在马来西亚用工必须认真研究马来西亚劳工法律，注意法律适用范围，关注联邦劳工法的同时，也要关注不同州的劳工法，避免因法律适用不当或遗漏而遭受不必要的麻烦。

（三）严格遵守劳工法律，防止侵犯劳工权益

马来西亚劳工体系对员工诸如每周或每天最长工作时间、最低工资、加班工资、休假、医疗保险、养老金等权益进行了详细的规定。尤其是对女性员工的保护方面，除严格限制女工的连续工作时长外，马来西亚劳工法还给予女性雇员产假、产妇津贴、产假期间不能被解雇等较为全面的保护。中国企业在马来西亚雇佣员工一定要严格遵守相关法律，切实保护劳工权利，避免因侵犯劳工权利而受到处罚。

（四）单方解雇雇员须有合理理由，并履行法律规定义务

根据马来西亚相关劳工法律，劳动合同必须包含一条对任何一方解约的程序进行描述的条款。员工可因正当理由经正当程序被解雇，诸如表现不佳、裁员或行为不当。如果一个员工认为对他的解雇缺乏正当理由，则他可以要求复职并补发工资或补发工资外加补偿，补偿金额一般为每服务一年补偿一个月薪金。

另外，外国公司在马来西亚裁减雇员须谨慎行事。法院认为裁员是雇主的最后手段。在开始裁员之前，雇主有义务考虑和执行可能有助于这种情况的替代方案，例如减少间接费用、工作时间或其他解决办法。1975 年《劳资和谐行为准则》规定了企业

马来西亚

231

裁员所须遵守的基本原则和程序。雇主因确有裁员需要而解雇雇员，必须提前告知拟被裁人员，并按照法律规定的程序进行裁员。对于属于1955年《雇佣法》调整范围的雇员，雇主还应在该法规定的通知时限前履行通知义务，支付遣散费，并向劳工部及时提交报告。

因此，在马来西亚的中国企业在制定劳动合同时，应谨慎设计包括具体透明的评估程序在内的解雇程序条款，以确保解雇的程序合法正当。在考虑解雇前必须查验解雇理由是否合理充分，防止被认定为不当解雇而引起一系列法律问题。

第四节　典型案例

雇员诉雇主公司不当裁员案

（一）案例介绍

本案是一起雇主"随意"裁员的劳动争议索赔案件。我们称该案索赔人为 S，雇主公司为 F，以便于案情介绍和分析。F是当地一家从事金融服务的公司，S 自 2008 年受雇于该公司，担任国际业务总监职务。2010 年，S 被借调到 F 公司下属全资子公司 C 公司担任业务发展总监。2011～2012 年初，F 公司对 C公司的经营管理进行了调整并任命了新的首席执行官（Chief Executive Officer，CEO）。新 CEO 履职后不久即以公司战略调整为由解除了 S 的现任职务，并就该职位另行招募人才。此时，S 仍是 F 公司的雇员。至 2012 年 4 月，S 收到 F 公司向其发出的正式终止信，F 公司以他在 C 公司的业务发展总监职位已经成为冗余为由将其解聘。S 认为 F 公司的行为违反了法律规定，是不公平的恶意裁员行为，故提出索赔。

工业法庭于 2016 年对该案作出判决，支持 S 的诉求并对 F 公司作出了处罚性赔偿的决定。根据相关法律，如果适用一般性赔偿，F 公司应支付相当于 S 在 F 公司服务年限每年一个月工资的赔偿，然而法院判定的惩罚性赔偿是该赔偿额的两倍。

（二）案例评析

随着"一带一路"倡议的推进，中国资本对马来西亚的投资力度在不断加大，越来越多的中国投资者在马来西亚当地开展实体经营。中国企业在逐步实现属地化管理的过程当中，劳动用工风险是公司需要防控的主要风险之一，此案给在马来西亚的中资企业如下启示：

第一，不要忽视解雇员工的法律风险。马来西亚有一句流行的商业口头禅："慢慢招聘和快速解雇"。这句话反映了多数商业雇主的心态，对于人才招聘的谨慎态度远远高于解聘，体现出雇主对解雇或裁减员工没有足够的风险认识和重视。实践中，由于雇主"随意"解聘而发生的劳动争议时有发生，且某些雇主为此付出了高昂的代价。

第二，充分认识到马来西亚法律体系与中国法律制度和司法实践在劳动用工方面的区别。马来西亚法律体系主要受到英国普通法法系传统的影响，成文法与不成文法在商业活动中都发挥重要作用。中国是大陆法系国家，法官严格按照成文法的法律规定进行审判。而在马来西亚，除了成文法外，判例、普通法原则和衡平法原则等也是法官进行审判的重要依据，可以说法官的自由裁量权更大，灵活性更强。例如在本案当中，雇主 F 公司根据

"冗余"这一法定裁员事由解聘了员工 S，但是法官深究具体事实，认为此案中"冗余"只是 F 公司为避免支付高额补偿金而编造的理由，事实上 S 的原有职位仍然存在，公司也没有因为结构调整而裁员的具体方案和计划。F 公司以"冗余"之名解雇 S 的行为是其对法律断章取义的做法。借鉴此案的经验和教训，中国投资者在分析和判断当地用工风险时，不能仅仅就法条论事，还应结合相关先例和具体实际予以判断。中方人力资源管理人员要避免中国式思维，切勿以国内劳动用工的实践和惯例做法来主导当地的工作，比较可靠的办法是就敏感性或不确定事项咨询当地专业人士的意见。此外，建议加强对用工风险的培训，提高管理者劳动用工法律意识和专业素养，做到防患于未然。

第三，避免解雇员工的行为被认定为恶意解雇行为。在本案中，F 公司辩称 C 公司存在业务变更计划，而 S 的专业特长并不适合业务调整后的基金类型，因此他的职位成为"冗余"。但是法院认为没有证据表明 C 公司真正实施其所谓的计划，也没有证据证明现在的人选比 S 更适合原来的职位。因此，法院判定 F 公司的裁员行为存在不诚实和恶意，并行使酌情决定权判定 F 公司向 S 支付远超过一般赔偿的惩罚性赔偿。由此可见，不当的裁员行为不仅无法减少或规避应支付的解雇成本，反而可能导致高额的罚款，得不偿失。

（本案例由编写组根据马来西亚某公司雇员诉科威特某金融服务公司马来西亚分公司相关资料整理编写。）

马来西亚

第六章

马来西亚财税金融法律制度

第一节 马来西亚财税金融体系与政策

一、马来西亚财税金融体系

马来西亚 2016 年的经济增长率为 4.2%，其计划到 2020 年发展成为发达的和更具竞争力的经济体。经济发展离不开科学有效的财税金融体系和政策支撑，马来西亚财税金融体系相对完善，相关政策较为灵活，对经济发展起到了良好的促进作用。

（一）财政管理体制

1. 财政管理机构。

马来西亚联邦议会作为立法机关负责财政事务的立法和监督工作。财政行政管理工作主要由财政部及其归口管理的部门负责。

财政部负责制定贯彻财政和预算政策，以促进经济持续增长，提高国民经济的风险承受能力，以及保证实现公平目标。

财政部下设预算司、政府采购管理司、行政司、税收司、经济与国际司、金融、债务和贷款管理司、总会计师办公室、住房贷款司、财政管理体制司、法律司等内部部门。

财政部归口管理着内陆税务局、皇家关税局，以及评估及财产服务局三大部门，还归口管理着马来西亚的四大法定机构，即中央银行、国家储蓄银行、雇员准备基金、评判委员会。

2. 财政预算制度。

财政部负责制定财政和预算政策，在预算事务中起核心作用。它既负责安排预算收支，也会同其他部门一起处理一般性经济政策问题。财政部预算司负责并协调预算活动，主要是检查和分析所有政府部门的预算收支计划，以确保在准备年度预算时，能够合理有效地组织预算收入，并使得预算资金能够得到合理的分配与使用，从而保证国家目标的实现。当预算汇总到财政部，由财政部审批并提交内阁批准后，由财政部长提交国会审议。国会的职责是讨论预算草案，并批准联邦政府预算。

马来西亚实行复式预算制度，其支出预算包括行政性支出预算（经常预算）和发展性支出预算两部分。行政性支出预算按支出性质可分为有偿性支出和无偿性支出。行政性支出预算有偿性支出主要是根据有关法律规定用于偿还公共债务，以及支付养老、退休年金等开支；无偿性支出是用于政府机构正常运转的开支，包括公务员工资（薪金）、政府的公用经费和议会选举费用等。发展性支出预算是用于基础设施建设方面的开支，包括道路交通、供水供电、农业发展等发展性支出。其按性质可划分为四大类，即经济性项目、社会性项目、安全性项目和一般行政支出项目。经济性项目包括农业和农村发展、公共设施、贸易和工业、交通、通讯等；社会性项目包括教育、卫生、住房等；安全性项目包括国防建设以及移民事务和其他与国家安全有关的活动；一般行政支出项目主要包括保证政府机构正常运转的设施建设等。

马来西亚的预算年度实行历年制。其预算编制工作需要一年时间。每年1月份，财政部给各部门下发下一年度预算概算表，各预算执行部门要在3月底前将其报送财政部，4~7月份由财政部对各部门的概算情况进行审查，8月份向财政部长报告，10~12月份国会开会讨论并通过下一年预算，然后由财政部向社会公布。

3. 国债制度。

国债在马来西亚联邦政府的财政政策中发挥着举足轻重的作用，马来西亚联邦政府多年来一直非常重视对国债的管理工作。马来西亚的国债发行管理工作由联邦政府财政部集中管理，财政部决定新发行国债的种类、数量和发行条件等。马来西亚联邦政府对国债的管理工作贯彻在国债活动的全部过程之中，联邦政府对国债的发行（方式、期限、利率、数量等）、流通、使用、调整和偿付等都制定了各种明确的管理规定和法律规定。这些规定具有很强的约束性和权威性，国债活动的进行必须遵循这些规定，否则会受到严厉的处罚。

4. 社会保障制度。

马来西亚社会保障体系大致分为四个部分：一是养老准备基金，为社会各部门包括私人部门的雇员提供养老、住房和医疗方面的保障；二是社会保险机构，提供因公意外保险和病残退休金等保险；三是由劳动部管理的政府公务员退休基金，为退休的政府公务员提供各项保障；四是由社会福利部管理的社会福利，为贫困人口提供多种资助。其中养老准备基金和社会保险机构组成了马来西亚社会保障体系的主干。

（二）税收管理体制

1. 税收管理机构。

马来西亚实行联邦和地方两级课税制度。联邦财政部统一管理全国税务，其税收司具体负责税收政策的制定和实施、税制改变、批准免税、税收鼓励，以及对外税收政策的制定和谈判等。财政部下属的内陆税务局和皇家关税局负责具体税务征收。

（1）内陆税务局。内陆税务局是财政部主要的税收征收机关之一。它负责对直接税进行估税和对征收业务实施全面管理。其责任是以最小的成本为国家征收税款，通过有力的法律程序和措施促进税收合法有效实施。

（2）皇家关税局。皇家关税局是马来西亚主要征收各种间接税的税务机关。

2. 主要税种。

马来西亚税收分为直接税和间接税。

（1）直接税的主要税种包括：所得税、石油所得税、不动产利得税和印花税。

（2）间接税的主要税种包括：进口关税、出口关税、消费税、销售税、劳务税和车辆税。

3. 税务评价及其他。

纳税人的收入按年度进行评估，现行的马来西亚内陆税务局的税务评估制度是自我评估系统（Self-assessment System，SAS）。在 SAS 中，纳税人必须诚实地申报其收入，并自行计算应纳税额。因此，税务责任被转移给纳税人，他们需要有足够的税务知识才能正确地评估其税务责任。

所得税法律涵盖的国内和国外纳税人的主要类别是公司、个人、行业协会、合作社、信托和遗产。

在马来西亚，主要的税种包括所得税（个人或公司）、石油所得税、进出口关税、消费税、预扣税、商品和服务税、印花税、娱乐税、合同征费、暴利税、不动产征税、道路税等。

截至 2017 年 8 月 30 日，共有 74 项在马来西亚生效的双重征税协议。双重征税协议是两国之间通过界定每个国家在跨境收入流动中的征税权，并提供税收抵免或豁免来避免双重征税的协议。

（三）金融管理体制

1. 金融体系。

（1）中央银行。马来西亚国家银行（Bank Negara Malaysia，BNM）是马来西亚的中央银行，成立于 1959 年 1 月 26 日，由《马来西亚中央银行法》规制。马来西亚国家银行的作用是促进货币和金融稳定，为马来西亚经济的可持续发展提供有利的环境，确保所有经济部门和社会各阶层都能获得金融服务，监督国家支付系统基础设施，保障金融体系的效率和安全性。马来西亚国家银行通过建立和发展健全的、有弹性的、进步的和多元化的金融部门来支持实体经济部门。它在促进包括外汇市场在内的金融市场发展和监管方面发挥了重要作用。作为政府的银行和顾问，马来西亚国家银行还就宏观经济政策和公共债务管理提供咨询意见。它也是发行国家货币和管理国际储备的唯一机构。

（2）金融机构。马来西亚金融机构包括商业银行、伊斯兰银行、投资银行、开发金融机构等。马来西亚规模较大的当地银行有马来西亚银行（MayBank）、联昌银行（CIMB Bank）、大众银行（Public Bank）和大马银行（AmBank）等。外资银行有花旗银行、汇丰银行、渣打银行、美国银行、德意志银行、华侨银行、中国银行、中国工商银行、中国建设银行等。

（3）证券市场。吉隆坡证券交易所是马来西亚的股票交易市场。成立于 1973 年的吉隆坡证券交易所为投资者提供了一个

马来西亚

安全、有效率和具有较高吸引力的投资目的地。它为买家与卖家提供了一个中央市场，对马来西亚上市公司的股票、认股权、固定收入证券以及其他证券进行交易。

2. 货币管理制度。

马来西亚林吉特（Malaysian Ringgit），是马来西亚的法定货币以及部分国家的流通货币，货币符号为 RM。它由马来西亚国家银行发行。

马来西亚实施可管理的浮动汇率机制，马来西亚林吉特根据一篮子货币的汇率浮动，即林吉特可在范围内自由浮动，一旦出现激烈波动，马来西亚国家银行可立即介入干预。

3. 保险管理制度。

马来西亚的保险监管机关是中央银行。中央银行接受设立保险企业的申请并进行审查，但其仅有权签发保险经纪人和公估人的执照，保险公司的执照由财政部签发。中央银行内设了两个保险监管部门：检查部和管理部。前者负责保险业的健康运作和经营，进行现场和非现场监督检查；后者负责保险业的总体健康发展，贯彻执行国家的保险产业政策、法律，并负责办理保险执照的审查、签发等有关事宜。

二、马来西亚财税金融政策

（一）财政政策

根据马来西亚中央银行 2016 年年度报告，内需将继续是马来西亚经济增长的主要动力，主要由私营部门主导。随着马来西亚政府对财政整顿的承诺，公共部门对增长的贡献预计在未来将保持温和增长。随着全球经济的增长，出口增长有望逐步回升。

2017 年马来西亚的财政政策旨在进一步加强政府现有的财政状况，同时确保持续支持国内增长和促进经济包容性。马来西亚联邦政府财政赤字预计将进一步下降，这得益于收入持续增长。

马来西亚政府将继续努力减少非关键性支出和对法定机构的转让，以及促进补贴政策合理化。马来西亚政府也将继续使其收入来源多样化，以应对全球商品市场的不确定性。

关于财政资源，马来西亚政府优先考虑高影响力的基础设施项目和产能建设方案，其中包括公共基础设施，如高速公路和铁路，扩大城乡之间的连通性。

为了满足行业发展的需要，提高人才素质，马来西亚政府鼓励开展提高技能课程和工业培训工作，加强人力资本的开发，从而推动马来西亚最终成为高收入国家。

另外，政府还将继续把重点放在维持中低收入阶层的生存能力上，以应对不断上升的生活成本。政府根据福利改善计划，向这些群体提供各种形式的社会经济支持，包括实施经济适用住房计划和财政转移方案。

（二）税收政策

1. 企业应纳税收入。

应纳税收入以公司审计财务报表为依据。应纳税收入根据税前利润计算，并依据为获得总收入而产生的必要支出，资本津贴以及激励而调整。应纳税收入的来源包含：

（1）任何贸易、商业、行业所产生的收益；

（2）利息与贴现；

（3）租金、版税以及保险费；

（4）退休金、养老金以及其他定期付款收益；

（5）非居民提供技术咨询、协助及服务或者提供与安装、运行设备相关的服务所获得的收益；

马来西亚

（6）非居民租赁或以其他方式所获得基于动产的收益。

纳税人可按照相关法律将合理、合法的业务支出折抵相应纳税收入。通常，不为相应清单上所禁止折抵的，为获得总收入而产生的必要支出可被折抵。一些不可折抵的支出包括：

（1）启动成本；

（2）资本开支或证券发行成本；

（3）注册费用；

（4）清算费用。

单层税收制于 2008 年开始在马来西亚实行，替代了原有的税收归集制。所有由公司支付给股东的分红、现金、信贷或分配均免于纳税。

2. 个人应纳税收入。

个人来源于马来西亚的收入都应征税，包含贸易、商业或其他行业的收入和利润、工资、分红、利息或贴现以及不动产租金。从银行或其他金融机构所获得的利息收入、单一分红获利可免征相应税负。马来西亚不征收资本利得税，任何处置不动产所获得的收益按不动产税相应制度征税。

个人来自雇主的所有收益都应被征收所得税，例如住房、机动车、家装、仪器和器械。豁免情形包括：医疗、牙科或儿童福利、度假旅费以及免费的食物及饮料。

纳税人享有个人税收减免政策，可从其总收入中折抵相应的减免额。当前政策下，每名纳税人享有个人 9 000 林吉特、无工作配偶 4 000 林吉特、每名 18 岁以下未婚子女 2 000 林吉特，或每名 18 岁以上但在高等教育机构进行全日制学习的子女 800 林吉特的税收减免。马来西亚税收法律还提供更多方面的税收减免，包括人寿保险费、医疗保险费、私人退休计划、重病医疗费、经批准的教育费用等。

3. 税收优惠政策。

马来西亚的税收优惠政策包括：

（1）国内投资和资本性投资鼓励。在马来西亚境内投资的国内外投资者可以享受许多税收和投资优惠。

（2）再投资优惠。对着手计划扩大业务，进行现代化、自动化改造，或者对现存制造业、加工业进行多样化革新的公司给予再投资优惠。

（3）促进出口的优惠措施。对出口导向型企业按照不同税率给予部分税收减免。

（4）技术与职业培训扣除。对在马来西亚从事技术与职业培训的企业给予投资税额扣除优惠。例如，根据马来西亚技术职业教育与培训计划，私营公司为追求本科学位和3级及以上的技能证书的学生提供结构化实习计划所产生的费用将有权获得双重扣税。

（5）产业调整扣除。对致力于改善产业调整计划的制造业企业的厂房、成套设备和机器的资本性支出给予产业调整扣除。

（6）研发优惠。向第三方企业提供研发服务的企业给予税收优惠。

所有个人、公司都要对来自马来西亚或从马来西亚境外汇入马来西亚的收入缴纳所得税。然而，从2004年的评估年度起，除经营银行、保险、海运或空运业务的居民公司以外的任何人，从马来西亚境外汇入马来西亚的收入免征所得税。

（三）金融监管政策

1. 银行业监管政策。

（1）银行业监管机构、法律和监管对象。马来西亚运行双重银行体系，即常规银行系统和伊斯兰银行系统。伊斯兰银行和国际伊斯兰银行与常规银行机构并存，向居民和非居民提供各种各样的伊斯兰金融产品。

2013年《金融服务法》是监管传统金融行业的主要法规。

马来西亚

该法取代了 1989 年《银行和金融服务法》、1996 年《保险法》、2003 年《支付系统法》和 1953 年《外汇管制法》等法律。

2013 年《伊斯兰金融服务法》是监管伊斯兰金融部门的主要法规，该法取代了 1983 年《伊斯兰银行法》和 1984 年《伊斯兰保险法》等法律。

马来西亚国家银行为 2013 年《金融服务法》、2013 年《伊斯兰金融服务法》和 2009 年《中央银行法》规定的银行业监管机构，拥有对银行业机构的监督和控制权力。马来西亚国家银行采取风险监督的办法履行监督职能，对金融机构根据风险状况和风险管理体系的充分性进行评估和监测。所有类型的金融机构都须遵循相同的监管框架。确保整个金融部门处理类似风险的一致性，实现金融机构的综合监管。

对于伊斯兰银行业务，马来西亚国家银行所设的伊斯兰教咨询委员会有法定权力决定伊斯兰法律下的任何财务事项，并对有关伊斯兰教事务作出裁决。

马来西亚证券委员会是根据 1993 年《证券委员会法》成立的法定机构，也是马来西亚资本市场活动的主要监管机构。马来西亚国家银行与证券委员会共同监管投资银行，共同出台《投资银行指引》。前者负责审慎监管投资银行，确保投资银行的安全健康和金融体系的整体稳定。后者负责监管投资银行的业务和市场行为，并促进资本市场的市场诚信和投资者保护。

纳闽岛金融服务管理局是负责马来西亚纳闽国际商业金融中心发展和管理的法定机构。其目标是推广和发展纳闽岛作为国际商业和金融服务中心的地位，发展国家目标、政策和优先项目，以确保在纳闽岛的国际和商业金融服务有序发展。纳闽岛金融服务管理局的主要职责是制定相关政策、颁发牌照，并监管马来西亚纳闽国际商业金融中心运营的实体，确保所有实体都遵守司法辖区内实行的国内外最佳实践标准。

（2）银行牌照。"持牌业务"系指银行业务、保险业务或投资银行业务。这些业务需要银行牌照才能运作。商业银行和投资银行根据 2013 年《金融服务法》获得牌照，而伊斯兰银行和国际伊斯兰银行则根据 2013 年《伊斯兰金融服务法》获得牌照。

财政部是银行牌照的批准机构。其除有权颁发银行牌照外，还有权撤销牌照或者对牌照进行调查。

财政部评估银行牌照申请时主要考虑以下因素。

①申请人的性质和完整性。如果申请人是法人团体，其声誉是否符合良好治理和诚信的标准。

②申请人的业务是否会对其未来存款人、政策决定者、参与者、用户或公众的利益造成不利影响。

③申请人未来行使和发展经营的计划的正确性和可行性。

④申请人的财务资源的性质和充足性，及其持续的经济来源。

⑤申请人的业务记录和经验。

⑥申请人是否将吸纳有能力和经验的人负责任地参与申请人的运营。

⑦该申请是否符合马来西亚的最佳利益，并顾及以下事项：

a. 投资对马来西亚经济活动和投资水平的影响，包括对金融服务的生产力、效率和质量的影响；

b. 对加强马来西亚与其他国家之间国际贸易和投资联系的贡献；

c. 投资对金融体系稳定的影响，包括对金融体系构成风险的行为；

d. 马来西亚人参与金融领域的程度。

⑧申请人申请牌照的企业的性质、规模和活动是否会妨碍有效监管和监督。

（3）最低资本金要求。马来西亚国家银行在其有关资本金的政策文件中规定，将最低资本金要求作为重要条目和持续性要求，确保银行机构维持最低资本运作水平，有效防范风险。

根据新的要求，本地注册的外国银行必须拥有 3 亿林吉特的资本金，包括已付普通股、优先股、不可兑换的可转让的无抵押贷款股票、留存收益和其他披露的准备金之和。不在本地注册的持牌照的外国银行，必须至少拥有 20 亿林吉特的资本金。

除了最低资本金要求外，银行机构还必须遵守资本充足框架（资本组成部分）和资本充足框架（巴塞尔协议 II—风险加权资产）中规定的最低监管资本金要求。

2. 证券监管政策。

马来西亚证券委员会负责管理马来西亚证券和衍生品市场，统称为资本市场。作为监管机构，证券委员会参与了资本市场的规则制定、授权、监督和执法等方面的工作。其主要目标是保护投资者，确保公平、高效和透明的市场，并降低系统风险。

马来西亚证券委员会的职能和权力来源于 1993 年《证券委员会法》、2007 年《资本市场和服务法》和 1991 年《证券业（中央存管）法》，这些法律统称为证券法。

金融市场日益全球化的性质要求马来西亚的监管框架需要反映金融市场相互关联的现实。因此，对于世界各地的证券监管机构而言，现行的国际标准由国际证券监督管理委员会发布，该委员会是代表 105 个管辖区的证券监管机构的多边机构，成员集体负责管理全球 95% 以上的资本市场。马来西亚是国际证券监督管理委员会多边谅解备忘录的签署国。

2007 年，马来西亚制定了《资本市场和服务法》，将 1983 年《证券业法》和 1993 年《期货行业法》纳入单一法规，而且还引入了单一许可制度。马来西亚于 2011 年和 2012 年对该法律进行了修订，促进提供私人退休计划和商业信托等新产品，扩大资产管理行业，拓展融资结构范围，特别是吸引那些可以利用的日益庞大的国内储蓄。

第二节 马来西亚财税金融 法律及基本内容

一、税收法律制度

（一）主要法律法规

在马来西亚，有关税收的主要法律法规如下：

（1）1967 年《所得税法》；

（2）1967 年《石油（所得税）法》；

（3）1976 年《不动产增值税法》；

（4）1986 年《促进投资法》；

（5）2014 年《货物和服务法》；

（6）1967 年《海关法》；

（7）1976 年《消费法》；

（8）2014 年《商品和服务税法》。

（二）主要税种及税率

1. 公司所得税。

居民公司和非居民公司在马来西亚开展业务并赚取应纳税收入的，其产生于或源于马来西亚的收入将被征收所得税。居民公司指管理及其控制活动都在马来西亚境内进行的公司，与其注册地无关。居民公司开展空运/海运、银行和保险业务的须就世界范围内收入缴纳所得税（中国与马来西亚对此有双边协定避免双重征税）。居民银行、保险公司以及伊斯兰保险公司在特定情况下可享有一定的税务豁免。

公司所得税固定税率为 24%。中小企业是实收资本低于 250 万林吉特，且不受另一家实收资本高于 250 万林吉特的关联公司直接或间接控制的公司或有限责任合伙企业。中小企业对马来西亚经济至关重要，因此，中小企业在第一个 50 万林吉特应税收入的税率为 19%，之后收入按 24% 缴税。2017 年，政府又将中小企业初始税率从 19% 降至 18%。

2. 石油所得税。

从事石油上游业务的公司按 38% 的税率征收石油所得税。从 2010 年评估年度起，在 1967 年《石油（所得税）法》规制下的上游石油公司的所得收入评估制度已转为本年度评估制度和自我评估制度。

3. 个人所得税。

所有个人都要对来自马来西亚或从马来西亚境外汇入马来西亚的收入缴纳个人所得税。居民个人汇往马来西亚的所得，免征税款。非居民个人只对在马来西亚赚取的收入征税。

根据 1967 年《所得税法》第 7 条的规定，一个日历年内在马来西亚停留至少 182 天的个人被视为税务居民。

居民个人的应课税收入，按照总收入扣除个人救济金计算。居民个人的应课税收入（扣除个人救济金）的税额超过 5 000 林吉特，不超过 100 万林吉特的，税率范围为 0~26%。居民个人应课税收入（扣除个人救济金）超过 100 万林吉特的，税率为 28%。非居民个人无权扣除个人救济金，所得税按其收入的 28% 征收。

4. 预扣税。

预扣税是基于对非居民支付下述事项而征缴的：

马来西亚

（1）利息；

（2）版税；

（3）在马来西亚有常设机构的非居民承包商、顾问或专业人员的报酬；

（4）公众娱乐人物报酬；

（5）因使用地产、装置或运行相应机械设备而产生的报酬；

（6）技术费；

（7）动产租金；

（8）其他法规规定的收入。

预扣税款应在支付或信用支付完成后的 1 个月内向马来西亚税务局缴纳。预扣税的税率基于收入等级，具体税率在 1967 年《所得税法》或《双重征税协议》中列明。特殊所得（动产的使用、技术服务、提供厂房及机械安装服务等）为 10%；利息为 15%；依照合同获得承包费用：承包商缴纳 10%，雇员缴纳 3%；佣金、保证金、中介费等缴纳 10%。

5. 商品和服务税。

马来西亚首相在 2014 年《财政预算公告》中宣布从 2015 年 4 月 1 日开始实施 6% 的商品和服务税（Goods and Services Tax，GST）。该税种替代了已经实施达 40 余年的政府销售税（Government Sales Tax）和服务税（Service Tax）两个税种。政府销售税是对大范围商品课征的一类消费税。服务税则是对多种类型的服务课征。政府销售税和服务税都是征税环节单一的消费税，存在应税商品和服务覆盖范围狭窄，税收效率低下，重复征税等缺陷。

马来西亚政府于 20 世纪 80 年代开始研究引入商品和服务税，将其作为政府税收改革的重要方案予以推进。2005 年，马来西亚政府首次公布要引进商品和服务税，原计划于 2007 年开始实施，但是由于多种原因推迟至 2015 年全面施行。

与商品和服务税相关的法律制度包括 2014 年《商品和服务税法》、2014 年《商品与服务税条例》、2014 年《商品与服务税

（预先裁定）条例》和 2014 年《商品与服务税（复议与上诉）条例》等。商品与服务税在许多国家被称为增值税，是一种商品和服务的多阶段消费税。相较于原有的消费税体系，商品和服务税的优势在于：

第一，对政府而言，能极大地增加财政税收收入，促进国民经济和社会的发展。（1）提高合规程度。商品与服务税体系的内在机制能够实现税收监管的自我管理，从而提高合规程度。（2）强化交付系统。全计算机化环境将使得商品和服务税的征收过程更加可靠且效率大幅提高。（3）提高产业国际竞争力。由于对出口商品及服务不征收商品与服务税，且供应过程中的进项税额可以抵扣，因此降低出口产品价格，使马来西亚出口业更具国际竞争力。（4）拓宽政府税基，增加政府收入。①

第二，对企业而言也具有极大的促进作用。（1）降低经营成本。商品与服务税能使企业获得进项税额抵扣，进而降低经营成本。（2）减少行政程序。在之前的消费税体系下，企业必须提交申请以获得免税材料及对生产资料的特殊免税处理，而在商品与服务税体系下，企业可以对进项税额进行抵扣，故可以省去先前的烦琐程序。（3）促进行业公平和平等。对制造业、批发业、零售业或服务业的企业均平等征收商品与服务税，有利于公平和公正价值的实现。②

发票是纳税人进行进项税额抵扣的凭据，因此，发票管理对于商品和服务税的征收意义重大。在马来西亚，发票包括完整发票和简易发票。此外，自开发票和拍卖人提供的发票或者销售单据可视同为发票。纳税人必须将其关于商品和服务税的记录文件至少保存 7 年，以备税务调查。

6. 不动产增值税。

不动产增值税是对处置财产中获得的利润征收的税款，仅适

---

① ② 杨小强、徐志、薛峰：《马来西亚商品与服务税法律制度研究》，载于《国际税法》2016 年第 10 期。

用于卖家。该税种由 1976 年《不动产增值税法》规定。表 6 - 1 显示了其税率。

表 6 - 1　　　　　　　　　　　不动产增值税税率

处置日期	不动产增值税税率（％）		
	公司	个人（公民和永久居民）	个人（非公民）
购买之日起 3 年内	30	30	30
第 4 年	20	20	30
第 5 年	15	15	30
第 6 年及之后	5	0	5

逾期支付 60 天的，应缴纳罚款，罚款金额是不动产增值税应付金额的 10％。

7. 消费税。

消费税（Excise Duty）由 1976 年《消费税法》予以规范。消费税主要对马来西亚制造或进口的奢侈品和汽车、酒类和烟草制品课征。汽车、纸牌和麻将牌的消费税以从价税率计征。对于香烟、酒类和烟草制品，消费税是以特定价格和从价税率结合起来计征。对出口的应税货物不征收消费税。

8. 印花税。

印花税是按票据而不是按交易收取的。如果交易可以在不产生转让票据的情况下进行，则无须支付印花税。一般来说，不动产转让或不动产抵押和转让有价证券（不包括股票）需征收印花税。

税率根据票据的性质和交易价值而有所不同。一般来说，财产转让是印花税的重要来源。由于马来西亚多数地产物业和公寓的成本超过了 100 万林吉特，从 2018 年 1 月 1 日起，房地产转让印花税将从目前的 3％增至 4％。

9. 门牌税、土地税。

门牌税和土地税由财产所有者根据其管辖地区的地方或市政

当局的立法来征收。基本上，征税是为了维持和提供这些地区的基本服务。税收按资产价值或物业的应税价值的百分比征收。

10. 旅游税。

马来西亚已于 2017 年 9 月 1 日开始征收旅游税。对外国游客收取各类酒店房间每房每晚 10 林吉特的固定费率。但是，旅游税不适用于寄宿家庭、在该部门注册的甘榜①住宿以及不超过 4 间房间的处所。对马来西亚人和永久居民免征旅游税。因此，马来西亚政府预计每年将收取约 2.1 亿林吉特的旅游税。

11. 进出口关税。

具体内容参见第三章第二节相关内容。

（三）纳税的相关手续流程

不同的税种具有不同的纳税手续和流程，本节以公司税为例介绍马来西亚纳税的相关手续和流程。

1. 税务预估。

公司可以采用以税务报告为基础的税务年度进行年度预估。基于在这个时期可支配的收入预估所得税金额。在自评估税务系统下，公司要在税务年度后 7 个月内，完成纳税申报表电子版归档。纳税申报表归档到税务局电子系统后方完成自评估程序。中小企业在评估年已经开始运营的，不需要提供当年及接下来两年的税务预估，但当递交纳税申报表给税务局后，要及时缴税。

2. 税务预估金额的修正。

公司允许在基准年度内，在第 6 个月至第 9 个月对税务预估金额进行修正。修正的税务预估金额超过迄今为止的分期缴付额度的，差额将在随后几期的分期缴付中进行支付，如果缴付的总额已经超过了修正后的税务预估值，则公司不需要再缴纳税款。

---

① "甘榜"马来语为 "Kampung"，意为 "乡村"。

3. 未能提交税务预估金额的处罚。

公司如无合理理由而未提供税务预估金额，则构成犯罪，将面临 200~20 000 林吉特的罚款或者不超过 6 个月的监禁，也可能两者并罚。

4. 应纳税额的计算。

公司计算应纳税额的基础是经审计的财务报表，该报表按照公司法的要求和会计准则编制。应纳税额的计算应在审计后财务报表的利润总额基础上，对不可列支的费用等项目进行税收调整。税收调整须基于马来西亚的税收立法、税务公共规则和其他发布的税务指南指导。

5. 缴纳税款差额。

公司在确定实际应付税款之后，必须在账期关闭之后的 7 个月内补齐实际应付税款与累计分期支付税款的差额。支付时应填写 CP207 表格。

6. 未依法缴税的罚款。

如果未按规定日期缴纳分期税款，则将被处以逾期未付金额的 10% 的罚款。如果逾期超过 60 天，则增加未付金额及逾期罚款之和的 5% 的罚款。如果实际应付税款金额与预估金额之间的差额（"差额"）超过了实际应付税款金额的 30%（"比较额"），则将被处以罚款，罚款金额为差额与比较额之间的差额的 10%。

7. 罚款的申诉。

如果对罚款有异议的，可以在 30 天内向相关税务分局提起书面申诉，申诉期间不停止罚款的执行。

8. 税款支付方式。

（1）柜台交款。税款可以在税务局柜台直接缴纳，付款时应附上 CP207 表格的付款凭据。马来西亚在马来半岛、沙巴和沙捞越各设一个收款柜台。

（2）邮寄付款。邮寄付款应采用支票形式，抬头为"国内税收总监"，支票背面应注明缴款单位、传真号码、税款期数、评估年份和地址。不接受现金、延期支票和马来西亚境外银行签发的支票。

（3）银行代收、网上支付和境外汇款。税款还可以按照税务局要求的方式采用银行代收、网上支付和境外付款方式缴纳。

二、金融法律制度

（一）银行业

如前所述，马来西亚国家银行（马来西亚中央银行）是马来西亚货币和金融体系的最高法定机构，受 2009 年《马来西亚中央银行法》管理。马来西亚国家银行的主要职能包括[1]：制定和执行马来西亚的货币政策；在马来西亚发行货币；依法规范和监督金融机构；监控支付体系；构建和促进健全、进步和包容的金融体系。

马来西亚的银行业分为两类：银行金融机构和非银行金融机构。

1. 银行金融机构。

银行金融机构由马来西亚国家银行监管，包括银行、投资银行（此业务也受证监会监管）和发展金融机构。

（1）银行包括常规银行和伊斯兰银行。根据 2013 年《金融服务法》的规定，常规银行业务包括：

①吸收活期账户、存款账户、储蓄账户或其他类似账户的

---

[1] 2009 年《马来西亚中央银行法》第 5（2）条（法令 701）。

存款；

②支付或收取客户签署或提交的支票；

③提供融资。

根据《伊斯兰金融服务法》的规定，伊斯兰银行业务包括：

①吸收活期账户、存款账户、储蓄账户或其他类似账户的伊斯兰存款。支付或收取客户签署或提交的支票的业务。

②收取投资账户的资金。

③提供融资。

与常规银行系统不同，伊斯兰银行业务活动基于伊斯兰教教义，采用无息制度，以赠与和利益分享的形式回馈存款人。伊斯兰银行业有三项黄金规则。一是任何情况下都禁止利息或高利贷；二是任何基于未来不确定事件，如套期保值、衍生品交易等而形成的合同都是被禁止的；三是穆斯林银行不能涉及赌博。伊斯兰教咨询委员会负责监督三项黄金法则的落实。

（2）投资银行业务。根据 2013 年《金融服务法》的规定，投资银行业务包括：

①收取存款账户存款；

②提供融资；

③根据 2007 年《资本市场和服务法》的规定，按照资本市场服务许可证规定的任何受管制活动；

④2013 年《金融服务法》第 3 章规定的其他业务。

具体而言，马来西亚投资银行业务主要包括承销、联合贷款、企业融资、管理咨询服务、安排股票发行和上市以及投资组合管理等筹资活动。

（3）发展金融机构。

根据 2002 年《发展金融机构法》第 2 节的规定，发展金融机构指的是为了促进工业、农业、商业或者其他经济部门的发展而从事提供资金或信贷安排等活动的机构。该机构可以营利也可以非营利，也有可能接受政府资助。"发展"包括设立企业也包括将现有企业扩大化。

设立发展金融机构旨在发展和推动战略经济部门，包括制造业和出口业、中小企业、农业、基础设施业和海运业。发展金融机构通过金融和非金融服务支持战略部门的发展，成为银行机构的补充。

2. 非银行金融机构。

一般来说，非银行金融机构提供银行服务但不持有银行牌照，如信用合作社。此类机构受各类政府部门监管。在马来西亚，非银行金融机构在特定细分市场提供金融服务，与对银行具有互补作用。然而，其业务性质和规模较小，占银行系统总信贷份额的比例很小。

（二）证券业

根据马来西亚2007年《资本市场和服务法》第二部分的规定，"资本市场"即证券和衍生性金融产品市场。"证券"包括：（1）政府发行或建议发行的债权证、股票或债券；（2）法人团体或非法人团体的股票或债权证；（3）单位信托计划。以及与上述三者相关的任何权利、期权或权益。

1. 马来西亚证券委员会。

马来西亚的资本市场主要由马来西亚证券委员会进行管理，该委员会是根据1993年《证券委员会法》设立的具有调查和执行权力的法定机构。证券委员会的主要职能包括：

（1）就有关资本市场的所有事宜向部长提供意见；

（2）规范与资本市场有关的所有事项；

（3）确保证券法规得到遵守；

（4）促进和规范与基金管理有关的一切事宜，包括单位信托计划和私人退休计划；

（5）负责监督和监控任何交易所控股公司、证券交易所、衍生产品交易所结算所和中央存托机构的活动；

（6）审议和提出证券法改革建议；

（7）根据任何证券法规定许可、登记、授权、批准和监督从事受规管活动或提供资本市场服务的所有人员；

（8）采取一切合理措施监测，减轻和管理资本市场产生的系统性风险；

（9）促进和规范上市公司的公司治理和核准会计准则。

2. 马来西亚证券交易所。

马来西亚证券交易所是马来西亚资本市场的监管机构，并有义务对在其平台交易的证券和衍生产品实施监管，以维持公平有序的市场。

马来西亚证券交易所制定相关交易规则，管理和监督这些规则的遵守情况，并对违反规则的行为采取严格、及时和客观的执法行动。

马来西亚证券交易所既监督上市发行人（通过上市要求）和经纪人，也对市场上的交易活动进行监督。

马来西亚证券交易所经营三个核心业务，即交易业务、清算结算和存托业务、信息服务。

（1）交易所运营商。

①马来西亚证券交易所（下称"大马证券"）。大马证券受《马来西亚证券交易所规则》的约束。大马证券负责促进上市证券交易，市场监管，执行交易规则和上市要求。

②马来西亚衍生产品交易所（也称"布尔萨衍生产品交易所"）。马来西亚衍生产品交易所受《马来西亚交易所衍生产品规则》的约束。马来西亚衍生产品交易所提供、经营和维持股权、利率、债券、农产品（棕榈原油和棕榈仁）、金属商品（黄金和锡）期货和期权市场交易和结算服务。

③纳闽国际金融交易所。纳闽国际金融交易所有限公司受

《纳闽国际金融交易所规则》的约束。纳闽国际金融交易所根据1990年《纳闽公司法》成立，以便按照常规和伊斯兰原则在境外以非林吉特货币上市和交易各种金融工具和证券。

（2）清算、结算和存托运营商。

①马来西亚股票交易所证券结算有限公司。马来西亚股票交易所证券结算有限公司受《马来西亚证券交易所结算所规则》约束，作为马来西亚证券市场的认可的结算所，通过持牌股票经纪公司清算大马证券交易。

②马来西亚衍生产品结算所。马来西亚衍生产品结算所受《马来西亚衍生产品结算规则》的约束，通过衍生产品清算结算系统清算和结算衍生产品合约，该系统仅用于支持衍生产品清算、结算和风险管理功能。

③马来西亚交易所存管有限公司。马来西亚交易所存管有限公司受《马来西亚交易所存管处规则》的约束，提供、经营和维护中央存管系统。

在马来西亚交易所交易的证券投资者必须通过授权存托机构（如股票经纪公司）开立该存管系统账户。投资者可以使用存管系统将证券从一个存管账户转移到另一个存管账户。

（3）信息服务提供商。

马来西亚交易所信息有限公司（也称"布尔萨信息公司"）。马来西亚信息公司为交易主体提供数据信息服务，包括数据信息的归集和数据库服务等。

（4）伊斯兰教咨询委员会。

在伊斯兰资本市场，市场交易的执行方式不得违反穆斯林和伊斯兰教的良知。宗教法声明，市场不应有伊斯兰教禁止的活动，如高利贷、赌博和不确定性。伊斯兰教咨询委员会为证券委员会提供与伊斯兰资本市场有关的伊斯兰教法问题的意见。伊斯兰教咨询委员会的成员具有相关资质，其在伊斯兰教法的应用方面具有丰富的经验，特别是在伊斯兰经济和金融领域。

伊斯兰资本市场产品包括符合伊斯兰教义的证券、伊斯兰单位信托、伊斯兰教法指数、认股权证、认沽权证和粗棕榈油期货合约。

（三）保险业

1. 管理机构。

马来西亚国家银行（马来西亚中央银行）对本国所有保险和伊斯兰保险实体、经纪人、险损估价人和财务顾问进行监管。保险人和伊斯兰保险经营者只能通过国家银行的推荐获得财政部的许可证，[①] 而经纪人和财务顾问必须经国家银行核准，[②] 险损估价人必须在国家银行登记。[③] 根据 2013 年《金融服务法》和 2013 年《伊斯兰金融服务法》，国家银行有权监督金融集团，以推动保险人和伊斯兰保险实体安全、健全的运营。

2. 保险类别。

2013 年《金融服务法》将保险业务划分为两类：

（1）人寿业务：包括人寿保险业务及人寿保险人的其他附带保险业务。人寿业务保险人根据相关人寿保险保单的规定承担保险责任。"人寿保险"是以人的生命为保险标的，以被保险人在保险期限内死亡或生存到保险期满为保险给付条件的保险，所承保范围包括意外事故、疾病、年金等。

（2）一般业务：除人寿业务外的保险业务为一般保险业务。一般保险业务分为两类，一类是为企业或公司制定的保险业务；另一类是针对普通自然人用户设计的保险业务。

3. 伊斯兰保险。

伊斯兰保险一词源于阿拉伯语动词"kafala"（照顾某人所

---

① 2013 年《金融服务法》第 10 节和 2013 年《伊斯兰金融服务法》第 10 节。
② 2013 年《金融服务法》第 11 节和 2013 年《伊斯兰金融服务法》第 11 节。
③ 2013 年《金融服务法》第 17 条。

需的意思）。因此，伊斯兰保险基于互助和捐赠原则的伊斯兰体系，其风险由集体参与者集体共同分担。换句话说，参与者同意在其合同中定义共同承担损失的风险。

如果发生损失或损害，伊斯兰保险运营商将相应地向其参与者支付资金。任何盈余只有在协助参与者的义务得到履行后才能支付。通过这一原则，伊斯兰保险运营商为参与者提供保护并共享利益。与任何其他伊斯兰金融体系相似，伊斯兰保险基于三项黄金法则。

伊斯兰金融服务法将伊斯兰保险业务划分为两类：

（1）家庭伊斯兰保险业务：与家庭伊斯兰保险证书有关的伊斯兰保险业务。

（2）一般伊斯兰保险业务：家庭伊斯兰保险业务以外的伊斯兰保险业务。

第三节　马来西亚财税金融法津风险与防范

一、税收法律风险与防范

（一）马来西亚主要税收法律风险

1. 税收的自评估风险。

自评估系统将税务责任和风险转移给纳税者，税务局不需要对纳税者进行评估，节省下来的时间，可以让税务局集中精力在其他领域。如果公司在税收预估中存在错误，例如公司无合理理由而未提供税务预估金额，则构成犯罪，将面临 200 ~ 20 000 林吉特的罚款或者不超过 6 个月的监禁，也可能两者并罚。

2. 应纳税额计算错误的法律风险。

公司计算应纳税额的基础是经审计的财务报表，该报表按照公司法的要求和会计准则进行编制。公司应当为财务报表真实性负责，承担因财务报表错误而导致的应纳税额计算错误的法律风险。马来西亚采用税务审计制度。税务审计要检查纳税者的会计记录，以确保其交给国税局的所得税额正确，且遵守了税务法律法规。审计采用案头审计或者现场审计。如果审计后发现纳税者没有按照税法进行纳税，则纳税者要受到额外的纳税惩罚。

3. 一般税务调查法律风险。

税务调查是税务局官员依法对可能存在漏税的场所进行突然检查的行为。税务检查由税务局官员执行，他们会突然检查纳税人的经营场所、住宅、税务代理人的办公室、第三方或者其他的场所来调查纳税人的商业文件、税务档案记录和/或他们的个人文件。文件审核的目的是检验纳税人是否存在偷税漏税，以明确是否需要起诉纳税人。

马来西亚财政部将组建"追税情报小组"。它由内陆税务局、马来西亚皇家海关部和马来西亚公司委员会的相关人员组建。"追税情报小组"将加强执法活动，提高追税和合规的效率。

4.《反洗钱、反恐怖主义融资和非法活动收益法》项下税务调查的风险。

任何违反《反洗钱、反恐怖主义融资和非法活动收益法》的人，都要处以不超过 500 万林吉特的罚款或者不超过 5 年的监禁或两者并罚。

依据《反洗钱、反恐怖主义融资和非法活动收益法》开展的调查，纳税人必须遵守如下要求：

（1）允许税务局官员进入任何的经营场所；

（2）在税务局官员之前进行检查；

（3）根据税务局官员的要求提供所有信息和报表；

（4）在税务局官员执行其职责过程中，要给予配合并遵守任何合法的要求；

（5）不能隐藏合理要求的任何财产、文件和信息；

（6）不能破坏任何财产、记录或者文件，以阻止没收或者保证其他财产、记录和文件的安全。

未遵守上述要求，将被认为违反《反洗钱、反恐怖主义融资和非法活动收益法》，会被处以不超过 100 万林吉特的罚款或者不超过 1 年的监禁或两者并罚。如上述事实重复发生，每次将会被额外处以不超过 1 000 林吉特的罚款。

5. 转让定价审计风险。

税务局已经发布了转让定价指南、规则和转让定价模板，以帮助纳税人在进行交易时遵守正常交易原则。纳税人在向税务局递交税务申报单时，要准备好转让定价文件。

与税务审计一样，转让定价审计也分为案头审计和现场审计。审计完成后，税务局将会通过税务计算调整表发布他们的调查结果，额外的评估将会产生额外的税费。如果纳税人认为额外的评估侵害了自己的利益，可以在评估完成后的 30 天内，递交 Q 表（Form Q）给所得税特殊委员会。

转让定价模板给予纳税人指导，使其更好的理解转让定价审计的要求，其内容包括：

（1）转让定价审计选择的标准；

（2）转让定价方法；

（3）纳税人、税务代理人和税务局的权利和责任；

（4）审计完成后的处理；

（5）违规和处罚。

对于漏报或者少报收入的将处以 45% 的罚款。纳税人在审计选择后，但在开始税务审计之前，自愿披露的处罚将减少为35％。在税务审计选择之前自愿披露的处罚减少至15％。对于没有准备转让定价文件或准备转让定价文件不符合法律要求的，也要给予处罚。

（二）税务风险防范的措施

以最小的投入获得最大的收益，是所有企业经营者生产经营的直接动机和最终目的，成本的高低直接影响纳税人的利润，税收是影响生产经营成本的重要因素之一。但是，合法经营、照章纳税才是企业长远发展的必然要求。为防范税务风险，企业应采取如下措施：

（1）提高纳税意识，认识到税收工作对企业的重要性以及税收违法行为对企业的损害结果。

（2）充分了解马来西亚税收管理体系和制度，研究税收法律规定，遵从税收政策。

（3）按照法律规定的程序履行报税、缴税义务，做好纳税金额核算。

（4）避税措施应做到合理合法，避免编制假账、瞒报收入等不当措施，做好税收筹划。

二、汇率法律风险与防范

（一）汇率法律风险

从历史上来看，马来西亚货币林吉特一直不够稳定，姑且不论东南亚金融危机的特殊时期，近几年，林吉特也一度成为亚洲

马来西亚

263

表现较差的货币之一。马来西亚政府为维持汇率付出了艰辛的代价。例如，在 2015 年，马来西亚的外汇储备从 1 200 亿美元下降至 950 亿美元，这些资金被主要用于外汇市场干预。[①] 但是，与此同时，马来西亚国内的腐败案件也导致了国际投资者大量抛空林吉特资产。一时间，关于马来西亚资本账户的传言甚嚣尘上。但是，近两年来，随着马来西亚大幅减少了对海外的投资，同时开始出售资产来吸引资金流入，情况有所好转。

马来西亚汇率市场存在以下风险，导致林吉特的币值难以稳定：

（1）受石油价格波动及政府换届等因素影响，经济存在波动性，进而产生汇率风险。

（2）马来西亚经济总量较小，美元储备有限，易受外部冲击。

（3）利率作为一国借贷状况的基本反映，对汇率波动起决定性作用。利率水平直接对国际间的资本流动产生影响，高利率国家发生资本流入，低利率国家则发生资本外流，资本流动会造成外汇市场供求关系的变化，从而对外汇汇率的波动产生影响。马来西亚利率不够稳定，因而导致汇率不稳。

（二）汇率风险防范措施

企业跨国生产经营，难免需要面对多币种筹划问题，为降低汇率风险，可采取以下防范措施：

（1）选择恰当的交易货币。选择何种货币作为计价货币直接关系到交易主体是否将承担汇率风险。为了避免汇率风险，企业应在出口、资本输出时使用硬通货，而在进口、资本输入时使用软通货。

---

① 周浩：《马来西亚：捍卫汇率的辛酸故事》，华尔街见闻，2016 年 1 月 28 日，https://wallstreetcn.com/articles/229407，最后访问日期 2017 年 11 月 7 日。

（2）在依法合规的前提下利用金融衍生工具进行适当的保值操作。主要方法有：现汇交易、期货交易、期汇交易、期权交易、借款与投资、利率—货币互换、外币票据贴现等。

（3）账务币种多样化，根据币种的汇率变动，平衡各币种分配。

三、外汇监管法律风险和防范

（一）外汇监管法律风险

马来西亚始终坚持自由的外汇管制原则，主要的方法是采取严格谨慎的措施来稳定宏观经济总体目标，从而使货币和金融得到稳定。外汇管制工作由 2013 年《财政法》、2013 年《伊斯兰金融服务法》以及马来西亚中央银行自 2013 年 6 月 30 日起发行并实施的各种外汇管理规则规制。

需要注意的是，马来西亚中央银行分别在 2016 年 12 月 2 日和 2017 年 5 月 2 日，发布了对外汇管理规则的补充规定。其目的在于：

（1）维持货币和金融市场的稳定。

（2）增加美元对林吉特在岸市场的流动性和容量。

（3）抑制美元兑林吉特无本金交割远期离岸业务，平抑林吉特汇率波动。

（4）方便居民灵活运用套期保值，管理外汇风险。

（5）进一步明确居民投资外汇资产的范畴。

（6）促进林吉特在国内贸易和投资领域的使用。

关于此两项补充规定，应当注意如下风险：

（1）增加了对马来西亚境内居民对外投资的限制。有林吉特负债的马来西亚居民（包括机构和个人）在在岸市场和离岸市场上投资外币资产（包括外汇存款），公司不得超过 5 000 万林吉特，个人不得超过 100 万林吉特，超过限额的，需要央行批准。

（2）修改了马来西亚境内居民公司申请外币融资的规定。新政策允许马来西亚居民无须提供交易背景资料，即通过外汇远期交易进行套期保值交易，套保净头寸折合林吉特不超过 600 万，如果超过，需提供交易背景资料。

（3）增加了货物贸易强制结汇的规定。要求出口商将至少 70% 的货物贸易项下收汇在本地注册的银行转换成林吉特。如需偿还外汇贷款或进口付汇，出口商可以将转换成的林吉特兑换成外币，换成的外币最多能保留在外汇账户上 6 个月。

（4）规定马来西亚境内企业之间交易原则上不可以以外币支付。自 2017 年 3 月 31 日起，马来西亚居民间的国内贸易必须用林吉特相互支付货物和贸易的款项。居民之间如需用外币支付需要央行批准。

（二）外汇监管法律风险防范

（1）如果有对外投资需求，在谋求境外融资之外，应当预先考虑外汇汇出的路径，提前做好安排，例如调整林吉特负债等。

（2）利用好外币融资的规定，结合汇率情况，依法合规合理配置使用外汇远期交易，进行套期保值。

（3）协调好离岸公司和在岸公司的业务范畴，根据实际经营情况和账户币种情况，选择具体实施货物进出口贸易的主体公司。

（4）马来西亚境内企业间交易时，提前做好合同安排，避免约定使用外币结算。

第四节 典型案例

一、关于特许权使用费预扣税的案例

（一）案例介绍

瑞士企业 A 的业务范围是编制、生产、开发并销售"信息服务和交易服务"。A 与其马来西亚子公司 B 订立分销协议，后者被委任在马来西亚市场销售纳税人的产品，即"信息服务"和"交易服务"，以换取分销费。

B 公司支付预扣税后，认为支付错误，要求税务局退税。税务局拒绝了申请，理由为在马来西亚支付分销费用属于特许权使用费并且是应当适用预扣税。于是，纳税人向特别税务专员提出上诉。

特别税务专员允许纳税人上诉，高等法院确认了纳税人请求。税务局向上诉法院提出上诉。最终上诉法院驳回了上诉请求。

（二）案例特点及经验分析

本案的问题为：

（1）根据 1974 年《马来西亚—瑞士联邦委员会双重征税协议》第 12（4）条规定，分销费用是否为特许权使用费？

（2）分销费是否为纳税人的营业利润？根据《马来西亚—瑞士联邦委员会双重征税协定》第 7（1）条，分销费是否应仅在瑞士征税？

本案中，上诉法院驳回了税务局的上诉请求，上诉法院提出的理由如下：

（1）分销付款不受预扣税的限制；

（2）支付服务不是特许权使用费；

（3）分销费付款与专业知识无关；

（4）A 公司没有转让或授予专门知识产权；

（5）A 公司在马来西亚没有常设机构，因此不能有税收；

（6）《马来西亚—瑞士联邦委员会双重征税协议》中"使用费"的定义优先适用于 1967 年《所得税法》。

法院通过确认认为，分销费用不属于特许权使用费，因为提供的服务不能被视为涉及特殊的商业知识。马来西亚公司正在使用的 A 公司的产品不涉及传授特殊的商业知识。该费的用途是用来支付马来西亚公司提供的基本信息和业务内容。

考虑到分销费用没有转让、授予或使用专有技术或专有权利。A 公司向马来西亚 B 公司提供的服务只是信息服务。由于分销费用未在《马来西亚—瑞士联邦委员会双重征税协定》中规定，纳税人在马来西亚也没有常设机构，所以税务局征收预扣税是不合法的。

（三）结论

因此，如果马来西亚非居民对居民企业的付款符合马来西亚与条约国家签署的国家协定，则税务局不能征收预扣税。在马来西亚没有常设机构的非居民企业只能在非居民经营业务的国家（马来西亚境外）纳税。中国企业在马来西亚从事贸易、投资、工程建设活动应认真学习和利用好中马双边投资协定和避免双重征税协定的相关规定，依法维护自身权益。

（本案例由编写组根据马来西亚税务局诉瑞士某公司相关资料整理编写。）

二、关于资本补贴的案例

（一）案例介绍

纳税人A公司是B公司的全资子公司。A公司为B公司提供电信服务，其主要服务内容是将接收天线固定在A公司所拥有的电信塔上。A公司在吉兰丹拥有193座电信塔，其客户包括若干电信服务提供商。这些电信塔是A公司为实现其商业用途向第三方定制的，A公司的主要业务是进行天线安装。A公司在其报税表中申请电信塔的资本补贴，但税务局于2010年经过审计后，认为A公司不具备获得资本补贴的资格，并于2011年向A公司发出了2003～2008年评税通知。

纳税人基于以下两点向特别税务专员（Special Commissioners of Income Tax）提起申诉：

（1）2003年和2004年评税通知超过时效限制；

（2）纳税人A公司有权对建造电信塔的资本支出获得资本补贴。

特别税务专员驳回了A公司的请求，理由如下：

（1）税务局有权援引1967年《所得税法》91条（3）款中关于纳税人过失而导致时效中断的规定，因此2003年和2004年评税通知未过时效限制；

（2）这些电信塔仅是纳税人进行业务活动的场所，而不是纳税人进行经营活动的设备；

纳税人向高等法院提出上诉，高等法院支持了纳税人的上诉请求，理由如下：

（1）税务局未能对纳税人存在过失的行为进行有效举证，因此不能援引1967年《所得税法》91（3）条关于纳税人过失行为导致诉讼时效中断的规定；

（2）电信塔的建造和使用都是为了商业目的，纳税人的申请符合法律规定。

税务局针对高等法院的判决提出上诉，上诉法院支持高等法院的裁决，维持原判。

（二）案例特点及经验分析

本案的主要问题为：

1. 2003和2004年的评税通知是否超过诉讼时效？

根据1967年《所得税法》第91（1）条规定，税务局根据其判断认为在任意一年对某纳税主体未做评估或评估不充分，将有权在当年或当年后的5年之内针对该纳税主体做评估或额外评估。

2003～2008年评税通知中的2003年和2004年评税通知是在应评估年份的6年后（2011年）才作出，所以超过了1967年《所得税法》5年的时效限制。纳税人A公司认为税务局无权对其进行评估或额外评估。

另外，根据1967年《所得税法》第91（3）条规定，如果税务局得知纳税人有任何形式的诈骗、故意或过失行为，则诉讼时效中断。该案中税务局无法进行举证来证明纳税人存在上述行为，因此诉讼时效不予中断。

2. 纳税人是否有权就建设电信塔的资本支出申请资本补贴？

本案中的电信塔属于房地设施。由于1967年《所得税法》没有对房地和机械设备进行定义，法院只能参照以往的判例来确定是否应该给予纳税人相应的资本补贴。根据以往的判例，法院需要查看该房地设施的业务和功能。如果包括设备在内的房地是商人用于商业用途而建立的，则能够给予纳税人相应资本补贴。

本案中纳税人能够向法院证明，电信塔是为商业目的而建立，因此纳税人有资格获得资本补贴。

（本案例由编写组根据马来西亚税务局诉马来西亚某电信公司相关资料整理编写。）

马来西亚争议解决法律制度

第一节　马来西亚争议解决
法律制度概述

马来西亚联邦宪法确立了宪法至上的原则，在中央和地方的关系上实行联邦制。马来西亚作为英联邦的成员国，受到英国普通法法系传统的影响，司法实践中成文法和判例法并存。

在马来西亚解决商事纠纷的主要途径是诉讼和仲裁。马来西亚的诉讼体系较为复杂，以判例法为主，但同时具有伊斯兰法和习惯法的特征。出于对商业秘密保护等原因，一般情况下，外国投资者在马来西亚当地选择以仲裁的方式解决商事纠纷的情形较为常见。

马来西亚和中国都是《承认和执行外国仲裁裁决公约》（《纽约公约》）签约国，在一国作出的仲裁裁决可以通过向另一国当地法院申请承认和执行。双方可以通过仲裁协议就仲裁地、仲裁机构、仲裁事项和程序、适用法律等事项进行约定，既可以选择中国或者其他地方的仲裁机构进行仲裁，也可以选择在马来西亚的吉隆坡区域仲裁中心进行仲裁。同时，马来西亚和中国同为《关于解决国家与其他国家国民之间投资争端公约》（《华盛顿公约》）的成员国，中国投资者可依照该公约，将与马来西亚政府之间的投资争议提交位于美国华盛顿特区的国际投资争端解决中心仲裁，以保障投资纠纷的解决和仲裁结果的执行。另外，在政府层面，中国与马来西亚还可以通过 WTO 争端解决机制、中国—东盟争端解决机制予以解决双方之间的贸易投资争端。

第二节　马来西亚诉讼制度

一、法院体系及审判制度

（一）普通法院体系

马来西亚的普通法院体系主要由上位法院和下位法院组成，上位法院包括联邦法院（the Federal Court）、上诉法院（the Court of Appeal）和两个高等法院（High Courts），下位法院包括推事庭（Session Courts）和地方法院（Magistrate Courts），如图 7-1 所示。

1. 上位法院。

《上位法院法》第 8 条规定，上位法院各法官的裁判效力如下依次递减：联邦法院首席大法官、上诉法院主席、马来亚（西马）高等法院大法官、沙巴和沙捞越（东马）高等法院大法官、联邦法院的法官、上诉法院的法官、其他法官。

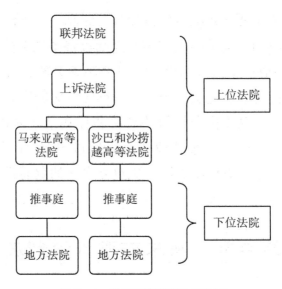

图7-1　马来西亚普通法院体系

（1）高等法院。高等法院负责审判涉及死刑的刑事案件、马来西亚公民或常驻民在海上航行的船舶上或航空器内的犯罪、马来西亚的船舶或航空器内的犯罪、海上的海盗犯罪，以及所有民事案件。除了无权审理对自身判决的上诉案件以及违宪审查案件，高等法院的民事案件管辖权非常广泛，不限案由、诉讼金额或判决执行方式。[①] 高等法院可受理本辖区内下位法院的上诉案件。同时，高等法院具有对所有下位法院的统一监督管辖权，有权调档任何下位法院的任何民事案件并要求重审，在高等法院调档期间，下位法院应当暂停审理。当下位法院审理的案件中涉及宪法条款的效力问题，下位法院应当暂停审理并移交高等法院，高等法院再依照《上位法院法》第八十四条的规定呈报联邦法院，等待联邦法院对该问题先进行认定。

（2）上诉法院。上诉法院负责审理所有高等法院的上诉民事与刑事案件，有权维持、推翻或修改高等法院的判决且有权要

---

① Christopher & Lee Ong, *Doing Business in Malaysia*, https：//www.christopherleeong.com/media/2860/270917 - clo-doing-business-in-malaysia-guide.pdf，最后访问日期2017年9月20日。

求重审。凡是既可以向上诉法院又可以向高等法院申请的案件，应当首先向高等法院申请。以下案件不得上诉至上诉法院：①诉讼请求金额（不包括利息）少于 25 万林吉特的案件；②诉讼各方同意的判决案件；③法院有权自行决定相关费用的案件（除非上诉法院特许可以上诉），以及④高等法院依法明确拥有最终决定权的案件。上诉法院审理案件通常由 3 名法官组成合议庭进行审理并由多数意见决定。

（3）联邦法院。联邦法院是马来西亚司法系统里的最高机构及最后的上诉法院。马来西亚《宪法》第 128 条第 1 款（a）项将违宪审查权授予给了联邦法院，使其有权审查议会或州立法是否违宪。当高等法院审理的案件中涉及宪法条款的效力问题时，其有权暂停审理并等待联邦法院对该问题先进行认定。除此之外，联邦法院还负责审理州与州之间或联邦与州之间争议的案件，但该等案件只可作出宣告式判决。同时，联邦法院可下令受理上诉法院民事案件的上诉。针对民事案件的上诉，上诉方必须先得到联邦法院的准许（leave）方能继续其上诉，而联邦法院在决定是否批准该上诉准许的时候，必须确认上诉范围仅限于涉及新的法律原则的、具有影响公共利益的重要性的或涉及宪法规则的民事案件。联邦法院还可受理上诉法院刑事案件的上诉（可基于法律问题、事实问题或两者兼备）。联邦法院审理案件通常由 5 名法官组成合议庭进行审理并由多数意见决定。

2. 下位法院。

（1）地方法院。马来西亚最高元首可以下令设置任意数量的地方法院且有权限制其管辖权。地方法院的开庭地点由高等法院首席法官指定。地方法院负责审理诉讼请求金额不超过 10 万林吉特的民事案件以及法条规定的最高惩罚不超过 10 年监禁或仅处以罚款的刑事案件。地方法院有一等裁判官和二等裁判官。一等裁判官可审理争议金额不超过 10 万林吉特的各类民事案件；二等裁判官可审理争议金额不超过 1 万林吉特的债权债务民事纠纷。

（2）推事庭。马来西亚最高元首可以下令设置任意数量的推事庭且有权限制其管辖权。推事庭的法官由马来西亚最高元首根据高等法院首席法官的推荐而指定。推事庭的开庭地点也由高等法院首席法官指定。推事庭负责审理不涉及死刑的刑事案件，所有机动车事故、租户与地主纠纷案件，以及诉讼请求金额不超过100万林吉特的民事案件。一旦原告依照《下位法院法》第67条放弃部分诉讼请求从而获得推事庭的管辖权后，即不得再提起已放弃的诉讼请求。除了不动产恢复占有之诉，推事庭无权管辖其他任何涉及不动产的诉讼，但诉讼中涉及不动产权属争议且争议各方均同意由推事庭进行管辖的除外。当推事庭的法官认为地方法院的决定违法或不恰当，其可将该判决的资料上呈给高等法院进行核查。

（二）特别法院体系

除普通法院外，马来西亚还设有一系列特别法院来处理特殊案件。

特别法庭由联邦法院首席大法官主持，并由另外4名成员，即东西马两个高等法院的大法官以及两名由马来统治者会议所委任的法官组成。它的功能是审讯所有由马来西亚最高元首或各州领导人所犯下的违法案件。特别法庭也将审讯所有牵涉马来西亚最高元首或各州领导人的民事诉讼。[①]

马来西亚还专门设立了伊斯兰法院审理涉及伊斯兰法的案件，审理范围仅限于婚姻、监护、抚养、继承以及某种穆斯林形式的信托等。伊斯兰法只适用于在马来西亚的所有穆斯林。马来西亚设置有未成年人法庭，处理未满18岁的未成年人犯

---

① Christopher & Lee Ong, *Doing Business in Malaysia*, https：//www.christopherleeong.com/media/2860/270917-clo-doing-business-in-malaysia-guide.pdf，最后访问日期2017年9月20日。

罪的案件。

二、民事诉讼程序

（一）审级制度

马来西亚在继受英国法的基础上融合马来西亚独有的多元化背景，形成了独特的民事诉讼体系，目前实行四级法院三审终审制度。① 但是对二审法院的判决进行上诉并非当事人当然的权利。上诉方首先应获得再上一级法院（即三审法院）准许后方能继续其上诉。

（二）民事诉讼程序②

马来西亚的民事诉讼法并未法典化，相关的规定都分散在各个不同级别法院的规则和相应的部门法中，比如证据法、诉讼时效规定、民法法案等法案中。主要的民事程序规定都体现在规则委员会所制定的 1980 年《下位法院规则》、1980 年《高等法院规则》、1994 年《上诉法院规则》和 1980 年《联邦法院规则》中。③ 2012 年的《法院规则》对高等法院及下位法院的相关民事

---

① 林伟翔：《马来西亚民事诉讼程序初探——兼论马来西亚的审级制度》，载于《民事程序法研究》2016 年第 15 辑，第 200 页。

② 马文杰、廖佩霞：《了解马来西亚的纠纷解决》，MahWengKwai & Associates，http：//www. mahwengkwai. com/zh – hans/% E4% BA% 86% E8% A7% A3% E9% A9% AC% E6% 9D% A5% E8% A5% BF% E4% BA% 9A% E7% 9A% 84% E7% BA% A0% E7% BA% B7% E8% A7% A3% E5% 86% B3/，最后访问日期 2017 年 9 月 22 日。

③ 林伟翔：《马来西亚民事诉讼程序初探——兼论马来西亚的审级制度》，载于《民事程序法研究》2016 年第 15 辑，第 201 页。

诉讼规则进行了修订和汇编。

实践中，民事诉讼的原告应向高等法院或下位法院递交起诉状，或先递交一份简要的关于诉讼请求的性质及内容的说明，法院应在收到起诉状或说明后的 1~2 天内出具传票，传票一旦送达至被告，则被告在 14 天内必须提交关于出庭应诉的备忘说明。如原告仅提交了关于诉讼请求的简要说明，还必须在被告提交备忘说明后的 14 天内提交起诉书。应诉答辩的被告应在提交备忘说明的 14 日后，或者在收到起诉状的 14 日后（以二者中最迟的日期为准）提交答辩状。其后，原告在收到被告答辩状的 14 日内应提交对答辩状的反驳意见。

在审理程序开始之前，就相关问题法院可随时召集当事人参加庭前准备会议。在庭前准备会议中，法院会通过发布决定或者指引的形式，以保证程序公正、迅捷和经济地进行。讨论的事项包括：引导当事人进行调解，决定提交文件和交换证据的期限以及确定审判日期等事宜。

关于诉前救济措施，诉讼各方可以采取多种诉前申请来保护自己的权利，例如申请禁止令、临时财产保全、修改起诉状、简易判决等。

2012 年《法院规则》规定了具体的庭审流程。一般的庭审程序包括开场陈述、法庭辩论、证人质询和总结陈词。开场陈述指的是双方代表人对自己的诉求进行简要的总结，一般采取口头陈述的方式，有时也辅之以书面说明。之后双方当事人或者其代表律师就法官所归纳总结的争议焦点进行法庭辩论。

询问证人是庭审中常见的流程。作为一般性规定，原告一般都会让自己的证人先质询。当原告证人多于一人时，他有权决定证人接受质询的顺序。原告证人完成质询后，转而由被告让自己的证人接受质询。当被告证人多于一名时，被告有权决定证人接受质询的顺序。

一般情况下，都是由申请证人出庭的一方律师先行对该证人进行质询盘问。之后，再由另一方的律师进行交叉质询盘问。如有必要，还会进行"再质询"，即由申请该证人出庭的一方律师再次对该证人进行质询盘问。在法院特别许可的情况下，另一方的律师可能因为新的证据出现而在"再质询"环节再一次对该证人进行交叉质询。

在法庭辩论环节结束后，双方进行最后的总结陈词。双方当事人或者委托的律师应当就所有证据进行整理并作出结论，除口头陈述外，还要作书面的总结陈词，法官会依据这份书面陈词提出其疑问，当事人或律师应当作出回应和答复。之后，法官会在庭审中，要求当事人或律师以口头的方式对所述及的问题厘清、进一步说明或者重点阐述。①

关于庭审中使用的语言，《国家语言法》第 8 条规定，除了证人作证之外，法院的所有诉讼程序应使用马来语进行。为方便当事人和法院，法院和律师也常偏好用英语进行诉讼。证人作证有权自己选择语言，如果证人讲马来语或英语以外的语言，则需要配一名翻译。

关于上诉程序，根据 1994 年《上诉法院规则》以及 2012 年《法院规则》的规定，从下位法院向高等法院提起的上诉必须在裁决作出之日起 14 天内提起；从高等法院向上诉法院上诉必须在被上诉裁决作出之日起的一个月之内提起。根据 1964 年《上位法院法》的规定，从上诉法院向联邦法院上诉则必须在上诉法院的裁决作出之日起的一个月内提起。

关于执行程序，执行令一般有三种形式：（1）没收和拍卖执行令；（2）占有不动产执行令；（3）交付动产执行令。申请执行判决的时效是在判决生效之日起的 12 年以内。需要注意的是，对判决所确定的债务的利息可请求的范围仅包括利息到期应付日后的 6 年以内所产生的利息。

---

① 林伟翔：《马来西亚民事诉讼程序初探——兼论马来西亚的审级制度》，载于《民事程序法研究》2016 年第 15 辑，第 202~203 页。

关于诉讼时效，1953 年《诉讼时效规定》做了如下规定：（1）基于合同或者侵权行为而产生的诉讼请求的诉讼时效是案由事项产生后的 6 年之内；（2）关于不动产权利的诉讼请求的诉讼时效是权利产生的 12 年之内。如果是关于被告欺诈及其相关的诉讼请求，诉讼时效则应从原告发现或者在合理的注意义务之下应当发现欺诈事项时开始起算。

三、律师制度①

与英国不同，马来西亚并没有区分"大状"（Advocate）和事务律师（Solicitor）。因此，所有律师既可代表当事人进行法庭诉讼，也可以为客户提供法律咨询、办理商业合约、撰写遗嘱、银行贷款等法律服务。律师应依照《法律职业法》或 1976 年之前的相应法律，在高等法院宣誓并注册。

自 1984 年 1 月 1 日之后，获得马来西亚律师资格需满足以下条件：

（1）年满 18 岁；

（2）具有良好道德；

（3）马来西亚联邦公民或马来西亚常驻民；

（4）拥有马来西亚律师资格鉴定局（Legal Profession Qualifying Board）承认的法学学士学位；

（5）通过法律职业资格考试（Bahasa Malaysia Qualifying Examination）或被获准免考；

（6）律师事务所进行为期 9 个月的实习；②

（7）经马来西亚律师协会（Bar Council）鉴定。

马来西亚律师资格鉴定局由司法部长（担任鉴定局主席）、

---

① 更多内容可以参见马来西亚律师协会网站，http：//www. malaysianbar. org. my/faqs. html。

② 但根据《法律职业法》第 13 条第 3 款的规定，律协也可以免除上至 6 个月的实习期间。

联邦法院首席大法官提名的两位法官、律协主席以及高等教育部提名的一名法学院全职教员组成。此外，司法部长有权发放特别宣誓证书（Special Admission Certificate）给申请在高等法院进行宣誓的律师候选人，作为其律师身份的证明。

每名律师每年必须向高等法院注册科宣告其姓名、地址并进行年度注册。只要具有有效的执业证，每名律师都是马来西亚律协的会员，每年需要缴纳会费。律师本人一旦成为议会、立法大会或任何地方当局的成员，或者在马来西亚国内外的任何商业联合会、任何政治团体中任职，即丧失律师身份。

第三节　马来西亚仲裁制度

一、仲裁法概述

马来西亚的仲裁制度由 2005 年《仲裁法》规定，该法于 2006 年 3 月 15 日正式生效。《仲裁法》对仲裁制度的基本原则、仲裁协议、仲裁庭组成、仲裁庭管辖权、仲裁流程、裁决、裁决的撤销等均作出了规定。

二、仲裁法的适用范围

《仲裁法》第 4 条对可仲裁的事项做了较为宽泛的规定：除违反公共政策的事项之外，任何由当事人通过仲裁协议同意提交仲裁的纠纷均为可仲裁事项。由此可见，马来西亚仲裁制度尽可能地将实际中的商事争议解决事项纳入可仲裁范围。

马来西亚

三、仲裁协议

《仲裁法》第 9 条第 1 款规定，仲裁协议是双方当事人将某种法律关系中已产生或者将产生的全部纠纷或者特定纠纷提交至仲裁机构的协议，而无论该纠纷是否是合同纠纷。

就仲裁协议的形式而言，正如 Standard Chartered Bank Malaysia Bhd v City Properties Sdn Bhd & Anor 案①中，马来西亚法院所表述的，尽管仲裁法规定仲裁协议应当是书面形式的，但这并不意味着应有一个独立的仲裁协议，实际上，仲裁协议既可以在任何书面协议之中，也可以由信函、电报、传真或者其他通信形式的交流或者能够证明存在该种协议的书面记录而组成。

一方当事人就仲裁协议约定的仲裁事项向法院提起诉讼，马来西亚法院应不予受理并要求双方移送仲裁，除非法院认为仲裁协议无效、失效或不能履行，或当事人拟提交争议事项实际并不存在争议。虽然根据《仲裁法》规定其仅适用于仲裁地在马来西亚的仲裁，但在实践中，对仲裁地在马来西亚以外但当事人是马来西亚主体的仲裁，法院认为仲裁条款亦应适用。在 Innotec Asia Pacific Sdn Bhd v Innotec GmBh 案②中，一家马来西亚公司和一家德国公司在德国进行仲裁，其后马来西亚公司在马来西亚法院提起诉讼，请求其发布禁令停止在德国的仲裁程序，而德国公司认为马来西亚法院不应受理本案。最终马来西亚法院决定不予受理，并认为关于 2005 年《仲裁法》仅适用于仲裁地在马来西亚法院的仲裁的理解是不正确的。

① 案号：[2008] 1 MLJ 233。
② 案号：[2007] 8 AMR 67。

四、仲裁庭和仲裁员

仲裁庭的组成人员由仲裁协议或者法律确定。当事人可自由选择仲裁庭组成仲裁员的人数。如果当事人就仲裁员的人数不能达成一致意见，则需根据仲裁的性质确定仲裁员的人数，国内仲裁由一个仲裁员进行，而国际仲裁则由三个仲裁员进行。在马来西亚《仲裁法》下，国际仲裁包括几种情形，如仲裁协议一方营业地在马来西亚之外的其他国家，且仲裁地或主要义务履行地为该其他国家的，则该仲裁为国际仲裁。仲裁协议中明确约定管辖的事项涉及多个国家的，该仲裁亦属于国际仲裁。国内仲裁则指的是除国际仲裁之外的其他仲裁。

在仲裁员的任命程序方面，如果当事人没有约定并且其后也未就此达成一致意见，则当事人可请求吉隆坡区域仲裁中心的区域主任（以下简称"主任"）在收到请求的 30 日内进行选任，如果其不能选任或者没有在 30 日内完成选任，则当事人可申请马来西亚高等法院选任。主任在选任时需要考虑仲裁员的资质、独立性和国籍等因素。尽管仲裁法没有明确规定，但从其规定可以推断出主任在选任仲裁员时也需征求当事人的意见。[①] 双方当事人对主任或者高等法院选任仲裁员的程序不得上诉。

当事人对仲裁员的任命可以提出异议，法定事由包括两种，一是当事人对仲裁员的独立性有合理性怀疑，二是仲裁员不具备当事人约定的资质。原则上，当事人可自由约定处理异议的程序。如果双方未能达成一致意见，则首先由被异议的仲裁员自己决定。如果其不愿意退出或者另一方当事人不同意异议，则提出异议的一方可在 30 日内向高等法院申请最终决定。对于高等法

---

① Sundra Rajoo：Law, Practice and Procedure of Arbitration-the Arbitration Act 2005 Perspective, *the Malayan Law Journal Articles*，［2009］2 MLJA 136.

院的决定没有上诉程序。同时，在仲裁员异议程序期间，仲裁庭可以继续仲裁程序。

五、仲裁程序

当事人就仲裁协议的存在或者效力存在异议的，由仲裁庭自己来决定其是否有管辖权。仲裁协议独立于合同的其他条款，即便仲裁庭已认定合同无效但并不意味着仲裁协议本身无效。当事人对仲裁庭的管辖权异议应最晚不得迟于答辩状的提交。

需要注意的是，当仲裁庭初步裁决其具备管辖权后，任一当事人可在收到该裁决的 30 日内向高等法院申请复议。当事人不得对高等法院的裁决进行上诉，在法院复议期间，仲裁庭可继续进行仲裁程序，甚至直接作出仲裁裁决。

当事人可自由选择仲裁程序适用的规则。如果双方没有达成一致意见，则由仲裁庭选择其认为合适的仲裁方式。当事人还可自由选择仲裁程序起始的时间。实践中，马来西亚法院也认同当事人在仲裁协议中就仲裁时效的约定。在 Dancom Telecommunications（M）Sdn Bhd v Uniasia General Insurance Bhd 案[①]中，法院即以合同自由原则支持了双方当事人将法定的 6 年的时效缩减为 12 个月的约定。

在仲裁过程中，仲裁庭有确保当事人受到公平对待和获得公平合理的陈述机会的义务。

当事人可自由选择仲裁程序所使用的语言，如果当事人之间没有约定，则由仲裁庭根据公平原则进行确定。

《仲裁法》第 25 条规定了当事人提交申请书和答辩意见的内容和方式。《仲裁法》允许当事人在提交申请书或者答辩意见

马来西亚

---

① 案号：［2008］5 CLJ 551。

之后修订其提交的内容，除非仲裁庭认为这种修订会造成不必要的迟延。

马来西亚的仲裁包括两种方式，一种是开庭审理，另一种是书面审理。除非当事人均同意不开庭审理，否则如有任何一方当事人申请开庭审理，则仲裁程序应通过开庭审理的方式进行。开庭审理，仲裁庭有对当事人进行充分通知的法定义务。

《仲裁法》第 28 条和第 29 条分别规定了仲裁庭选任专家证人和协助取证的相关事项。经仲裁庭同意，当事人可向高等法院申请协助调取证据，包括请求证人出庭作证。

六、仲裁裁决

马来西亚《仲裁法》第 30 条规定了关于争议的实体法的适用问题。对于国内仲裁，仲裁庭仅能适用马来西亚法，而对于国际仲裁，则当事人可以自由选择适用的实体法。

根据《仲裁法》第 31 条，仲裁裁决一般根据仲裁庭的多数仲裁员意见作出，但当事人可以自行约定裁决作出的具体程序。所有的仲裁裁决均应以书面签字形式呈现，并附有对裁决原因的说明，以及仲裁日期和仲裁地。

关于裁决的效力，《仲裁法》第 36 条规定，仲裁庭作出的仲裁裁决对当事人有终局拘束力，对败诉方具备可执行力。

实践中，马来西亚仲裁庭可作出四种不同形式的仲裁裁决，临时裁决、附加裁决、协议裁决和最终裁决。[①] 临时裁决一般是仲裁庭在仲裁程序进行过程中所做的裁决，比如针对仲裁协议的效力问题在程序进行中作出裁决。附加裁决是指在最终裁决作出后，仲裁庭针对其在最终裁决中忽略的当事人的申请事项作出的

---

① Sundra Rajoo：Law, Practice and Procedure of Arbitration-the Arbitration Act 2005 Perspective, *the Malayan Law Journal Articles*, ［2009］ 2 MLJA 136.

补充裁决。协议裁决类似于有法律效力的调解协议，是指经仲裁庭确认的申请人与被申请人达成的和解协议，换句话说是经仲裁庭确认的申请人与被申请人共同协商起草的仲裁裁决，与最终裁决具备相同的法律效力。

关于仲裁裁决的撤销，马来西亚《仲裁法》第 37 条规定了 8 种可撤销仲裁裁决的事由，包括：（1）当事人在签署仲裁协议时不具备民事行为能力；（2）根据当事人选择适用的法律，仲裁协议无效；（3）申请人未收到关于仲裁员任命或仲裁程序的合理的通知，或者不能陈述意见；（4）仲裁庭对仲裁申请范围以外的或者仲裁申请未提及的争议作出裁决；（5）仲裁裁决的事项超出了仲裁申请的范围；（6）仲裁庭的组成或者仲裁程序违反了当事人的约定，除非该约定与仲裁法的强制性规定相冲突；（7）根据马来西亚法律，裁决事项不能由仲裁程序解决；（8）仲裁裁决违反了马来西亚的公共政策。对于第 8 项撤裁事由，该条文进一步规定了具体情形，包括：（1）仲裁裁决经欺诈或贿赂而作出，或受到欺诈或贿赂的影响；（2）在仲裁程序期间或者在作出裁决的过程中违反了自然正义。尽管对"自然正义"的定义存在争议，由此会给仲裁程序及仲裁的执行带来一定的负面影响，但从马来西亚的司法实践中看，其对撤销仲裁的事由已限制到与现代国际仲裁实践所一致的较窄的情形。[①]

七、临时仲裁和机构仲裁

《仲裁法》的宽松规定以及司法对仲裁强有力的支持，使得临时仲裁在马来西亚被广泛采用。临时仲裁是为审理某一特定争议而临时设立的仲裁，因而它没有固定的办公地点、章程和规

---

① Sundra Rajoo: Law, Practice and Procedure of Arbitration-the Arbitration Act 2005 Perspective, *The Malayan Law Journal Articles*, ［2009］2 MLJA 136.

则。临时仲裁中，争议双方当事人在选任仲裁员、决定仲裁程序和适用法律等方面都享有充分的自由权，因而仲裁程序也有极大的灵活性。此外，临时仲裁不像机构仲裁一样严格地遵循程序规则，可以免除各种机构的内部程序的时限，因此可能更节约时间，效率更高。

机构仲裁从受理案件类型看，可以进一步分为一般性机构仲裁和专业性机构仲裁。一般性机构仲裁并不区分行业性质而普遍受理各种不同行业领域的仲裁案件，譬如马来西亚吉隆坡区域仲裁中心。马来西亚是亚非法律咨询委员会（Asian - African Legal Consultative Committee，AALCC）的成员。1978 年，亚非法律咨询委员会通过决议在马来西亚吉隆坡建立一个地区仲裁中心即吉隆坡区域仲裁中心，以期在亚太地区建立一体化的解决争端的体系。该中心是非营利性组织，由马来西亚政府提供资金组建并保证不受政府干预。尽管其大部分资金来源于马来西亚政府，但该中心直接向亚非法律咨询委员会报告并只对亚非法律咨询委员会秘书长负责。该中心主要功能包括：促进亚洲地区的国际商事仲裁；对其他仲裁机构的活动提供协助与合作，如由世界银行倡导的解决投资争端的国际公约（The International Center for Settlement of Investment Disputes，ICSID）；对临时仲裁机构提供协助；协助执行仲裁裁决；在仲裁中心的主持下进行仲裁。该中心将联合国国际贸易法委员会（United Nations Commission on International Trade Law，UNCITRAL）仲裁规则稍加修改作为自己的规则。它拥有一个由亚非地区以及与该地区有密切经济联系的国家的著名的法学家、法官、外交家组成的国际仲裁员名单。为加强共同合作，亚洲法律咨询委员会还与世界银行解决投资争端委员会、东京海事仲裁委员会、印度仲裁委员会、日本商事仲裁协会以及美国仲裁协会均订立了相互合作与协助协议。

专业性的机构仲裁只受理与某特定行业有关的各种不同种类的仲裁案件。在马来西亚，各个商业领域中也分布着很多仲裁机

马来西亚

构，一部分专业团体及商会亦有权依其自身的规则进行国内仲裁，譬如：马来西亚建筑协会、工程测量协会、棕榈油炼油协会及橡胶交易许可委员会等都设立了专业化的仲裁机构，处理本行业的贸易争议。他们一般是非开放性的，不受理非会员之间的争议案件。[①]

第四节 争议解决的国际法机制

一、国际投资争端解决中心的争议解决机制

国际投资争端是指在国际投资活动过程中产生的、与投资活动密切相关的各种争议的总称。[②] 为便于解决不同国家间国际投资争端，世界银行执行董事会于 1965 年正式通过了《解决国家和他国国民之间投资争端公约》（《华盛顿公约》），以解决东道国政府与投资者之间的纠纷，该公约于 1966 年 10 月 14 日生效，同时设立了国际投资争端解决中心（ICSID），作为实施公约的常设性机构。在 ICSID 成立的最初 30 年，其受理的仲裁案件屈指可数，平均每年仅处理一个案件。但近 20 年来，得益于双边投资协议的广泛签署，ICSID 接受仲裁案件的数量急剧增加，截至目前，ICSID 受理的案件已达 600 多起。[③]

《华盛顿公约》的核心内容是 ICSID 具有的排他性质的管辖权。一方面，《华盛顿公约》第 25 条对国际投资争端解决中心

---

① 李莉：《马来西亚经济贸易仲裁制度介评》，载于《中国经贸导刊》2011 年第 13 期。
② 张庆麟：《国际投资法问题专论》，武汉大学出版社 2007 年版，第 284 页。
③ R. Doak Bishop, James Crawford and W. Michael Reisman, Foreign Investment Disputes: Cases, Materials and Commentary. *The Hague: Kluwer Law International*, 2005, P. 1.

的管辖范围作出了限定。首先，将争议的当事人限定为一方必须为成员国国家，这其中包括政府和该国的组成部分或机构，而另一方必须为另一成员国的国民，对于这一方当事人的认定，为了公约的目的，双方有必要在事先进行约定。① 其次，将提交中心管辖的争议限定为必须是直接产生于投资的争议并且必须是法律争议，排除了间接基于投资产生的争议和一些纯粹的利益冲突及事实争议的适用。② 最后，要求中心必须在上述适格当事人双方主观同意的情况下，方能对其之间的投资争议进行管辖，且这种主观同意必须呈书面形式；双方一旦达成合意，任何一方不得单方撤销其同意。

另一方面，《华盛顿公约》又对东道国当地救济的排他性和对投资者母国外交保护权的排他性分别进行了规定。除非另有规定，当事人同意提交中心仲裁的案件不得再提交其他程序解决，且其他任何机构包括各国法院也不应该再行受理。但是，在争议双方的仲裁协议当中，成员国一方可以将用尽东道国当地救济作为其同意提交中心仲裁的一个条件。同时，成员国对于其本国的国民与另一成员国根据公约已同意或交付的争议，不得再给予外交保护或是提出国际请求，除非另一成员国未能遵守和履行对此项争议所作出的裁决。③

《华盛顿公约》还规定了调解与仲裁的程序。在仲裁申请的程序方面，希望采取仲裁程序的任何缔约国或缔约国的任何国民，应就此向秘书长提出书面请求，由秘书长将该请求的副本送交另一方。并且该项请求应包括关于发生争端的问题的材料、双方的身份以及他们同意依照采取调停和仲裁的程序规则提交仲裁等内容。

关于仲裁庭的组成，《华盛顿公约》第 37 条第 2 款规定，

---

① 姚梅镇：《国际经济法概论》，武汉大学出版社 1999 年版，第 715 页。

② R. Doak Bishop, James Crawford and W. Michael Reisman, Foreign Investment Disputes: Cases, Materials and Commentary. *The Hague*: *Kluwer Law International*, 2005, pp319 – 321.

③ 安一丹：《CAFTA 投资争议解决的若干法律问题研究》，西南政法大学 2010 年硕士论文。

法庭应由双方同意任命的唯一的仲裁员或任何非偶数的仲裁员组成。如双方对仲裁员的人数和任命的方法不能达成合意，则法庭应由 3 名仲裁员组成，由每一方各任命仲裁员 1 名，第三人由双方协议任命，并担任法庭庭长。第 39 条对仲裁员的身份进行了限制，仲裁员的多数不得为争端一方的缔约国国民和其国民是争端一方的缔约国的国民，但如果唯一的仲裁员或法庭的每一成员是经双方协议任命的，则不适用本条的上述规定。

关于仲裁适用的法律，《华盛顿公约》第 42 条规定，法庭应依照双方可能同意的法律规则判定一项争端。如无此种协议，法庭应适用争端一方的缔约国的法律（包括其关于冲突法的规则）以及可能适用的国际法规则。而对于缺席裁决，《华盛顿公约》则规定了较为特别的规则，其第 45 条规定，一方未出席或陈述其案情，不得视为接受另一方的主张；如果一方在程序的任何阶段未出席或陈述其案情，另一方可以请求法庭处理其提出的问题并作出判决。法庭在作出判决之前，应通知未出席或陈述案情的一方，并给予宽限日期，除非法庭确信该方不愿意这么做。

关于裁决的撤销，《华盛顿公约》第 52 条第 1 款规定，任何一方可以基于如下事由，向秘书长提出撤销裁决的书面申请：（1）法庭的组成不适当；（2）法庭超越权限；（3）仲裁员受贿；（4）有严重的背离基本程序规则的情况；（5）裁决未陈述其所依据的理由。这些撤裁的事由与撤销一般国际商事仲裁的事由不尽相同。

而关于裁决的承认和执行，《华盛顿公约》未对可拒绝承认与执行的情形做明确的规定。其在第 54 条第 1 款中规定，每一缔约国应承认依照本公约作出的裁决具有约束力，并在其领土内履行该裁决所加的金钱给付义务，如同该裁决是该国法院的最终判决。同时该条的第 3 款规定，裁决的执行应受要求在领土内执行的国家关于执行判决的现行法律的管辖。而其第 55 条又着重强调，第 54 条的规定不得解释为背离任何缔约国现行的关于免除该国或任何外国予以执行的法律。之所以仅规定了关于金钱给付义务的执行而排除其他种类的裁决义务的执行，一方面是因为各国国内立法对可执行性规定不一，存在差异；另一方面是因为其他种类的执行可能更容易触及公共秩序问题，而金钱给付义务更便于强制执行。[1] 需要注意的是，由于中国在 1987 年加入《纽约公约》时作出了"商事保留声明"，即《纽约公约》不适用于"外国投资者与东道国政府之间的争端"，此商事保留实际上排除了 ICSID 裁决可以依据《纽约公约》在中国承认与执行。[2] 鉴于马来西亚也在加入《纽约公约》时作出了"商事保留声明"，因此，如马来西亚与其他国家没有其他双边或多边条约的约束，ICSID 裁决也不易在马来西亚执行。

由于马来西亚和中国同为《华盛顿公约》的成员国，均可依照《华盛顿公约》建立的争端解决机制解决国际投资争端。实践中，中国政府参与 ICSID 的第一个仲裁案件即为马来西亚公司 Ekran Berhad 就土地征收问题诉中国政府案。对于该案，2013 年 5 月 16 日，双方当事人已经根据 ICSID 仲裁规则第 43 条第 1 款规定请求终止本案程序。[3]

二、WTO 争端解决机制

1995 年 1 月 1 日开始运行的世界贸易组织（World Trade Organization，WTO）争端解决机制，是在原《关税及贸易总协定》的基础上而创立的一种崭新的制度，是世贸组织这个多边贸易体

---

① 王传丽：《国际经济法》，高等教育出版社 2013 年版，第 615 页。

② 张晓君、魏彬彬：《ICSID 裁决在中国承认与执行的问题与解决之策》，载于《东南法学》2015 年第 2 期。

③ 对于该案的详细情况，请参考 ICSID 的官网：https：//icsid. worldbank. org/en/Pages/cases/casedetail. aspx？CaseNo = ARB/11/15，最后访问日期 2017 年 9 月 22 日。

制得以有效运转的保障。[1] WTO 争端解决机制仅适用于该组织成员之间由于执行 WTO 协议而产生的争议，即争议的主体仅限于该组织的成员方政府，而成员方的自然人或法人不能成为该争议解决机制的主体。WTO 争议解决机制的首要目标，是确保 WTO 各项协议的实施，废除各国与 WTO 各项协议的规定不一致的有关措施，使世界贸易健康发展。[2]

世界贸易组织现行的争议解决机制起源于 1947 年《关税及贸易总协定》第 22 条和第 23 条关于争议解程序的规定。目前，其最基本的法律文件为《关于争端解决规则与程序的谅解》（Understanding on Rules and Procedures Governing the Settlement of Disputes，DSU）。该争端解决机制一方面承袭了原关贸总协定的原则和实践中形成的惯例，另一方面亦在一定程度上避免了原关贸总协定制度的缺陷，加大了依法解决争议的力度；[3] 同时又兼顾了国际贸易争端解决的传统：先采用较为温和的非正式解决方法，后诉诸具有强制性的方式。这样不仅有利于成员方之间维持较好的合作关系，也有利于国际贸易秩序的不断发展。[4] 基于 DSU 的规定，WTO 争议解决机制设立了专门的争议解决机构（Dispute Settlement Body，DSB），其所解决的争议不仅包括传统上的货物贸易，而且还包括与知识产权保护和服务贸易而引起的争议。

目前，WTO 有 164 个成员方，马来西亚是 WTO 的创始成员方之一[5]。中国于 2001 年 12 月 11 日正式成为世贸组织成员。这也意味着，中国和马来西亚之间可以通过 WTO 的争议解决机制来解决执行 WTO 协议过程中所产生的争议。

---

[1] 简学钦：《WTO 争端解决机制对国际投资法的影响》，载于《中山大学学报论丛》，2005 年第 2 期。

[2] 赵秀文：《论世界贸易组织的争议解决机制》，载于《法学家》2000 年第 5 期。

[3] 黄进：《国际商事争议解决机制研究》，武汉大学出版社 2010 年版，第 132 页。

[4] 黄进：《国际商事争议解决机制研究》，武汉大学出版社 2010 年版，第 144 页。

[5] Mangaleswari Arjunan：Overview，*Official Portal of the Ministry of International Trade and Industry*，Last Updated 2016 – 12 – 16 08：58：18，http：//www. miti. gov. my/index. php/pages/view/2456.

在 WTO 框架下解决争议，主要有磋商—专家组解决争议—上诉机构程序—执行程序四个阶段。

（一）磋商程序

DSU 规定，争议各方首先要通过磋商解决争议。当一成员认为另一成员的措施不符合《建立世界贸易组织的马拉喀什协议》（Marrakesh Agreement Establishing the World Trade Organization，WTO Agreement，以下简称"WTO 协定"），从而使自己根据该协定直接或间接获得的利益受到减损的情况下，可请求对方进行磋商，同时应通知 DSB 和有关理事会和委员会。被要求磋商的成员应在接到磋商请求之日后的 10 天内作出答复，并应在接到请求之日起不超过 30 天（紧急案件为 10 天）的期限内进行磋商。磋商应在被要求磋商的一方接到磋商请求之日后 60 天（紧急案件为 20 天）内完成。如果被要求磋商的成员接到请求之日后 10 天内没有答复，或在接到请求之日后 30 天内没有进行磋商，或者在接到磋商请求之日后 60 天内未达成磋商一致或磋商各方共同认为磋商已不能解决争端，起诉方（即请求磋商的一方）可以向 DSU 提出申请成立专家组。若某一进行磋商的成员以外的成员（第三方）认为正在进行的磋商涉及其实质贸易利益，也可在得到磋商通知之日起的 10 天内通知磋商当事各方，请求参加磋商。

（二）专家组解决争议的司法程序

（1）专家组的设立。起诉方提出专家组成立申请后，最迟应在此请求列入 DSB 正式议程的会议之后的下一次会议上成立专家组，除非在此次会议上 DSB 经协商一致同意不成立专家组。专家组一般由 3 名拥有不同背景和丰富经验的成员组成，特殊情

马来西亚

293

况为 5 名成员。专家组的职能是协助 DSB 履行 DSU 及适用协定项下的职责。因此，专家组应对其审议的事项作出客观评估，并作出可协助 DSB 提出建议或提出适用协定所规定的裁决的其他调查结果。

（2）专家组程序。专家组应在遵循 DSU 附录 3 中规定的工作程序的基础上对事实进行调查，并在专家组组成的 6 个月内（紧急案件为 3 个月）提出裁决报告，特殊情况下，可以延长提交报告的期限，但无论如何不能超过 9 个月。专家组应当将报告向 DSB 及争议当事方散发，DSB 在报告散发各成员之日起 20 天后方可审议通过该报告。若当事方对报告有反对意见，应当在 DSB 召开审议该报告的会议前 10 天，提交书面的反对理由。

（三）上诉机构程序

DSB 设有常设的上诉机构处理争端当事方对专家组报告提出异议并向 DSB 提出上述通知的案件。上诉的范围仅限于专家组报告所涉及的法律问题及由该专家组作出的法律解释。上诉机构应在争端当事方通知其上诉决定之日起 60 天内提交报告，特殊情况下该期限可以延长，但无论如何不得超过 90 天。上诉机构的报告应在该报告向争端各方散发后 30 天内由 DSB 通过，并由争端各当事方无条件地接受，除非 DSB 一致决议不通过该报告。

（四）执行程序

专家小组或上诉机构的报告通过 DSB 的审议后，当事各方应予执行。在报告通过后 30 天内，当事方应通知 DSB 其履行 DSB 建议和裁决的意愿。若不能立即执行，当事方应确定一个履行各项建议和裁决的合理期限。如果 DSB 及争端当事方对合理期限都未能达成协议，则可通过仲裁确定，最长不超过自专家组或上诉机构报告通过之日起 15 个月。如果在合理期限内，被诉方不能履行专家组或上诉机构的建议和裁决，则争端当事方应在此合理期限届满前开始谈判，以求得双方都能接受的补偿办法。若合理期限到期后 20 天内，争端当事方就补偿未能达成一致的，起诉方可请求 DSB 授权其对被诉方中止适用在各有关协议项下的减让或其他义务。若对中止程度有异议或在确定中止那些减让或其他义务时未能遵守 DSU 规定的，当事方应当将该事项提交仲裁。仲裁应在合理期限结束之日起 60 天内完成，且减让或其他义务不得在仲裁过程中中止。

三、中国—东盟自由贸易区争端解决机制

2002 年 11 月 4 日，中国与文莱达鲁萨兰国，柬埔寨王国，印度尼西亚共和国，老挝人民民主共和国，马来西亚，缅甸联邦，菲律宾共和国，新加坡共和国，泰王国和越南社会主义共和国等东南亚国家联盟成员国政府（以下将其整体简称为"东盟"或"东盟各成员国"，单独提及一国时简称"东盟成员国"）在金边签订了《中华人民共和国政府与东南亚国家联盟成员国政府全面经济合作框架协议》（以下简称《框架协议》），随后各方在《框架协议》之下建立了正式的争端解决程序和机制，即《中华人民共和国政府与东南亚国家联盟成员国政府全面经济合作框架协议争端解决机制协议》（以下简称《争端解决协议》）。

（一）适用范围

《争端解决协议》第二条全面规定了该协议的适用范围：本协议适用于《框架协议》项下发生的争端，《框架协议》包含附件及其内容在内，而且除非另有规定，《框架协议》应包括将来

依据《框架协议》达成的所有法律文件。其适用范围具有广泛性的特征，中国与东盟各成员国之间产生的贸易、投资、知识产权、环境等领域的各项争端，均可以运用《框架协议》进行解决。① 但需注意的是，根据《争端解决协议》的注释，"非违规之诉"不在该争端解决机制的范围之内。

鉴于中国同马来西亚都是 WTO 的成员方，可能会涉及纠纷解决归属权的问题。《争端解决协议》第 2 条第 6 款规定："本协定不妨碍缔约方依据其均是缔约方的其他条约，诉诸该条约项下争端解决程序的权利，但若是本协定项下或其他均是缔约方的条约项下的争端解决程序已经启动的，起诉方所选择的争端解决场所应排除其他争端解决场所对该争端的适用"。可见，如果《争端解决协议》及其他争端解决机制发生冲突时，起诉方优先选择的争端解决场所会排除其他争端解决场所对该争端的适用。

（二）适用主体

《争端解决协议》在其序言中明确指出当事人仅指东盟成员国及中国，即只有一国政府才能作为争端解决机制的主体起诉，不包括自然人和法人主体。

（三）适用程序

《争端解决协议》前置性规定了磋商机制，根据《争端解决协议》第 4 条第 3 款和第 6 条第 1 款的规定，当事人必须已经经过了磋商环节才能请求设立仲裁庭。根据《争端解决协议》第 4 条第 1 款的规定，磋商请求提出的基础包括：（1）起诉方在《框架协议》项下直接或者间接获得的利益正在丧失或者减损；或

---

① 朱江：《中国—东盟自由贸易区争端解决机制问题研究》，载于《特区经济》2010 年第 10 期。

（2）《框架协议》任何目标的实现正受到阻碍。而就磋商的具体程序而言，第4条第3款规定：如一磋商请求被提出，则被诉方应在收到该请求之日起7天内作出答复，并应在收到该请求之日起不超过30天的期限内真诚地进行磋商，以达成双方满意的解决办法。如被诉方未在前述的7天内作出答复，或未在前述的30天内进行磋商，则起诉方可以直接依据第6条请求设立仲裁庭。就紧急案件而言，第4条第7款规定：在紧急案件中，包括涉及易腐货物的案件，有关当事方应在收到请求之日起不超过10天的期限内进行磋商。如在被诉方收到请求之日起20天的期限内，磋商未能解决争端，则起诉方可依据第六条直接请求设立仲裁庭。

在《争端解决协议》建立的机制中，仲裁庭程序是解决争端的核心程序。仲裁庭的组成，《争端解决协议》规定由争议方各自推选仲裁员，其后由独立第三方指定的方式予以处理。根据其第7条第2款和第3款的规定，仲裁庭一般包括3名成员，起诉方（在20日内）和被诉方（在30日内）需各指定一名。如争端任何一方未能在此期限内指定仲裁员，则另一方所指定的仲裁员应作为仲裁庭的独任仲裁员。在起诉方和被诉方分别指定了仲裁员后，有关当事方应尽力就仲裁庭主席人选达成一致，如未对此达成一致，则应请求世界贸易组织总干事来指定仲裁庭主席，且争端各方应接受此种指定。

而就仲裁程序，《争端解决协议》第9条第3款规定：在与争端各当事方磋商后，仲裁庭应尽快且只要可能，在仲裁庭组成后的15日内，确定仲裁程序的时间表。在确定仲裁程序的时间表时，仲裁庭应为争端当事方提供充分的时间准备各自的书面陈述。仲裁庭应设定争端各方提交书面陈述的明确期限，各方应遵守此最后期限。另一方面，根据该条第一款的规定：争端各当事方只有在仲裁庭邀请时方可出席会议。可见，《争端解决协议》之下是一个以书面审理为主、口头审理为辅的审理模式。

仲裁庭对争议作出客观评价，包括案件事实、《框架协议》

马来西亚

297

的适用性以及是否违反《框架协议》有关规定等问题。仲裁庭应依据《框架协议》及适用的国际法规则进行裁决。如果仲裁庭认定某一措施违反了《框架协议》的规定，则应建议被诉方修正其行为以符合《框架协议》的要求，并可以就修改的方法提出建议。但是在调查和建议中，仲裁庭不得增加或减少《框架协议》规定的权利和义务。同时，在仲裁过程中，仲裁庭应当给予争端当事方进行磋商的机会，以达成双方满意的结果。仲裁庭应当根据一致意见作出裁决，若未能取得一致意见的，则以多数意见为准。仲裁裁决为终局裁决，对争端当事方具有约束力。但是，根据尊重缔约方主权的原则，仲裁庭作出的裁决不能是要求任何缔约方政府采取相关措施的命令。

另外，该机制的另一特别之处是，当事人对仲裁庭起草的报告草案有进行审查和发表评论的权利。根据第 9 条第 7 款规定：在考虑书面陈述、口头辩论及其他提交的信息后，仲裁庭应向争端方提交一份报告草案，包括有关争端事实和争端各方争议的描述部分以及仲裁庭的调查结果和结论。在报告最终完成前，仲裁庭应给予争端方充分的机会来审查整个报告草案，并在最终报告中包括对争端方评论的讨论情况。

在仲裁庭审理后，仲裁庭应在其组成的 120 天内向争端方散发最终报告。在紧急案件中，包括涉及易腐货物的案件，仲裁庭应力求在其组成的 60 天内将其报告散发各争端方。如仲裁庭认为不能在 120 天内散发最终报告，或在紧急案件中不能在 60 天内散发报告，则应书面通知争端方延迟的原因和散发报告的估计期限。自仲裁庭组成至报告散发争端方的期限无论如何不应超过 180 天，而且仲裁庭的最终报告在散发争端方的 10 天后，成为公开文件。①

此外，《争端解决协议》亦规定了灵活的调解和调停程序，

---

① 《争端解决协议》第 9 条第 8 款和第 9 款。

此程序没有严格的时间限制，可由争端当事方随时开始和中止。

最后，仲裁庭的建议和裁决被最终执行是争议解决的最终目的，因此《争端解决协议》也对执行程序做了相应规定。如果立即执行确有困难，被诉方应在双方一致确定的合理期限内执行。若争端当事方未能就合理期限达成一致的，则只要可能，争端任何一方可将此事项提交原仲裁庭决定。若双方对于被诉方为执行仲裁庭建议和裁决所采取的措施是否符合《框架协议》产生争议的，应将该争端提交原仲裁庭裁决。

在被诉方未能执行仲裁庭建议和裁决时，起诉方可以申请被诉方给予必要的补偿，双方应就补偿调整进行谈判，若在 20 天内未能达成一致意见，起诉方可请求原仲裁庭对被诉方实施中止减让或利益。中止减让或利益的范围仅限于在《框架协议》项下的、被诉方享有的减让或利益。上述措施是临时性的，在被诉方的行为与《框架协议》一致时，减让或利益的终止将被取消。不过在价值取向上，相比于支持起诉方采取中止减让或利益的措施，《争端解决机制协议》更鼓励被诉方完全执行仲裁庭的建议和裁决。

四、中国—东盟《投资协议》下的国际投资争端解决机制

2009 年 8 月，中国和东盟各成员国签订了《中华人民共和国政府与东南亚国家联盟成员国政府全面经济合作框架协议投资协议》（以下简称《投资协议》），对中国—东盟自由贸易区内的各项争端包括东道国政府和投资者之间的投资争议的解决奠定了大体的框架。

该框架在《华盛顿公约》之外，又给中国和东盟各成员国就东道国政府和投资者之间的争议提供了较为多元化的争端解决

机制。《投资协议》的第 14 条第 4 款规定：如果当事人在提出磋商和谈判的书面请求后 6 个月内，争端仍未解决，除非争端所涉方另行同意，则应当根据投资者的选择，将争端：（1）提交有管辖权的争端缔约方法院或行政法庭；（2）如果争端所涉缔约方和非争端所涉缔约方均为国际投资争端解决中心公约的成员，则可根据《国际投资争端解决中心公约》及《国际投资争端解决中心仲裁程序规则》提交仲裁；（3）如果争端所涉缔约方和非争端所涉缔约方其中之一为国际投资争端解决中心公约的成员，则可根据国际投资争端解决中心附加便利规则提交仲裁；（4）根据《联合国国际贸易法委员会的规则》提交仲裁；（5）由争端所涉方同意的任何其他仲裁机构或根据任何其他仲裁规则进行仲裁。可见，《投资协议》给东道国政府和投资者提供了更多的自主选择解决双方间争端方式的权利。

第五节　马来西亚与中国之间司法裁决和仲裁裁决的承认和执行

一、司法裁决的承认和执行

承认与执行外国司法裁决，是指一国法院依据内国立法或有关的国际条约承认有关外国法院的民事判决在内国的效力，并在必要时依法予以强制执行。[①] 国家一般以条约或互惠关系为依据，对外国法院的判决进行承认与执行。马来西亚关于互惠关系

---

① 韩德培主编，肖永平副主编：《国际私法》，高等教育出版社、北京大学出版社 2007 年版，第 506 页。

的规定较为狭窄，1958 年制定的《互惠执行裁决法》中对互惠的国家或地区及法院通过清单进行了明确的列举，中国仅有香港特区高等法院在列。而在清单外的国家和地区，只有确保存在实质性的互惠关系，即当马来西亚高等法院的判决得到该国和地区法院的承认，才可以增加到清单中。

就刑事司法裁决的承认与执行而言，马来西亚的《互惠执行裁决法》规定了该法仅适用于承认与执行其他国家刑事诉讼程序中关于给被害人提供赔偿的刑事裁决的部分。具体的刑事裁决的承认和执行还需依赖于马来西亚和其他国家的双边条约或协定。目前中国和马来西亚尚未就刑事司法裁决的承认与执行达成一致意见，在规范层面，仅有双方于 2015 年 11 月 23 日签订、中国全国人大常委会于 2016 年 12 月 25 日批准生效的《中华人民共和国政府和马来西亚政府关于刑事司法协助的条约》，其规定的主要内容是调查和获取证据，以及送达文书等刑事司法协助事宜，不包含双方刑事裁决的承认与执行。

就民事裁决的承认与执行而言，马来西亚的《互惠执行裁决法》仅适用于中国香港地区高等法院所作出的裁决，而中国和马来西亚也尚无相关双边条约或协定，因此中国大陆的法院与马来西亚法院之间在实践中尚无相互承认与执行的先例，没有形成规范层面或实质层面的互惠关系，双方间相互承认与执行民事裁决还存在许多困难。

二、仲裁裁决的承认和执行

（一）承认与执行仲裁裁决的范围

中国与马来西亚同为《纽约公约》的成员国，双方间承认与执行仲裁裁决的机制较为完善。需要注意的是，中国加入《纽约公约》时提出了两项保留，即互惠保留和商事保留。根据互惠保留，中国只在互惠关系的基础上对在另一缔约国领土内作出的仲裁裁决的承认与执行适用该《公约》。而商事保留是指中国仅对按照中国法律属于契约性和非契约性商事法律关系所引起的争议适用该公约。马来西亚亦对《纽约公约》的适用作出了互惠保留和商事保留，含义与中国作出的保留声明基本相同，不同之处在于商事保留中的商事关系的认定需依照马来西亚的法律确认。

（二）申请承认与执行仲裁裁决的具体程序

关于在中国法院申请承认与执行马来西亚仲裁裁决而言，根据《纽约公约》第4条、第5条及中国最高人民法院《关于执行中国加入的〈承认及执行外国仲裁裁决〉的通知》的第4条、第5条，申请中国法院承认和执行在另一缔约国领土内作出的仲裁裁决，由仲裁的一方当事人提出，当事人应当提交经中国驻外使领馆认证或经中国公证机关公证的仲裁裁决书的中文文本。申请人应当在《中华人民共和国民事诉讼法》（简称《民事诉讼法》）第239条规定的2年申请执行期限内提出。中国有管辖权的人民法院在接到一方当事人的申请后，应对申请承认与执行的仲裁裁决进行审查。经审查，如果人民法院认为裁决不具有拒绝承认与执行的法定事由的，应裁定承认其效力，并依照中国《民事诉讼法》中规定的程序予以执行；反之，人民法院应裁定驳回当事人的申请，拒绝承认与执行。

需注意的是，在中国需要严格遵从拒绝承认和执行外国仲裁裁决的报告制度。1995年中国最高人民法院《关于人民法院处理与涉外仲裁裁决及外国仲裁事项有关问题的通知》指出，凡一方当事人向人民法院申请承认和执行外国仲裁机构的裁决，如果人民法院认为申请承认和执行的外国仲裁裁决不符合中国参加的国际公约的规定或者不符合互惠原则的，在裁定拒绝承认和执行之前，必须报请本辖区所属高级人民法院进行审查；如果高级人民法院同意拒绝承认和执行，应将其审查意见报最高人民法院。待最高人民法院答复后，方可裁定拒绝承认和执行。

关于在马来西亚申请承认与执行中国仲裁裁决而言，根据马来西亚《仲裁法》第 38 条的规定，申请执行公约裁决的当事人必须提供正式认证的裁决书原本和经认证的副本，以及最初的仲裁协议或者其经认证的副本。裁决如果不是用马来西亚语言或英语写成的，则必须将其翻译成英语，而且必须由《纽约公约》缔约国的公证机构或者外交及领事机构进行证明。与中国相比，马来西亚没有类似的层级报告制度。

（三）拒绝承认与执行仲裁裁决的情形

就中国法院拒绝承认与执行涉外仲裁裁决的情形，根据中国《仲裁法》第 71 条、《民事诉讼法》第 274 条第一款规定，有管辖权的人民法院经审查认定中国涉外仲裁裁决存在下列情形之一的，裁定不予执行：第一，当事人在合同中没有订立仲裁条款或者事后没有达成书面仲裁协议的；第二，被申请人没有得到指定仲裁员或者进行仲裁程序的通知，或者由于其他不属于被申请人负责的原因未能陈述意见的；第三，仲裁庭的组成或者仲裁的程序与仲裁规则不符的；第四，裁决的事项不属于仲裁协议的范围或者仲裁机构无权仲裁；第五，人民法院认定执行该裁决违背社会公共利益的，裁定不予执行。

就马来西亚法院拒绝承认与执行涉外仲裁裁决的情形，马来西亚《仲裁法》第 39 条规定了下列拒绝承认与执行的理由：第一，当事人可以证明：（1）当事人在签署仲裁协议时不具备民事行为能力；（2）根据当事人选择适用的法律，仲裁协议无效；（3）申请人未收到关于仲裁员任命或仲裁程序的合理的通知，或者不能陈述意见；（4）对仲裁申请范围以外的或者仲裁申请未提及的争议作出裁决；（5）仲裁裁决的事项超出了仲裁申请的范围；（6）仲裁庭的组成或者仲裁程序违反了当事人的约定，除非该约定与仲裁法的强制性规定相冲突；（7）裁决尚未对当事人生效，或者作出裁决或裁决适用的法律的所在国法院撤销或中止了该裁决。第二，或者高等法院查明了下列事实：（1）根据马来西亚法律，裁决事项不能由仲裁程序解决；（2）仲裁裁决违反了马来西亚的公共政策。上述规定与马来西亚《仲裁法》中关于撤销仲裁裁决的法定事由基本一致。

第六节 司法救济风险与防范

一、风险分析

（一）法律适用的风险

马来西亚的法律兼具普通法系和伊斯兰法系的特点，与中国法律大不相同。同一问题在中国和马来西亚会有不同的法律后果。比如以仲裁协议的效力举例，中国尚不承认临时仲裁效力，因此未明确仲裁机构的仲裁协议条款在中国是无效的，而在马来西亚临时仲裁被广泛运用，该等条款如无其他法定无效事由则不会被认定为无效。

（二）确定争议解决条款的风险

争议解决条款是企业控制法律风险的重要手段，如果没有设计好或者没有在谈判中争取到对己方有利的争议解决条款则会增加己方事后的法律风险。一些中方企业在项目拓展和合同签订时不重视争议解决条款，导致争议发生后处于较为被动的局面。

（三）选择律师和仲裁员的风险

一些中方企业在纠纷发生之后，在选择恰当的律师和仲裁员方面有考虑不周之处。有些误以为收费越高肯定水平越高，有些误以为大牌国际仲裁员优于华裔或者外国当地的仲裁员，有些单纯以语言能力选择律师或仲裁员。事实上，选择律师和仲裁员要结合案件的背景，选择熟悉该案涉及的行业背景和程序规则，并且有很强的法律思维和论证能力的律师或仲裁员才是明智之举。

（四）程序处理的风险

由于对当地纠纷解决程序的不熟悉，或者对对簿公堂有恐惧心理，一些中国企业在发生纠纷后持消极应对的态度，往往会错过利用程序合法维权的机会。例如，很多外国当地诉讼或者仲裁程序有相应时限，如果超过了时限还未提交证据或者答辩意见，则会对自身造成许多不利影响。

马
来
西
亚

二、防范措施

（一）优化设计争议解决条款

在设计和谈判争议解决条款时，应尽力争取仲裁救济，而力求避免在当地进行诉讼。马来西亚的诉讼程序审限长、层级多，涉及中方相对不熟悉的判例法，无论是应诉还是后期的执行程序都会相对复杂。而另一方面，即便不在马来西亚而在中国进行诉讼，鉴于两国之间没有相互承认与执行民事判决的机制，判决也难以在马来西亚执行。因此，从法律角度来说，在签订合同时应尽可能将救济方式约定为仲裁。在选择仲裁地时，应优先选择中国内地或者香港地区或其他《纽约公约》缔约方的地点。同时，在选择实体法时，需要考虑到预见性和稳定性，避免选择不熟悉的法律。此外，在选择时应当咨询专业的律师意见。

（二）注重争议解决条款的谈判策略

在争议解决条款的谈判过程中，一方面需依赖自身的谈判地位和谈判实力；另一方面也要讲求策略，不能一味地拘泥于格式条款或者受外国主体的摆布。就涉及马来西亚的争议解决机制而言，可在与马来西亚谈判时强调中国相对马来西亚争议解决机制的优势。例如，中国是大陆法系国家，无论是诉讼还是仲裁程序都有严格的审限控制，而马来西亚是普通法系国家，没有审限的限制，一个普通的交叉询问程序就需要花费大量时间。从而使外方看到在中国进行仲裁程序会比在马来西亚更具备时间和成本上的优势。

（三）制定公司内部争议解决政策

中国公司在项目开拓和签约阶段就应该制定清晰的争议解决策略。一方面需对不同的合同、投资纠纷制定适合自身的争议解决条款模板，同时建立外部律师或仲裁员信息库，以备不时之需。另一方面还需要了解投资东道国的争议解决规则，比如马来西亚关于拒绝承认与执行仲裁的法定事由，以避免选择了仲裁程序后出现一些不利于后续执行的程序问题。这样，在确立了公司内部的争议解决策略后，再通过相应的知识管理和培训，提高公司本部层面应对实际问题的能力。

第七节　典型案例

一、涉外诉讼案例分析——马来西亚 D 公司与中国 C 公司的合同纠纷诉讼案

（一）案例介绍

2002 年，中国 C 公司与马来西亚 D 公司合作跟踪马来西亚某工程项目，并签署合作协议。2007 年 7 月与 C 公司同属于一个集团（Z 公司）的兄弟公司 H 公司中标该项目。D 公司对此表示不满，认为 C 公司在未取得其同意的情况下向 H 公司提供了相关设计建议书，并与 H 公司共谋侵害其利益，于 2008 年 1

月以违约和/或违反信托义务和/或共谋欺诈等为由（后于同年3月变更诉讼请求），将C公司、H公司、H公司当地合作伙伴R公司及Z公司诉至吉隆坡高等法院（后因原告送达程序错误，法院将H公司及Z公司从被告名单中排除），要求赔偿其损失及费用1.055亿林吉特（约3 400万美元）。

（二）法庭审理过程及判决

历经多次庭前准备会议后，吉隆坡高等法院于2012年9月开庭审理该案，10月作出一审判决，认定原告D公司是相关设计建议书的共有人，且未同意C公司将设计建议书交予H公司及R公司，C公司构成违约；C公司和R公司共同欺诈D公司；支持D公司要求C公司及R公司赔偿其损失的请求。

C公司认为一审判决事实认定错误，且法律适用不当，必须上诉以推翻原错误判决。为扭转不利局面，C公司更换了代理律师，于2012年11月向吉隆坡上诉法院提交了《上诉通知》，并于2013年1月和6月分别提交了《上诉记录》和《上诉书面意见》。期间，D公司通过其律师向C公司提出给付其1 000万美元的和解提议。C公司应诉团队认为一审判决有法律上的漏洞，即便败诉，具体损失金额的认定也并非易事（具体损失金额是根据单独的损害赔偿评估程序确定），因此，C公司提出大幅降低和解金额方案，被对方拒绝，和解破裂。

经两次开庭审理后，吉隆坡上诉法院于2014年5月作出判决，认为一审法院对合同内容的解释有实质性错误，该错误足以推翻其判决，二审判决支持C公司的上诉，全面驳回了D公司的索赔请求，并判决其须向C公司等支付诉讼费用共15万林吉特。马来西亚实行三审终审制度，D公司不服，于2014年6月向终审法院马来西亚联邦法院提起上诉。

2015年2月，马来西亚联邦法院以没有新的法律问题需要审理为由，裁定驳回 D 公司上诉。至此，该案以 C 公司全面胜诉结案。

（三）案例启示

（1）马来西亚诉讼周期长、环节多，应诉团队坚持不懈是本案成功翻案的基础。纵观此案，从一审败诉，到二审转败为胜，至三审继续保持胜利，历经 7 年，没有坚持就不可能取得最终的胜利。期间，应诉团队因一审失利，并且是在境外法院的失利，有过焦虑和沮丧，但是通过多次召开案情分析会议，总结应对经验，进一步整合内外部优秀法律资源，重新确定应对方案，最终取得完胜的满意结果。

（2）优秀的应诉团队和内外部专业人士的良好合作是本案胜诉的关键。此案聘请的一审代理律师在马来西亚具有广泛影响力，来自各类排名均名列前茅的知名律师事务所。一审失利后，应诉团队总结经验调整策略，更换了代理律师，聘请了个人诉讼经验十分丰富、诉讼技巧娴熟的知名诉讼律师作为二审代理律师。此外，为便于与马方律师沟通，C 公司还聘请了英美法知识及实践经验丰富的某国内律师作为内部咨询顾问。律师的丰富经验以及专业素养对本案的走势产生了重要影响。另外，二审团队在证据材料准备、法理分析、程序运用等各个方面表现出了较高的专业性。

（3）注重研究马来西亚诉讼制度。尽管马来西亚的诉讼制度为三审终审制，但由于当事人向联邦法院上诉必须满足极为严苛的条件才会被立案，二审往往成为实际意义上的终审，因此，必须高度重视二审环节，尤其是在一审失利的情况下，应及时调整策略，把二审当作终审对待，下大力气，争取有更为公正的结果。

（4）妥善应对赔偿金额的评估确定程序。根据马来西亚法律，赔偿金额的评估确定通过独立程序完成，与一审程序相似，对评估决定可以上诉，所以不应忽视在赔偿评估程序中的应诉，同时，也应认识到，赔偿评估程序为案件进程也提供了缓冲。此外，在评估程序完结之前须慎重考虑对方的和解提议，避免仓促作出不利的决定。根据马来西亚法律，上诉并不意味着评估程序确定的结果自动暂停执行，因此，需要注意，如一审被判定须向对方履行义务，评估程序开始，则应在二审程序中申请暂停执行，以避免损失。[①]

（本案例由编写组根据相关资料整理。）

二、涉外仲裁案例分析——马来西亚 A 公司与中国 B 公司的仲裁合同争议案

（一）案例介绍

马来西亚 A 公司为其海外项目煤炭供应进行招标，中国的 B 公司提交了相应方案。A 公司接受、采纳了 B 公司的方案并按要求支付了相应定金。之后，B 公司以政策变化为由拒绝履行合同。2013 年，A 公司对 B 公司发出仲裁通知。B 公司反驳称双方签订的合同中并不存在对仲裁事项的约定，A 公司的仲裁请求无事实依据并请求高等法院作出禁令，禁止 A 公司继续仲裁程序。高等法院作出禁令之后，A 公司就此上诉至上诉法院。

B 公司认为，在双方最终签署的合同中，并无仲裁事项约定。A 公司则认为，虽然最终合同上无特定"仲裁条款"，但其他与本合同有关的文件中已约定了仲裁，应依据文件上的仲裁条款对争议事项进行仲裁。

（二）法庭观点及判决

上诉法院依据马来西亚 2005 年《仲裁法》对相应争议进行了

---

① 申请暂停执行需证明如不暂停则可能导致上诉不能取得效果（例如，对方当事人在获得赔偿金额后可能无法在上诉方上诉成功时归还该款项）。

分析。2005 年《仲裁法》中第 9 条第 5 项规定，合同当事人若已于合同相关的文件中约定了仲裁条款，则该合同适用《仲裁法》相应规定。根据《仲裁法》的规定，若合同文件为书面文件，且其中的"仲裁条款"指向相应合同的具体事项，则合同涵盖文件项下的仲裁条款，属于合同的组成部分。据此，法庭认为：

"仲裁协议"不仅可以依据合同自身仲裁条款，也可依据其他关联文件中的相应约定。A 公司与 B 公司先前在其他文件上约定了仲裁条款，且该文件的事宜为最终签订的合同的具体内容。该类文件分别约定了可选择香港、英国及加拿大作为仲裁地。综上，双方发生争议，应依据具体争议事由，选择合适的仲裁机构进行仲裁。

因此，法院判决：双方之间存在仲裁协议，应按照争议具体内容在合适的仲裁机构进行仲裁。

判决作出之后，A 公司与 B 公司在香港对其合同项下的纠纷进行了仲裁。

（三）案例启示

外国企业与马来西亚企业的贸易往来需关注争议解决途径的选择。若最终签署的合同未阐明争议解决途径，相关企业不得因此认为双方对争议解决无事先约定。依据马来西亚的法律法规，法院在判定是否存在仲裁协议时往往看重双方事前是否有事实上的约定，而非仅仅依据最终签署的合同。

此外，中国企业在马进行投资贸易时，应对投资、贸易的具体内容应进行分析，选择出有利于自身的争议解决方式，在文件或者合同中提前与对方约定，防患于未然。选择仲裁方式解决争议的，若条件成熟，应提前与对方约定好仲裁地，以预防地方保护，保证企业在争议发生后具有主动性。

（本案例由编写组根据相关资料整理。）

第八章

马来西亚其他法律风险防范提示

第一节　知识产权

一、马来西亚知识产权政策概述

（一）马来西亚知识产权法规概述

马来西亚是世界知识产权组织的成员国，也是多个知识产权多边条约的签字国，其知识产权法律与国际主流标准接轨，保护标准较高。21世纪以来，马来西亚政府在立法、执法和司法领域不断提高知识产权的保护水平。目前，马来西亚知识产权法律体系完备程度和执法水平居于东盟国家前列。

马来西亚的知识产权规则体系由两部分组成。一部分是国内法，有1983年《专利法》、1986年《专利法规则》、1976年

《商标法》、1997 年《商标规则》、1996 年《外观设计法》、1999 年《外观设计法规则》和 1987 年《版权法》。另一部分是马来西亚加入的知识产权国际公约，有《巴黎公约》《专利合作条约》《尼斯协定》《维也纳协定》《伯尔尼公约》《世界知识产权组织版权条约》《世界知识产权组织表演和录音制品条约》和《与贸易有关的知识产权协议》（TRIPS）协议。

为提升国内知识产权保护水平，2007 年 7 月，马来西亚政府发布国家知识产权政策，旨在促进建立更为健全的知识产权法律体系，并确保知识产权法律制度得以有效实施。该政策确立了马来西亚知识产权法律建设的总目标：加强马来西亚知识产权公司（Intellectual Property Corporation of Malaysia, MyIPO）的管理能力以应对逐年增多的注册申请；优化知识产权申请和注册程序、完善公共检索设施及信息传播制度，使知识产权保护达到最高标准；推进知识产权的商业化，鼓励知识产权通过许可和转让的方式取得效用的最大化；成立专门的专家组对知识产权活动的各个环节进行评估与改进；发展用于知识产权资产抵押和担保的金融工具，创建能够为知识产权产业提供激励、转让和金融管理的有益环境，通过建立高标准的知识产权保护制度来鼓励外国投资和技术转移；保证投资者一旦遭遇侵权能够通过法律途径寻求救济；建立知识产权学院，提供专利确权、实施、纠纷解决、管理、评估、许可以及公众意识等方面的知识产权培训课程，以提高公众的知识产权意识；在中小学引入知识产权相关教育，培养青年的知识产权意识等。[①]

（二）马来西亚知识产权管理体制

MyIPO 负责管理和监督马来西亚知识产权问题或事项，在行

---

① 中华人民共和国国家知识产权局：《马来西亚发布知识产权政策》，http：//www.sipo.gov.cn/dtxx/gw/2007/200804/t20080401_353584.html。

政管理和财务上完全自治。内部成立部门间规划组（Inter-ministry Planning Group），负责协调 MyIPO 与国际贸易与工业部、科学技术与创新部以及其他政府部门之间的工作，共享各机构间的信息。MyIPO 另一重要职能是通过举办各类宣传活动、研讨会、设立咨询服务点等形式在民众中普及知识产权保护意识。MyIPO 在每年 4 月底会举行的知识产权日博览会，是马来西亚国内级别最高的知识产权宣传活动。

此外，马来西亚设有专门的知识产权法院用于高效处理知识产权案件。

总体来说，马来西亚的知识产权保护标准比较严格，惩罚力度也较大。中国投资者在马来西亚从事商业活动时，既应该注重积极取得自身技术成果的知识产权，也应当注重了解并遵守与知识产权有关的法律规定，避免侵犯他人权利。

（三）中马两国知识产权合作

中国和马来西亚作为世界知识产权组织的成员国，共同加入了多项国际条约，在知识产权制度上有很多的共同之处。

2015 年 8 月，中马双方签署《中华人民共和国国家知识产权局与马来西亚知识产权局知识产权领域合作协议》。该合作协议是两国知识产权主管部门间签署的首个框架性合作协议，双方同意就知识产权战略、法律法规和政策的制定实施、国际知识产权重大问题等交流信息和经验；并在知识产权审批与授权、人员培训和人力资源发展、知识产权金融服务、信息技术开发与应用、数据和文献交换、专利信息公共服务、知识产权宣传、遗传资源、传统知识和民间文艺等方面开展合作。①

---

① 中华人民共和国国家知识产权局：《中国国家知识产权局与马来西亚知识产权局签署合作协议》，http：//www.sipo.gov.cn/zscqgz/2015/201508/t20150825_1165511.html，最后访问日期 2017 年 9 月 28 日。

同年 11 月 25 日，中马两方在吉隆坡发表《中华人民共和国和马来西亚联合声明》，该声明的第 12 条专门约定了两国的知识产权合作："双方同意促进市场主体准入和知识产权尤其是商标领域合作，共同支持知识产权权利相关的市场活动，促进双方信息和理念交流，便利知识产权权利人和潜在合作伙伴开展知识产权活动。双方欢迎两国签署《关于政府市场主体准入和商标领域合作谅解备忘录》"。[①] 这体现出了在两国商贸往来日渐频繁的大背景下，知识产权保护制度的共建也在逐步推进。

二、马来西亚知识产权法律制度内容

（一）专利权

马来西亚有 1983 年的《专利法》规制专利有关内容。2006 年，马来西亚加入《专利合作条约》（Patent Cooperation Treaty, PCT）。此外，1996 年《外观设计法》和 1999 年《外观设计条例》是马来西亚关于外观设计专利权保护的立法。

马来西亚的发明专利和实用新型专利实行审查制，而外观设计专利实行登记制。[②] 专利的授予标准与国际通行标准一致：一项具有新颖性、独创性和工业实用性的发明可以被授予专利。遵从《与贸易有关的知识产权协议》《专利法》对于发明规定的自提交申请之日起 20 年的保护期限。根据《专利法》，实用新型证书提供自提交申请之日起 10 年的保护期限，且可以根据使用情况进行两次 5 年的续期。外观设计专利权经注册之后，初始保

---

① 人民网：《中华人民共和国和马来西亚联合声明》（全文），http：//fj. people. com. cn/n/2015/1124/c181466 – 27162267 – 2. html，最后访问日期 2017 年 9 月 28 日。

② 东南亚知识产权信息网：《马来专利实务指引》，https：//ipr. fjut. edu. cn/11/fc/c4714a70140/page. htm，最后访问日期 2017 年 9 月 28 日。

护期限为 5 年，此后可两次分别延长 5 年，总保护期限最长为 15 年。提交注册的外观设计必须具有新颖性，且不包含单纯功能性上的设计，也不属于现有设计。该法允许外观设计专利权人将外观设计进行类似个人财产的转让和授权。专利权人有权对专利发明进行实施、授权或转让，并有权对外签署授权合同。

在专利申请方面，目前马来西亚知识产权局可以受理《专利合作条约》下的专利国际申请。定居在马来西亚或作为马来西亚居民的申请人可以直接提交专利申请。外国人则必须通过马来西亚的专利注册代理代为申请。

在强制许可的范围内，《专利法》允许进口来自已经存在于其他国家市场中的专利产品（平行进口）。政府还可以基于公共秩序和公益的原因禁止对某项专利进行商业应用。

与中国法律规定不同的是，根据马来西亚的《专利法》，专利侵权的诉讼时效为侵权行为发生之日起 5 年。

（二）商标权

马来西亚于 2007 年 6 月 28 日加入了《商标注册用商品和服务国际分类尼斯协定》（以下简称《尼斯协定》）和《建立商标图形要素国际分类维也纳协定》（以下简称《维也纳协定》）。《尼斯协定》旨在对商品和服务进行商标注册目的的国际分类，《维也纳协定》则建立了对商标图形要素的分类。两个协定对于商标注册均有重要意义。此外，1976 年《商标法》就马来西亚的注册商标提供保护。

《商标法》的保护对象是在马来西亚注册的商业标识和服务标识。马来西亚的商标分为商品商标和服务商标两类。商标一经核准，保护期限为 10 年，此后可每次续期 10 年。商标注册之后，除商标权利人和被授权人之外，其他个人或企业不得使用该注册商标，否则视为商标侵权行为。商标权人有权出售、转让或

马来西亚

授权他人使用该商标。

与专利一样，外国商标必须在马来西亚登记才能获得合法保护，并且此种登记也必须由马来西亚商标代理人向知识产权局提出申请，外国人不得自行提出申请。

根据 TRIPS 协议，马来西亚政府禁止任何人未经许可，擅自注册知名商标，并制定了大量的措施以禁止伪造商标的进口。

（三）著作权

1987 年《著作权法》提供对独创性作品的保护。该法划定了受著作权法保护的作品的性质（包括计算机程序），保护的范围，以及保护的方式。著作权作品无须经过注册，即可取得著作权。

对于文字作品、音乐作品及艺术作品的著作权保护期限为作者的终生以及死后的 50 年。对于录音作品、广播作品及电影作品，著作权保护期限为作品首次发表或制作后的 50 年。

该法还对表演者现场表演的著作权予以保护，保护期限为该表演发生的下一个自然年度首日起的 50 年内。

1987 年《著作权法》的修正案自 2003 年 10 月起实施，其中授予了国内贸易、合作及消费事务部执法官员进入具有藏匿侵权拷贝嫌疑的房屋进行搜查取证的权利，甚至可以进行逮捕（包括不经警告的逮捕）。

（四）地理标志权

2000 年《地理标志法》为名称中带有生产地且该生产地与商品品质、信誉或其他特点具有实质关系的商品提供保护，保护期限为 10 年，且此后可以续展 10 年。该保护适用于红酒、烈性酒、自然农业作物、手工或工业产品及其他类似商品。违反公共秩序和利益的地理标志不受保护。

（五）集成电路布图设计权

2000 年的《集成电路布图设计权法》对于具有原创性的，设计者个人自由设计的集成电路布图的设计权提供保护。集成电路布图设计权无须注册。该法依据 TRIPS 协议有关规则制定，旨在为马来西亚电子产业的投资者提供保护，以保证马来西亚的科技产业发展。

集成电路布图设计权的保护期限为自集成电路布图设计商业实施起的 10 年内，如果没有进行商业实施，则保护期限为创造之日起 15 年。该法还允许权利人在获知权利被侵害时自行采取行动。集成电路布图设计权可以全部或部分地通过转让、授予、继承或法律执行而转移。

第二节　特许协议

一、特许协议概述

为促进经济增长，提高生产效率和生产力，[1] 在不牺牲公众的社会需求的同时，马来西亚政府推行公私合作政策来满足产业经济发展需要。马来西亚的特许经营范围涵盖了诸如水电等公共服务行业，以及公路、铁路等公共基础设施项目。

---

① The Official Portal of Public Private Partnership Unit in the Prime Minister's Department of Malaysia.

1998 年《特许经营法》规定了注册、规范特许经营的规则
及相应的其他事项。马来西亚特许经营产业主要受此法管制。该
法就何为特许经营作出了较宽泛的定义。一般而言，特许经营指
的是特许经营者依据合同/协议的授权，在遵循一整套规则/准则
（也被称为特许经营规则系统）的前提下，有权经营相关的特许
经营产业，并有权使用特许经营授权人的商标、商业机密或机密
信息。此外，不同于授权协议，特许经营授权人在特许经营期间
有权持续控制特许经营交易。根据该法，特许经营期间须为 5 年
或以上。

马来西亚政府设置了公私合作关系部门作为协调公私合作关
系的核心机构，负责全项目周期内的事务。[①] 此外，马来西亚法
律要求私营公司和马来西亚政府的权利和责任都应通过合同或法
律法规等适当的措施进行保障。马来西亚政府常用的特许经营协
议模式有以下几种。[②]

（一）建设—运营—转让（BOT）

此种模式授予私营公司项目融资和建设的特许权，并在指定
的期限内运营，允许私营公司收取用户费用。特许经营期结束
时，该设施需免费转让给马来西亚政府。

（二）建设—经营—拥有（BOO）

此种模式授权私营公司融资、开发、运营和维护资产。在特
许经营权期满后，资产无须转让给马来西亚政府，同时允许该私

---

① Ruzian Markom and Engku Rabiah Adawiah Engku Ali, National University of Malaysia, A Legal Analysis of Successful and Problematic Build Operate and Transfer（BOT）Projects in Malaysia, *International Journal of Business and Society*, Vol. 13 No. 2, 2012, 133 - 150.

② The Official Portal of Public Private Partnership Unit in the Prime Minister's Department of Malaysia.

马来西亚

营公司对设施或服务使用者征收费用。

（三）建设—出租—转让（BLT）

此种模式授权私营公司融资和建设公共设施，然后出租给马来西亚政府使用。马来西亚政府在特许经营期内需支付租金。特许经营期结束时，该设施需转让给马来西亚政府。

（四）建造—出租—维护—转让（BLMT）

此种模式授权私营公司融资、建设、维护公共设施，然后出租给马来西亚政府使用。对该公司的支付取决于私营公司对特许协议中商定的服务质量或关键绩效指标的实现程度。特许经营期结束时，该设施需转让给马来西亚政府。

二、特许协议实践——以石油天然气工业的产品分成合同为例

在马来西亚，产品分成合同主要应用在石油天然气工业中，是特许协议的常见形式。

马来西亚国家石油公司，根据 1974 年《石油发展法》设立，依法拥有对马来西亚近海和陆上石油和天然气资源勘探、开采、销售经营的垄断性权利。此外，马来西亚国家石油公司还可以授权任何希望参与勘探、开发和生产活动第三方公司作为承包商；许可油井钻探设备供应商、钻探服务商以及上游石油业务活动的一般货物和服务的供应商等。

任何希望参与石油勘探、开发和生产活动的马来西亚或外国

公司，都必须向马来西亚国家石油公司提出申请，并以产品分成合同的形式获得许可。马来西亚国家石油公司对相关申请进行审批后，还应提交给内阁批准。

对承包商的选择一般采用竞标方式。中标企业将获得代表马来西亚国家石油公司探索油气资源以及在履行产品分成合同期间发现石油或天然气，继续开发和生产油气资源的权利。

产品分成合同的期限各有不同，一般情况下，期限为20年，期满可以申请顺延。不同产品分成合同规定的适用条件、承包商权利和责任，会因谈判的结果而有所不同。尽管如此，在产品分成合同中一般都包含以下条款。

（1）承包商提供全部资金和承担勘探的全部风险，通过生产和开发活动，收回石油生产相关的成本并按照产品分成合同中的计算公式从原油生产中获得利润分成。

（2）勘探、开发、生产、周期及总时长，项目计划和预算。

（3）外国石油勘探公司有权得到任何勘探区块的收益份额，通常在15%～25%之间。

（4）如果存在多个承包商，承包商应签署联合经营协议，规定相互的合同关系、权利和义务。

（5）承包商应当：

①提交年度工作计划和预算；

②在任何超额支出发生之前申请授权；

③在每个实施阶段从马来西亚国家石油公司获得相应批准；

④承包商可转让其任何利益；

⑤经马来西亚国家石油公司批准后，承包商可将其利益转让给相关方；

⑥经马来西亚国家石油公司事先批准，并经其他承包商同意后，承包商可将其利益转让给非相关方；

⑦非经马来西亚国家石油公司的书面同意，承包商不得改变其控制人；

马来西亚

⑧废弃和拆除石油、天然气设施和管道应符合相应安全要求和规程；

⑨每年向马来西亚国家石油公司支付费用，用于安全地拆除废弃的石油设施。此项费用以生产百万桶石油当量和预计废弃费用为计算基础；

⑩承担因其未能遵守规定而导致的后果。

产品分成合同从合作模式上，能够建立较为公平的伙伴关系，明确各方责任，提高承包商的管理水平。通过选择国外承包商，也能够引进外国投资和国外技术，有利于保障马来西亚石油资源的长期开发规划，促进资源的可持续勘探、开发和生产。

需要注意的是，承包商实施产品分成合同需要大量资金，筹集资金对承包商往往是一个很大的挑战。一般在石油储量被探明和开始投产后，银行才会同意提供债务融资。因此，股权融资是石油行业产品分成合同项下最可行的融资选择。

三、特许协议的法律风险与防范

马来西亚没有统一的关于特许协议的专项法律，关于特许协议的相关规定散见于很多法律法规中。不同的法律对特许协议有专门的规定，有时也可能会发生交叉，适用哪项法律很大程度上取决于特许协议本身的性质。下面以高速公路和木材开采特许权协议为例予以介绍。

高速公路建造—运营—转让这一模式的特许协议，适用的相关法律包括 1984 年《联邦公路（私人管理）法》、1960 年《土地征用法》、1974 年《环境质量法》、1987 年《环境质量（环境影响评估）法》等。

其中，1984 年《联邦公路（私人管理）法》规定特许经营公司有权在规定或约定的期限内，对联邦道路进行建造、升级、维修或维护，并向该联邦道路的使用者收取费用，确立了道路特许经营的合法性，并规定了特许经营公司在账务管理、公路维护等方面的责任和义务。1960 年《土地征用法》对联邦高速公路的征地事宜做出了规定，解决了征地合法性问题。1974 年《环境质量法》和 1987 年《环境质量（环境影响评估）法》规定了特许经营项目的环保责任，要求评估特许经营项目对环境的影响并规定采取减少环境风险的适当措施。

关于木材开采的特许协议，适用的相关法律包括 1984 年《国家林业法》、1978 年《国家林业政策》、1974 年《环境质量法》和 1987 年《环境质量（环境影响评估）法》。其中，1984 年《国家林业法》统一了各州的林业立法，规定了林业许可证制度，规范了获得林业许可证的基本要求，并制定了相应的违法惩罚措施。林业许可证制度是木材开采特许协议的法律基础。1978 年《国家林业政策》确立了理性和可持续的林地及森林资源利用原则，木材开发特许协议需要遵循该政策的具体要求。1974 年《环境质量法》和 1987 年《环境质量（环境影响评估）法》规定了木材开发项目应遵守的环保责任。

在整个特许经营协议实施过程中，从准备阶段、建设阶段、运营阶段直到项目终止，存在各种风险。这些风险包括收入风险、设计风险、建设风险、经营风险、财务风险、政治风险、法律风险和环境风险，如果对风险管理不当，会导致项目失败和财务损失。因此，妥善分配和管理这些风险是特许项目成功的关键。必须根据不同项目时期的风险特点进行风险分配，通过合同或其他方式将风险分配给最有利于和最便于控制风险的一方，例如：政府承担政治风险、项目公司与金融机构分担财务风险、项目公司与承包商之间共同承担建设风险、项目公司与运营商共同承担经营风险。此外，也可以通过采取适当的保险来减轻风险，各方应根据风险评估，办理足够的保险。

<h2 style="text-align:center">第三节　国　有　化</h2>

一、国有化问题概述

国有化是指一国政府将私人企业的生产资料收归国家所有的过程。虽按照国际惯例，实行国有化后要给予受损的外国投资者以适当的合理的补偿，但对于外国投资者来说，资产被国有化，尤其是在东道国没有正当程序的情况下任意征用和国有化投资者的投资，对企业的经营是很严重的打击。因此，即便是在经济自由度很高的国家或地区，国有化也是投资者需要重点考虑的风险。

二、马来西亚有关国有化的国内立法

马来西亚没有关于管理国有化的专门法律，但对某些行业的国有化问题出台过一些专门立法。例如以前对私有化的公司或私人公司的重组中，为确保被国有化公司的业务、财产、权责的有效过渡，马来西亚曾出台过一些特别的规范性文件。2015 年《马来西亚航空公司制度（行政）法》便是一个例子。

该法于 2014 年 12 月 30 日由马来西亚议会通过，并于 2015 年 2 月 20 日开始施行。该法是对马来西亚航空公司和其全资子公司及其部分拥有的子公司进行管理的特别法律，旨在促进建立一个新的实体——马来西亚航空有限公司，以新的商业模式，确保公司运作和盈利能力的连续性以及改革措施的可行性。

该法规定，马来西亚航空公司在公司终止并充分、有效地处理马来西亚航空公司的员工事宜前可以免受法律诉讼；由指定的行政人员定期审查过渡方案以便稳定马来西亚航空公司日常业务的运营，确保业务连续直到 2015 年 8 月 31 日；对航空公司运营至关重要的资产和负债的转移以法律形式作出安排，包括土地和建筑物、车间设施、办公室、车站、飞机和机动车辆以及其他工程服务、法律服务、燃料供应、餐饮、安全、系统支持和营运资金设施的合同的转移。

这种特别立法模式保障了马来西亚航空有限公司的转型过程绝大部分是无缝衔接的，使得马来西亚航空有限公司能够在 2015 年 9 月 1 日成功开始运营。该法案为拯救具有很多经济问题和遗留问题的实体提供了路径。

三、中国与马来西亚之间关于国有化问题的协定

为保护投资者利益，1988 年 11 月 21 日，中马两国政府签署了双边投资协定，其中对于国有化内容也做出了详尽的规定。

协定规定，原则上双方政府不应采取任何措施征收、国有化投资者投资，但存在以下例外情形：

（1）为了公共目的，依照东道国的法律程序采取行动；

（2）东道国采取的行动对投资者是非歧视性的；

（3）东道国对征收和国有化措施，向投资者支付了公平合理的补偿。

该协定同时规定了企业对于东道国征收和国有化行动的救济措施，投资者对补偿不满意时，可以向投资所在国主管当局提出申诉。如果申诉自提交之日起一年内没有得到解决，可以向投资

所在国管辖法院或国际仲裁庭提出审理或仲裁申请。

中国和马来西亚均为《关于解决国家与其他国家国民之间投资争端公约》的签约国，因此在马来西亚的中国投资者可以向根据该公约建立的解决投资争端的国际中心申请调停或者仲裁。该中心做出的裁决对马来西亚有约束力，可以得到有效执行。

第四节 环境保护

一、环境保护法规简介

马来西亚的环境保护法体系以 1974 年《环境质量法》为基础而建立。《环境质量法》经过多次修订。1985 年修正案增加了对大规模开发项目进行环境评估的制度体系；1996 年修正案增加了对违反环境法规行为的处罚措施；1996 年修正案增加了禁止露天焚烧的规定以应对空气污染加重的现实；此后，该法又在 2001 年和 2007 年分别进行过两次修订，以应对在环境保护实践中产生的新的情况。

在马来西亚开展生产经营有三项环保法规需要特别注意：1979 年《环境质量（污水和工业废水）法》规定了工业废水标准；1978 年《环境质量（清洁空气）条例》规定了固定源的排放水平；1989 年《环境质量（计划内废物）条例》列出了适用的废物类型。

根据《环境质量法》所确定的法规框架，马来西亚针对具体的环境问题制定了一系列条例或工业业务指南，对废气、废水、废物的排放标准、排放许可进行了更为细致的规定。此外，棕榈油和天然橡胶两大传统产业由于历史悠久，拥有早于一般环境法规的、独立适用的生产规范。

环境署是负责监督环境管理的机构，隶属于自然资源和环境部，全权负责与工业污染有关的所有问题。环境署内设环境质量委员会，其成员由环境领域的专家组成，为环境保护政策的出台和执行过程建言献策。此外，也有些具体的部门负责各自所辖业务领域范围的环境保护问题，如基础产业部的森林局要监督管理森林的保护，交通部的海洋局负责海洋污染监管。

二、环境保护评估程序

在一项可能对环境造成影响的新的项目开展之前，需要先进行环境影响评估。1987 年《环境质量（环境影响评估）法》对环境影响评估的程序和要求进行了详细的规定。在本法的附录中，生产经营项目被分为 19 个类别，并且每个类别都规定了法定的规模和范围。属于法律所规定的范围的项目均需要进行环境影响评估。如果企业不能确定自身的项目是否应当进行评估，可以向环境署咨询，以防止不必要的评估程序对工期造成延误。

马来西亚的环境评估程序分为两种。

（一）初步环境评估

1. 适用项目领域。

农业、机场、水库及灌溉、土地开垦、渔业、林业、住宅开发、石化、钢铁、纸浆、基础设施、港口、矿产、油气行业、电站、铁路、交通、垃圾废物处理、供水。

2. 具体申请程序。

将按照法律要求制作出的初步环评报告提交给环境部（报告交州环境部门，同时将 3 份报告和电子版的摘要提交联邦环境部）。报告将由州环境部门的初期环境评估技术委员会审核，审批时限为 5 周，若要求另行提供有关材料，企业应在两周内提交。

（二）详细环境评估

1. 要求详细环境评估的项目。

钢铁厂、纸浆厂、水泥厂、煤电站、水坝、土地开垦、垃圾废物处理、伐木、化工产业、炼油、辐射危害行业等。

2. 具体申请程序。

详细环境评估由联邦环境部牵头审核，审批时限为 12 周；企业需将详细环评报告提交给联邦环境部（报告和电子版的摘要均需提交）。联邦环境部将报告公示以征求公众意见，并召开临时委员会审核；若要求另行提供有关材料，企业同样需在两周内提交。

第五节 其他风险

一、反商业贿赂

马来西亚是《联合国反腐败公约》（以下简称《公约》）的签署国。作为《公约》的签署国，马来西亚已根据国际标准审查和调整了其反腐败举措。

1. 适用于腐败和贿赂的监管制度。

马来西亚的反腐败和贿赂制度主要受 2009 年 1 月 1 日生效的《马来西亚反腐败委员会法》规制。该法对主动和被动形式的贿赂行为定罪处罚。其主要目标是：通过组建一个独立且负责任的反腐败机构，促进公共和私营部门行政管理的廉洁和问责；让公共机构、公职人员和公众了解腐败及其对公共和私营部门行政管理的不利影响。此外，1976 年《刑法典》和 1967 年《海关法》等其他法律负责监管特定领域的贿赂形式。

2. 反商业贿赂监督部门。

马来西亚反腐败委员会（Malaysian Anti‑Corruption Commis-sion，MACC）根据《马来西亚反腐败委员会法》成立。MACC是一个独立的机构，其作用和职能由反腐败咨询委员会、腐败和投诉特别委员会、行动审查小组以及咨询和反腐败小组进行监管。MACC 有权受理和审议腐败和贿赂犯罪，并开展调查。针对《马来西亚反腐败委员会法》所规定罪行的起诉只能由检察官提起或经检察官批准后提起。

3. 报酬和公共机构的概念。

《马来西亚反腐败委员会法》采用了广泛的报酬定义，包括但不限于接受金钱、捐赠、礼物、贷款、工作、折扣、佣金并免受任何处罚。报酬的定义既包括经济利益，也包括非经济利益（便利）。

在《马来西亚反腐败委员会法》中，公共机构泛指联邦和州政府、政府机构、部门、政府控制的实体、社团、体育机构、合作社、工会、青年社团和由上述实体控制的分支机构。

4. 《马来西亚反腐败委员会法》适用于私营实体。

除《马来西亚反腐败委员会法》另有明文规定外，《马来西亚反腐败委员会法》并未对私营和公共部门的贿赂和腐败进行区分。无论贿赂和腐败发生在两个私人之间还是贿赂公职人员，《马来西亚反腐败委员会法》都适用。

5. 2009 年《马来西亚反腐败委员会法》规定的犯罪行为。

《马来西亚反腐败委员会法》规定了如下主要犯罪行为。

（1）接受报酬的犯罪行为。如任何人自行或与任何其他人合作作出以下行为，即属犯罪：为自己或任何其他人不当索取或收取或同意收取；不论是为了保障该人或另一人的利益向任何其他人不当给予、许诺或提供任何报酬，以诱使或奖励任何人或公职人员就任何事宜或交易做或不做任何事情。该规定涵盖的范围广泛，无论交易是否发生，该人都将对该犯罪行为负责。该犯罪行为一般包含两个要素：一是须产生提供和收取报酬的行为；二是作为回报，接受报酬的人或公职人员就某交易做（作为）或不做（不作为）某事。

（2）通过代理人给予或接受报酬。即使通过代理人提供或收取报酬，也属于接受报酬的犯罪行为。代理人和给代理人提供报酬的人须对此犯罪行为负责。

（3）不当促使撤标。如任何人为从任何公共机构取得开展任何工作、提供任何服务、做任何事情、提供任何物品、物料或物质的合约而向任何招标人提供任何报酬，以诱使或奖励其撤标，即属犯罪。任何人索取或收取任何报酬，以诱使或奖励其撤标，也属犯罪。

（4）贿赂公职人员。公职人员是指公共机构的雇员，也包括行政部门成员、议会成员、国家立法议会成员和法官。如任何人向任何公职人员提供任何报酬，以诱使或奖励其影响公共机构的事务，即属犯罪。接受报酬或奖励的人员也属犯罪。无论该公职人员实际上是否有权力、权利或机会影响该公共机构的事务，均属犯罪。根据《马来西亚反腐败委员会法》，向外国公职人员提供报酬或奖励，以影响其公职范围内的行为，也属犯罪。外国公职人员包括拥有外国立法、行政、管理或司法职务的任何人（不论是任命或选举）、为外国行使公共职能的任何人以及获公共国际组织授权的任何人。

6. 惩罚和举报。

根据《马来西亚反腐败委员会法》被定罪的人，将被判处不超过 20 年的监禁，并处一定数额的罚款。同样的惩罚适用于提供报酬的人和收取报酬的人。《马来西亚反腐败委员会法》所述罪行的标的资产或作为实施此类犯罪的证据的财产，应被扣押。

根据《马来西亚反腐败委员会法》被定罪的人的姓名及个人详情，将会公布在 MACC 网站的腐败罪犯数据库。在腐败罪犯数据库公布的任何人，将不能参与政府相关项目的投标。此外，财政部也会在其电子采购数据库上公布黑名单公司的详情。

举报腐败和贿赂案件的举报人应受 2010 年《举报人保护法》保护。举报人只要公布其身份并由 MACC 确认，即会受到保护。根据《举报人保护法》，将向举报人、与举报人有联系或关系的人提供保护。其还规定，举报人的身份和提供资料的情况应予以保密，法院、法庭和当局不得命令披露这些详情。

二、恐怖主义风险

恐怖主义威胁一直是发展中国家吸引外资的主要风险之一。恐怖主义会导致投资者对国家安全的担忧和信心的丧失，外来直接投资将大幅度减少。

恐怖主义威胁的直接后果是市场的不确定性，股票市场大幅度下滑，交易品成本上涨，保险费增加，法规趋向严格，经营的合规性风险增加。

一般来说，马来西亚享有相对的和平与和谐，在近代没有任何严重的恐怖袭击造成对投资者的损害。不过，靠近菲律宾南部的苏鲁群岛，婆罗洲的沙巴州在沙巴东部面临外部威胁，主要来

马来西亚

自菲律宾南部苏鲁的一个伊斯兰游击组织阿布沙耶夫组织。[①]

马来西亚是打击国际恐怖主义的强有力倡导者之一，并加入了包括1963年《关于在飞机上犯罪和某些其他行为国际公约》；1970年《制止非法劫持航空器国际公约》；1971年《制止危及民用航空安全的非法行为国际公约》；1973年《防止及惩处侵害应受国际保护人员，包括外交代理人国际公约》；1979年《反对劫持人质国际公约》；1991年《关于在塑性炸药中添加识别剂的国际公约》；1997年《制止恐怖主义爆炸事件国际公约》；1999年《制止向恐怖主义提供资助的国际公约》等多项联合国打击恐怖主义的国际公约和议定书中。

马来西亚安全部队积极采取有力措施，打击恐怖主义，提高对国家观念的信心，鼓励投资者。马来西亚政府继续与其他国家和国际组织密切合作，改善边界管制，防止恐怖分子的随意流动。[②] 针对ISIS，Daesh和阿布沙耶夫组织，马来西亚政府制定了打击恐怖主义的政策，同时通过了以下立法：2015年《防止恐怖主义法》和2015年《外国反恐怖主义特别措施法》两部立法在打击恐怖主义和应对威胁上具有一致目标。马来西亚是以美国为首的全球联盟中对抗ISIS的两个东南亚国家之一。根据2015年《防止恐怖主义法》，大规模的突然搜查和逮捕在马来西亚是很常见的。[③]

针对阿布沙耶夫组织构成的威胁，东沙巴安全司令部成立于2013年，旨在合作和协调海上安全部队，加强东沙巴安全区的安全。当地的沙巴当局对沙巴东部沿海地区和沙巴东部沿海地区的水上旅行有所限制。

[①] 环球网：《菲阿布沙耶夫组织活动仍然猖獗—继续从事绑架活动》，2017年7月17日，http://world. huanqiu. com/exclusive/2017 -07/10992787. html，最后访问日期2017年11月7日。

[②] "*Malaysia's policy on counter terrorism and deradicalisation strategy*"，published by Journal of Public Security and Safety Vol 6. No. 2/2016，http://www. moha. gov. my/images/terkini/WORD. AR-TIKEL - TPM - JURNAL - VOL. 6 - 2016. pdf.

[③] "*What's Behind Malaysia's Latest Terror Raid?*"，published by the Diplomat on 9 August 2017，http://thediplomat. com/2017/08/whats-behind-malaysias-latest-mass-terror-raid/.

马来西亚

三、行政效率风险

马来西亚在"2016～2017年度全球竞争力报告"中虽排名第25位，但该报告显示，政府官僚体系效率较低，被认为是阻碍马来西亚投资者进行投资的一个严重问题。

马来西亚政府官僚主义的表现有：对外国工人和外籍人士发放工作许可证的不合理拖延，不断冲突的政府政策和向政府各部委申请执照、许可和批准时的不一致，这些情况都影响了马来西亚作为东南亚地区首选投资目的地的形象。

政府于2007年2月7日成立促进商业特别工作组（Pasukan Petugas Khas Perrnudahcara Perniagaan，PEMUDAH），希望能够改善商业和政府交易中的官僚作风，确保政府妥善管理商业活动业务，有效地促进商业发展。[①] PEMUDAH对行政机构提出的改进措施有两点：其一，2008年推出营业执照电子支援系统作为营业执照申请的在线一站式中心；其二，2015年推出"吉隆坡综合提交高效，系统和透明的制度"，为在吉隆坡建设复杂高风险建筑项目的许可证提供了更为便捷的制度。

四、个人信息使用风险

马来西亚的2013年《个人信息保护法》规范个人信息的使用。个人信息的定义为，在商业交易中直接或间接地能够识别个人身份的任何信息。包括但不限于姓名、住址、性别、出生日期以及电话号码等。该方案同时划定了"敏感个人信息"，对此部

[①]　Pemudah's background, http://www.mpc.gov.my/pemudah/background/.

分个人信息进行特别的保护，敏感个人信息包括身体或精神健康状况、政治观点及宗教信仰。

《个人信息保护法》适用于所有的自然人以及所有使用个人信息的商业行为。但联邦政府和各州政府的行为不受该法约束。《个人信息保护法》规定了7个处理个人信息活动中必须遵守的原则。

（一）通用原则

通用原则规定，所有使用个人信息的使用者必须征得该信息的个人的同意方能处理个人信息。该同意可以是默示做出的，但是对于敏感个人信息的处理则必须征得明示的同意。此外，对个人信息的使用必须具有合法目的。

（二）通知及选择原则

个人信息的使用者如果需要处理信息，则必须通知到该个人。通知的内容须包含：信息收集的目的，哪些信息将会被使用和处理，个人信息的来源，该个人有权获知及修正信息的权利，个人信息将会披露给的第三方，该个人有制止信息处理和使用的权利以及该个人在法律层面是否有义务提供该信息。

（三）披露原则

该原则规定，在未获得个人的同意前，禁止出于任何目的对其个人信息进行披露。

（四）安全保障原则

信息使用者必须采取合理的措施来保障个人信息的安全，防止丢失、滥用、篡改、非法或意外的获取/披露、替换和损毁。

（五）保留原则

个人信息仅应在满足对该信息收集目的所需的时间内保留。

（六）信息完整原则

信息使用者必须根据其收集信息的目的，采取合理的措施来保障信息的准确、完整、及时更新且不具有误导性。

（七）获取原则

如果个人信息不准确、不完整、具有误导性或过时，信息个人有权获取和修改其个人信息。

但是，为预防犯罪、刑事调查、抓捕犯罪嫌疑人及履行法院判决、监管职能等目的而进行的个人信息处理和使用可以免于遵从上述原则。

根据《个人信息保护法》，下列商业主体必须进行信息使用者登记：通信服务提供商、银行金融机构、保险公司、健康行业、旅游及招待、运输、教育、直销、服务业、房地产以及公用设施。登记会产生一定的费用，注册有效期为 24 个月，此后需进行更新。

违反该法的行为可被处以 100 000～500 000 林吉特的罚款或1～3 年的刑期，或两者并罚。在马来西亚开展经营活动应当尤其注意对于马来西亚公民个人信息的合规使用。

五、反洗钱风险

反洗钱法律制度主要由 2001 年《反洗钱、反恐怖主义融资

马来西亚

和非法活动收益法》所确立。在这项立法中，洗钱是指隐瞒、伪装任何非法活动所得或非法交易所得，或隐瞒该非法收益的来源、真实性质、关键细节的行为。"非法活动或非法交易"是指直接或间接施行的任何严重罪行，如贪污或通过其他违法行为取得的收益等。

马来西亚的反洗钱法规要求某些重点行业的机构或个人需要定时上报交易情况。这些机构或个人包括金融机构、指定的非金融业务机构或专业人士，如赌场、律师和贵重金属经销商等。这些机构必须对所有涉及外币的交易有所记录，超过主管机关规定的金额的交易发生时，必须及时向主管机关报告。所有超过 500 000 林吉特的交易也应及时上报。平时，这些企业或机构对自身的业务有进行尽职调查的义务。在这些企业或机构与其他主体建立业务关系时，与客户或客户的代理人进行交易时，交易超过主管机关规定的金额时，怀疑客户身份信息真实性时以及发现业务涉及洗钱或恐怖主义融资时，都必须及时采取客观的尽职调查，以防止洗钱行为的发生。

在马来西亚开展生产经营，应遵守相关金融管制规定，运作资金时应按照有关部门的要求配合调查，避免被怀疑为非法行为而引起不必要的麻烦。

马来西亚主要法律法规

1. 1957 年《联邦宪法》（Federal Constitution 1957）

2. 2016 年《公司法》（Companies Act 2016）

3. 1986 年《促进投资法》（Promotion of Investments Act 1986）

4. 1998 年《特许经营法》（Franchise Act 1998）

5. 2010 年《竞争法》（Competition Act 2010）

6. 2001 年《能源委员会法》（Energy Commission Act 2001）

7. 1974 年《石油发展法》（Petroleum Development Act 1974）

8. 1956 年《企业注册法》（Registration of Businesses Act 1956）

9. 2012 年《有限责任合伙法》（Limited Liability Partnerships Act 2012）

10. 1956 年《商业登记条例》（Registration of Businesses Ordinance 1956）

11. 1990 年《自由区法》（Free Zones Act 1990）

12. 1998 年《通讯和多媒体法》（Communications and Multimedia Act 1998）

13. 1993 年《反补贴和反倾销法》（Countervailing And Anti – Dumping Duties Act 1993）

14. 2006 年《保障法》（Safeguards Act 2006）

15. 1967 年《海关法》（Customs Act 1967）

16. 2017 年《海关（禁止进口）令》（Customs（Prohibition of Imports）Order 2017）

17. 2017 年《海关（禁止出口）令》（Customs（Prohibition

of Exports）Order 2017）

18. 1983 年《食品法》（Food Act 1983）

19. 1976 年《法律职业法》（Legal Profession Act 1976）

20. 2014 年《货物和服务法》（Goods and Services Act 2014）

21. 1976 年《消费法》（Excise Act 1976）

22. 1950 年《合同法》（Contracts Act 1950）

23. 1965 年《联邦住房法》（Federal Housing Act 1965）

24. 1976 年《城镇与乡村规划法》（Town and Country Planning Act 1976）

25. 1956 年《土地开发法》（Land Development Act 1956）

26. 1966 年《房屋开发（管理与许可）法》（Housing Development（Control and Licensing）Act 1966）

27. 1960 年《土地征用法》（Land Acquisition Act 1960）

28. 1965 年《国家土地法》（National Land Code 1965）

29. 1974 年《道路、排水及建筑物法》（Street Drainage and Building Act 1974）

30. 1996 年《马来西亚标准法》（Standards of Malaysia Act 1996）

31. 1967 年《建筑师法》（The Architects Act 1967）

32. 1967 年《工料测量法》（The Quantity Surveyors Act 1967）

33. 1994 年《建筑业发展局法》（Construction Industry Development Board Act 1994）

34. 2012 年《建筑业支付和判定法》（The Construction Industry Payment and Adjudication Act 2012）

35. 1974 年《环境质量法》（Environmental Quality Act 1974）

36. 1994 年《职业安全与健康法》（Occupational Safety and Health Act 1994）

37. 1955 年《雇佣法》（Employment Act 1955）

38. 1991 年《雇员公积金法》（Employees Provident Fund Act

1991）

39. 2016 年《雇员社会保险（修订）法》（Employees' Social Security（Amendment）Act 2016）

40. 1969 年《雇员社会保险法》（Employees' Social Security Act 1969）

41. 1967 年《劳资关系法》（Industrial Relations Act 1967）

42. 1966 年《儿童及少年（雇佣）法》（The Children and Young Persons（Employment）Act 1966）

43. 1980 年《终止和解雇条例》（The Termination and Lay Off Regulations 1980）

44. 1952 年《劳工赔偿法》（Workmen's Compensation Act 1952）

45. 1959/1963 年《移民法》（Immigration Act 1959/1963）

46. 1959 年《工会法》（Trade Unions Act 1959）

47. 1967 年《所得税法》（Income Tax Act 1967）

48. 2014 年《商品和服务税法》（Goods and Services Tax Act 2014）

49. 2013 年《金融服务法》（Financial Services Act 2013）

50. 2013 年《伊斯兰金融服务法》（Islamic Financial Services Act 2013）

51. 2002 年《发展金融机构法》（Development Financial Institutions Act 2002）

52. 2009 年《中央银行法》（Central Bank of Mayasia Act 2009）

53. 1967 年《石油（所得税）法》（Petroleum（Income Tax）Act 1967）

54. 1976 年《不动产增值税法》（Real Property Gains Tax Act 1976）

55. 1964 年《上位法院法》（Courts of Judicature Act 1964）

56. 2005 年《仲裁法》（Arbitration Act 2005）

57. 1976 年《商标法》（Trade Marks Act 1976）

58. 1997 年《商标条例》（Trade Marks Regulations 1997）

59. 1983 年《专利法》（Patents Act 1983）

60. 1986 年《专利条例》（Patents Regulations 1986）

61. 1996 年《工业品外观设计法》（Industrial Designs Act 1996）

62. 1999 年《工业品外观设计条例》（Industrial Designs Regulations 1999）

63. 1987 年《版权法》（Copyright Act 1987）

64. 1999 年《版权条例》（Copyright Regulations 1999）

65. 2000 年《地理标志法》（Geographical Indications Act 2000）

66. 2001 年《地理标志条例》（Geographical Indications Regulations 2001）

67. 2009 年《马来西亚反腐败委员会法》（Malaysian Anti – Corruption Commission Act 2009）

68. 2001 年《反洗钱、反恐怖主义融资和非法活动收益法》（Anti – Money Laundering, AntiTerrorism Financing and Proceeds of Unlawful Activities Act 2001）

69. 2010 年《个人信息保护法》（Personal Data Protection Act 2010）

马来西亚主要政府部门及
相关机构联系方式

一、政府部门

1. 首相署（Prime Minister's Office）

地址：Block B8, Prime Minister's Department Complex 62502 Putrajaya, Malaysia

电话：(603) 8000 8000

传真：(603) 8888 3904

网址：http: //www. jpm. gov. my

电邮：info@ jpm. gov. my

2. 财政部（Ministry of Finance Complex）

地址：No. 5 Persiaran Perdana, Precinct 2 Federal Government Administrative Centre 62592 Putrajaya, Malaysia

电话：(603) 8000 3000

传真：(603) 8882 3893/3894

网址：http: //www. treasury. gov. my

电邮：pro@ treasury. gov. my

3. 外交部（Ministry of Foreign Affairs）

地址：Wisma Putra No. 1, Jalan Wisma Putra, Precinct2 62602 Putrajaya, Malaysia

电话：(603) 8000 8000

传真：(603) 8889 1717/8889 2816

网址：http：//www. kln. gov. my

电邮：webmaster@ kln. gov. my

4. 卫生部（Ministry of Health）

地址：Block E1，E3，E6，E7 & E10，Complex E Federal Government Administrative Centre 62590 Putrajaya，Malaysia

电话：（603）8000 8000

传真：（603）8888 6187

网址：http：//www. moh. gov. my

电邮：kkm@ moh. gov. my

5. 交通部（Ministry of Transport）

地址：No. 26，Jalan Tun Hussein，Precinct 4 Federal Government Administrative Centre 62100 Putrajaya，Malaysia

电话：（603）8000 8000

传真：（603）8888 0158

网址：http：//www. mot. gov. my

电邮：webmaster@ mot. gov. my

6. 国内贸易、合作社及消费部（Ministry of Domestic Trade Co-operatives and Consumerism）

地址：No. 13，Persiaran Perdana，Precinct 2 Federal Government Administrative Centre 62623 Putrajaya，Malaysia

电话：（603）8000 8000

传真：（603）8882 5983

网址：http：//www. kpdnkk. gov. my

电邮：webadmin@ kpdnkk. gov. my

7. 教育部（Ministry of Education）

地址：Block E8，Complex E Federal Government Administrative Centre 62604 Putrajaya，Malaysia

电话：（603）8000 8000

传真：（603）8000 8001

网址：http：//www. moe. gov. my

电邮：80008000@1mocc. gov. my

8. 工程部（Ministry of Works）

地址：Block B, 6th Floor, Kompleks Kerja Raya Jalan Sultan Salahuddin 50580 Kuala Lumpur, Malaysia

电话：（603）8000 8000

传真：（603）2711 1101

网址：http：//www. kkr. gov. my

电邮：pro@ kkr. gov. my

9. 新闻、通讯及文化部（Ministry of Communication and Multimedia）

地址：Lot 4G9, Persiaran Perdana, Precinct 4 Federal Goverment Administrative Centre 62100 Putrajaya Malaysia

电话：（603）8000 8000

传真：（603）2693 5114

网址：http：//www. kkmm. gov. my

电邮：webmaster@ kkmm. gov. my

10. 天然资源及环境部（Ministry of Natural Resources and Environment）

地址：Wisma Sumber Asli No. 25, Persiaran Perdana, Precinct 4 Federal Government Administrative Centre 62574 Putrajaya, Malaysia

电话：（603）8000 8000

传真：（603）8889 2672

网址：http：//www. nre. gov. my

电邮：webmaster@ nre. gov. my

11. 种植及原产部（Ministry of Plantation Industries）

地址：No. 15, Level 6 - 13 Persiaran Perdana Precinct 2 Federal Government Administrative Centre 62654 Putrajaya, Malaysia

电话：（603）8000 8000

马来西亚

传真：（603）8880 3441

网址：http：//www. kppk. gov. my

电邮：mpic_helpdesk@ mpic. gov. my

12. 农业和农基工业部（Ministry of Agriculture and Agro-based Industry）

地址：Block 4 G1, Wisma Tani? No. 28, Persiaran Perdana, Precinct 4 Federal Government Administrative Centre 62624 Putrajaya, Malaysia

电话：（603）8870 1200/1400

传真：（603）8888 6906

网址：http：//www. moa. gov. my

电邮：pro@ moa. gov. my

13. 科技、技术与创新部（Ministry of Science, Technology and Innovation）

地址：Level 1 – 7, Block C4 & C5, Complex C Federal Government Administrative Centre 62662 Putrajaya, Malaysia

电话：（603）8000 8000

传真：（603）8888 9070

网址：http：//www. mosti. gov. my

电邮：info@ mosti. gov. my

14. 乡村及区域发展部（Ministry of Ruraland Regional Development）

地址：No. 47, Persiaran Perdana, Precinct 4 Federal Government Administrative Centre 62100 Putrajaya, Malaysia

电话：（603）8000 8000

网址：http：//www. rurallink. gov. my

电邮：webmaster@ rurallink. gov. my

15. 房屋及地方政府部（Ministry of Urban Wellbeing Housing and Local Government）

地址：Level 2 – 38, No. 51, Persiaran Perdana Precinct 4 Federal Government Administrative Centre 62100 Putrajaya，Malaysia

电话：(603) 8000 8000

传真：(603) 8891 3182

网址：http：//www. kpkt. gov. my

16. 人力资源部 (Ministry of Human Resources)

地址：Level 6 – 9，Block D3，Complex D Federal Government Administrative Centre 62530 Putrajaya，Malaysia

电话：(603) 8886 5000/ 5200

传真：(603) 8889 2381

网址：http：//www. mohr. gov. my

电邮：ksm1@ mohr. gov. my；mohr_web@ mohr. gov. my

17. 能源、绿色工艺及水务部 (Ministry of Energy, Green Technology and Water)

地址：Block E4/5，Government Complex，Complex E Federal Government Administrative Centre 62668 Putrajaya，Malaysia

电话：(603) 8000 8000

传真：(603) 8889 3712

网址：http：//www. kettha. gov. my

电邮：webmaster@ kettha. gov. my

18. 旅游部 (Ministry of Tourism and Culture)

地址：No. 2，Tower1，Jalan P5/6，Precinct 5 62200 Putrajaya，Malaysia

电话：(603) 8000 8000

传真：(603) 8891 7100

网址：http：//www. motac. gov. my

电邮：info@ motac. gov. my

19. 马来西亚投资发展局 [Malaysian Investment Development Authority (MIDA)]

地址：No. 5，Jalan Stesen Sentral 5，Kuala Lumpur Sentral，

马来西亚

50470 Kuala Lumpur，Malaysia

电话：00603 – 22673633

传真：00603 – 22747970

网址：http：//www. mida. gov. my

二、相关机构

1. 人力资源发展公司（Human Resource Development Fund）

地址：Wisma HRDF Jalan Beringin，Damansara Heights 50490 Kuala Lumpur，Malaysia

电话：1800 – 88 – 4800

传真：（603）2096 4999

网址：http：//www. hrdf. com. my

电邮：support@ hrdf. com. my

2. 移民局（Immigration Department）

地址：Level 1 – 7（Podium），No. 15，Persiaran Perdana，Precinct 2 Federal Government Administrative Centre 62550 Putrajaya，Malaysia

电话：（603）8000 8000

传真：（603）8880 1200

网址：http：//www. imi. gov. my

电邮：opsroom@ imi. gov. my

3. 内陆税收局（Inland Revenue Board）

地址：Menara Hasil Persiaran Rimba Permai Cyber 8 63000 Cyberjaya，Selangor，Malaysia

电话：（603）7713 6666

传真：（603）8313 7801

网址：http：//www. hasil. gov. my

电邮：callcentre@ hasil. gov. my

4. 马来西亚知识产权公司（Intellectual Property Corporation of Malaysia）

地址：Unit 1 – 7, Ground Floor, Tower B Menara UOA Bangsar No. 5, Jalan Bangsar Utama 1 59000 Kuala Lumpur, Malaysia

电话：(603) 2299 8400

传真：(603) 2299 8989

网址：http：//www. myipo. gov. my

电邮：ipmalaysia@ myipo. gov. my

5. 纳闽金融服务局 [Labuan Financial Services Authority (Labuan FSA)]

地址：Level 17, Main Office Tower Financial Park Complex, Jalan Merdeka 87000 Federal Territory Labuan, Malaysia

电话：(6087) 591 200

传真：(6087) 453 442

网址：http：//www. labuanibfc. com

电邮：communication@ labuanfsa. gov. my

6. 马来西亚生物科技有限公司（Malaysian Biotechnology Corporation SDN BHD）

地址：Level 16, Menara Atlan 161B, Jalan Ampang 50450 Kuala Lumpur, Malaysia

电话：(603) 2116 5588

传真：(603) 2116 5411

网址：http：//www. biotechcorp. com. my

电邮：info@ biotechcorp. com. my

7. 马来西亚兴业金融有限公司 [Malaysian Industrial Development Finance BHD（MIDF）]

地址：Level 21, Menara MIDF 82, Jalan Raja Chulan 50200 Kuala Lumpur, Malaysia

电话：(603) 2173 8888

马
来
西
亚

347

传真：(603) 2173 8877

网址：http：//www. midf. com. my

电邮：inquiry-feedback@ midf. com. my

8. 马来西亚可持续能源发展局（Sustainable Energy Development Authority Malaysia）

地址：Galeria PjH Aras 9 Jalan P4W Persiaran Perdana，Presint 4 62100 Putrajaya Malaysia

电话：(603) 8870 5800

传真：(603) 8870 5900

网址：http：//www. seda. gov. my

电邮：fit@ seda. gov. my

9. 能源委员会（Energy Commission）

地址：No. 12，Jalan Tun Hussein，Precinct 2 62100 Putrajaya，Malaysia

电话：(603) 8870 8500

传真：(603) 8888 8637

网址：http：//www. st. gov. my

10. 马来西亚科技发展公司（Malaysian Technology Development Corporation SDN BHD）

地址：Menara Yayasan Tun Razak Level 8 – 9，Jalan Bukit Bintang 55100 Kuala Lumpur，Malaysia

电话：(603) 2172 6000

传真：(603) 2163 7541

网址：http：//www. mtdc. com. my

电邮：comms@ mtdc. com. my

11. 马来西亚高科技局（Malaysian Industry – Government Group For High Technology）

地址：Blok 3517，Jalan Teknokrat 5 63000 Cyberjaya Selangor Darul Ehsan，Malaysia

电话：（603）8315 7888

传真：（603）8312 0300

网址：http：//www. might. org. my

电邮：info@ might. org. my

12. 马来西亚旅游促进局（Malaysia Tourism Promotion Board）

地址：9th Floor, No. 2, Tower 1 Jalan P5/6, Precinct 5 62200 Putrajaya, Malaysia

电话：（603）8891 8000

传真：（603）8891 8889

网址：http：//www. tourism. gov. my

电邮：enquiries@ tourism. gov. my

13. 多媒体发展公司（Multimedia Development Corporation SDN BHD）

地址：2360, Persiaran APEC 63000 Cyberjaya, Selangor Darul Ehsan, Malaysia

电话：（603）8315 3000

传真：（603）8315 3115

网址：http：//www. mdec. com. my

电邮：clic@ MDeC. com. my

14. 马来西亚生产力公司（Malaysia Productivity Corporation）

地址：Lorong Produktiviti, off Jalan Sultan 46200 Petaling Jaya, Selangor, Malaysia

电话：（603）7955 7266

传真：（603）7957 8068

网址：http：//www. mpc. gov. my

电邮：marketing@ mpc. gov. my

15. 巴生港港务局（Port Klang Authority）

地址：Mail Bag Service 202, Jalan Pelabuhan Utara 42005 Port Klang, Selangor, Malaysia

马
来
西
亚

电话：（603）3168 8211

传真：（603）3168 7626

网址：http：//www. pka. gov. my

电邮：onestopagency@ pka. gov. my

16. 皇家关税局（Royal Malaysian Customs Department）

地址：Ministry of Finance Complex，Precinct 2 No. 3 Persiaran Perdana Federal Government Administrative Centre 62596 Putrajaya，Malaysia

电话：（603）8882 2100

传真：（603）8889 5901

网址：http：//www. customs. gov. my

电邮：cpa@ customs. gov. my

17. 证券监督委员会（Securities Commission）

地址：No. 3，Persiaran Bukit Kiara，Bukit Kiara 50490 Kuala Lumpur，Malaysia

电话：（603）6204 8777

传真：（603）6201 5078

网址：http：//www. sc. com. my

电邮：cau@ seccom. com. my

18. 中小型企业发展公司 [Small and Medium Enterprises（SME）Corporation Malaysia]

地址：Level 6，SME 1，Block B Platinum Sentral，Jalan Stesen Sentral 2 Kuala Lumpur Sentral 50470 Kuala Lumpur，Malaysia

电话：（603）2775 6000

传真：（603）2775 6001

网址：http：//www. smecorp. gov. my

电邮：info@ smecorp. gov. my

19. 中小型企业银行 [Small and Medium Enterprises（SME）Bank]

地址：Menara SME Bank Jalan Sultan Ismail 50250 Kuala Lumpur，Malaysia

    电话：1 – 800 – 88 – 3133

    网址：http：//www. smebank. com. my

    电邮：customercare@ smebank. com. my

20. 社会保险机构，［Social Security Organisation（SOCSO）］

    地址：Menara Perkeso，281 Jalan Ampang 50538 Kuala Lum-
pur，Malaysia

    电话：（603）4264 5000

    传真：（603）4256 7798

    网址：http：//www. perkeso. gov. my

    电邮：perkeso@ perkeso. gov. my

21. 马来西亚电讯公司（Telekom Malaysia Berhad）

    地址：Level 51，North Wing，Menara TM Jalan Pantai Baru
50672 Kuala Lumpur，Malaysia

    电话：（603）2240 1221

    传真：（603）2283 2415

    网址：http：//www. tm. com. my

    电邮：feedback@ telekom. com. my

22. 国家能源公司（Tenaga Nasional Berhad）

    地址：129，Jalan Bangsar，59200 Kuala Lumpur，Malaysia

    电话：（603）2296 5566

    传真：（603）2283 3686

    网址：http：//www. tnb. com. my

    电邮：ird@ tnb. com. my

马来西亚

附录三：

中马相关外交机构及联系方式

1. 中华人民共和国驻马来西亚大使馆

地址：马来西亚吉隆坡市安邦路 229 号

电话：政治处 21443779；传真：21484495

办公室 21428495；传真：21414552

文化处 21416093；传真：21429368

经商处 42513555；传真：42513233

电邮：chinaemb_my@ mfa. gov. cn

网址：http：//www. fmprc. gov. cn/ce/cemy/chn/

2. 中华人民共和国驻马来西亚大使馆经济商务参赞处

地址：No. 39 Jalan Ulu Kelang，68000 Ampang，Selangor Da-rul Ehsan，Malaysia

电话：00603 – 42513555

传真：00603 – 42513233

网址：http：//my. mofcom. gov. cn

3. 中国驻古晋领事馆

地址：马来西亚沙捞越州古晋市，王长水路 10 段 276 号，邮政编码 93200

传真：082 – 232344

电邮：consulate_kuching@ mfa. gov. cn

网址：http：//kuching. chineseconsulate. org

4. 中国驻槟城总领事馆

地址：28B&C，Jalan Tunku Abdul Rahman 10350 George

Town, Penang, Malaysia

电话：0060 - 42189795

传真：0060 - 42189798

电邮：consulate_penang@ mfa. gov. cn

网址：http：//penang. china-consulate. org/chn/

5. 中国驻哥打基纳巴卢总领事馆

地址：Palm Court, Lot 7, No 3, VIP Lot, Lorong Pokok Palma Rajah, Jalan Lintas, 88000 Kota Kinabalu, Sabah, Malaysia

电话：0060 - 88385481, 88393061

传真：0060 - 88385491；

电邮：chinaconsul_kk_my@ mfa. gov. cn；chinese_consulate_kk@ yahoo. com

网址：http：//www. fmprc. gov. cn/ce/cgkotakinabalu/chn/

6. 马来西亚驻华大使馆

地址：北京市朝阳区三里屯亮马桥北街2号

电话：(008610) 6532 2531、6532 2532、6532 2533

传真：(008610) 6532 5032、6532 6544

电邮：mitibj@ china. com

网址：http：//www. kln. gov. my/web/chn_beijing/home/

7. 马来西亚驻广州总领事馆

领区：广东、广西、福建、海南

地址：广州市天河北路233号中信广场商业大楼19楼15 - 18室，510613

电话：020 - 87395660、87395661

传真：020 - 87395669

网址：http：//www. kln. gov. my/web/chn_guangzhou/home

8. 马来西亚驻上海总领事馆

领区：上海、浙江、江苏、安徽、江西、福建

地址：上海市南京西路1168号中信泰富广场11楼，1101、

马来西亚

353

1110 - 1112 单元

电话：021 - 52925424

传真：021 - 52925951

网址：http：//www. kln. gov. my/web/chn_shanghai/home

9. 马来西亚驻昆明总领事馆

领区：云南、广西、贵州、四川、重庆

地址：云南省昆明市东风东路 29 号樱花酒店 401 - 405

电话：0871 - 3165888 转 6241、6242

传真：0871 - 3113503

网址：http：//www. kln. gov. my/web/chn_kunming/home

10. 马来西亚驻香港总领事馆

领区：香港

地址：香港湾仔告士打道 47 - 50 号马来西亚大厦 24 楼

电话：0852 - 25270921

传真：0852 - 2865 1628

网址：http：//www. kln. gov. my/web/guest/home

马
来
西
亚

附录四：

马来西亚主要商会

1. 马来西亚中华大会堂总会（The Federation of Chinese Associations Malaysia）

地址：No. 1 Jalan Maharajalela, 50150 Kuala Lumpur

电话：00603 - 22734008

传真：00603 - 22734015

网址：http：//www. huazong. my

2. 马来西亚中华总商会（The Associated Chinese Chambers of Commerce and Industry of Malaysia）

地址：6th Floor, Wisma Chinese Chamber, 258 Jalan Ampang, 50450 Kuala Lumpur

电话：00603 - 42603090、42603091

传真：00603 - 42603080

网址：http：//www. acccim. org. my

3. 马来西亚中国总商会（Malaysia - China Chamber of Commerce）

地址：No. 8 - 2, Jalan Metro Pudu, Fraser Business Park, off Jalan Yew, 55100 Kuala Lumpur

电话：00603 - 92231188

传真：00603 - 92221548

网址：http：//www. mccc. my

4. 马中友好协会（Malaysia - China Friendship Association）

地址：Lot 10&11, 13th Floor, Sun Complex, Jalan Bukit Bintang，55100 Kuala Lumpur

电话：00603 – 21416885

传真：00603 – 21411406

网址：http：//www. ppmc. com. my

5. 马中商务理事会（Malaysia – China Business Council）

地址：Level6 – 05&6 – 06，Menara LGB，No. 1，Jalan Wan Kadir，Taman Tun Dr. Ismail，60000 Kuala Lumpur

电话：00603 – 77271948

传真：00603 – 77251396

网址：http：//www. mcbc. com. my

6. 亚洲战略和领导人研究所（Asian Strategy and Leadership Institute）

地址：1718，Jalan Ledang，off Jalan Duta，50480 Kuala Lumpur

电话：00603 – 20935393

传真：00603 – 20933078

网址：http：//www. asli. com. my

7. 马来西亚全国工商总会（National Chamber of Commerce and Industry of Malaysia）

地址：Level 3，West Wing，Menara MATRADE，Jalan Khidmat Usaha off Jalan Duta，50480，Kuala Lumpur

电话：00603 – 62049811

传真：00603 – 62049711

网址：http：//www. nccim. org. my

8. 马来西亚中小企业公会（SME Association of Malaysia）

地址：18 – 3，Jalan USJ 9/5T，Subang Business Centre，47620 Subang Jaya，Selangor D. E.

电话：00603 – 80245787/5737、603 – 80230685

传真：00603 – 80241737

网址：http：//www. smisme. com

9. 马来西亚制造商联合会（Federation of Malaysian Manufacturers）

地址：No. 3, Persiaran Dagang, PJU 9, Bandar Sri Damansara, 52200 Kuala Lumpur

电话：00603 - 62867200

传真：00603 - 62741266/7288

网址：http：//www. fmm. org. my

10. 马来商会（Malay Chamber of Commerce）

地址：No. 33&35, Jalan Medan Setia 1, Bukit Damansara, 50490 Kuala Lumpur

电话：00603 - 20962233

传真：00603 - 20962533

网址：http：//www. dpmm. org. my

11. 马来人工商业者协会（Malay Businessmen & Industrialists Association of Malaysia）

地址：lot1717, Jalan Ledang off Jalan Duta, 50480 Kuala Lumpur

电话：00603 - 20952002

网址：http：//www. perdasama. org. my

12. 雪隆印度工商会（Kuala Lumpur & Selangor Indian Chamber of Commerce and Industry）

地址：No. 116, 2nd Floor, Jalan Tuanku Abdul Rahman, 50100 Kuala Lumpur

电话：00603 - 26931033

传真：00603 - 26911670

网址：http：//www. klsicci. com. my

13. 印度工商会（Malaysian Associated Indian Chamber of Commerce and Industry）

地址：JKR3190, Jalan Ledang, Off Jalan Duta, 50480 Kuala

马来西亚

357

Lumpur

电话：00603 – 20110478

传真：00603 – 20110477

网址：http：//www. maicci. org. my

14. 马来西亚国际工商会（Malaysian International Chamber of Commerce and Industry）

地址：C – 08 – 08，Plaza Mont'Kiara，2 Jalan Kiara，50480 Kuala Lumpur

电话：00603 – 62017708

传真：00603 – 62017705

网址：http：//www. micci. com

15. 马来西亚中资企业协会（China Enterprises Association in Malaysia）

地址：Level 1 Bank of China（Malaysia）Berhad，Plaza OSK 25 Jalan Ampang，50450 Kuala Lumpur.

电话：00603 – 23878101

传真：00603 – 21644240

网址：http：//www. cenam. com. my

电邮：cenam1449@ gmail. com

参 考 文 献

1. 安一丹：《CAFTA 投资争议解决的若干法律问题研究》，西南政法大学硕士论文，2010 年。

2. 东南亚知识产权信息服务平台：ipr. fjut. edu. cn。

3. 范若兰：《新海丝路上的马来西亚与中国》，世界知识出版社 2017 年版。

4. 广东省商务厅：http：//www. fmprc. gov. cn。

5. 国际货币基金组织：http：//www. imf. org。

6. 国家开发银行：《"一带一路"国家法律风险报告》（上册），法律出版社 2016 年版。

7. 韩德培、肖永平编：《国际私法》，高等教育出版社、北京大学出版社 2007 年版。

8. 黄进：《国际商事争议解决机制研究》，武汉大学出版社 2010 年版。

9. 黄宁宁、孙黎、诸见诚：《马来西亚投资法律制度（二）》，载于《上海律师》2017 年第 1 期。

10. 简学钦：《WTO 争端解决机制对国际投资法的影响》，载于《中山大学学报论丛》2005 年第 2 期。

11. 李莉：《马来西亚经济贸易仲裁制度介评》，载于《中国经贸导刊》2011 年第 13 期。

12. 李政辉：《马来西亚合同法》，载于《私法研究》2004 年第 1 期。

马
来
西
亚

13. 梁丹妮：《〈中国—东盟全面经济合作框架协议〉初探——以世界贸易组织法为起点》，载于《云南大学学报（法学版）》2006 年 3 月第 2 期。

14. 林伟翔：《马来西亚民事诉讼程序初探——兼论马来西亚的审级制度》，载于《民事程序法研究》2016 年第 15 辑。

15. 马来西亚公司合署：http：//www. ukas. gov. my/en/home。

16. 马来西亚国际贸易与工业部：http：//www. miti. gov. my/。

17. 马来西亚国内贸易、合作社及消费部：http：//www. kpdnkk. gov. my/kpdnkk/？lang = en。

18. 马来西亚律师协会：http：//www. malaysianbar. org. my/。

19. 马来西亚首相署经济策划局：http：//www. epu. gov. my/en。

20. 马来西亚投资发展局：http：//www. mida. gov. my/home/。

21. 马来西亚投资发展局：《马来西亚工业投资指南·政策、奖掖及措施》（2016 年版）。

22. 马来西亚外交部网站：http：//www. kln. gov. my/web/guest/home。

23. 马来西亚证券交易所：http：//www. bursamalaysia. com/market。

24. 祁希元：《马来西亚经济贸易法律指南》，中国法制出版社 2006 年版。

25. 商务部国际贸易经济合作研究院、商务部投资促进事务局、中国驻东盟使团经济商务参赞处：《对外投资合作国别（地区）指南·东盟》（2016 年版）。

26. 商务部国际贸易经济合作研究院、商务部投资促进事务局、中国驻马来西亚大使馆经济商务参赞处：《对外投资合作国别（地区）指南·马来西亚》（2016 年版）。

27. 世界经济论坛：http：//www. weforum. org。

28. 世界贸易组织：http：//www. wto. org。

29. 世界银行：http：//www. worldbank. org。

马来西亚

30. 世界知识产权组织：http：//www. wipo. int/portal/zh/。

31. 王传丽：《国际经济法》，高等教育出版社 2013 年版。

32. 新华社：http：//www. xinhuanet. com。

33. 杨小强、徐志、薛峰：《马来西亚商品与服务税法律制度研究》，载于《国际税法》2016 年第 10 期。

34. 张彭：《国际贸易中的外汇风险及其防范》，载于《决策与信息旬刊》2015 年第 9 期。

35. 张庆麟编：《国际投资法问题专论》，武汉大学出版社 2007 年版。

36. 赵秀文：《论世界贸易组织的争议解决机制》，载于《法学家》2000 年第 5 期。

37. 中国金融信息网：http：//www. xinhua08. com。

38. 中华全国律师协会：《"一带一路"沿线国家法律环境国别报告》第一卷，北京大学出版社 2017 年版。

39. 中华人民共和国国家知识产权局：http：//www. sipo. gov. cn。

40. 中华人民共和国商务部：http：//www. mofcom. gov. cn。

41. 中华人民共和国外交部：http：//www. fmprc. gov. cn。

42. 中华人民共和国驻马来西亚大使馆经济商务参赞处：http：//my. mofcom. gov. cn。

43. 朱江：《中国—东盟自由贸易区争端解决机制问题研究》，载于《特区经济》2010 年第 10 期。

44. Christopher & Lee Ong, *Doing Business in Malaysia*, November 2016.

45. Malaysia International Trade and Industry Report 2006.

46. R. Doak Bishop, James Crawford and W. Michael Reisman, Foreign Investment Disputes：Cases, Materials and Commentary, *The Hague：Kluwer Law International*, 2005.

47. SSM：*General Guidelines for Registration on Limited Liability*

马来西亚

Partnership and Related Matters, September 21st, 2017.

48. Sundra Rajoo, Law, Practice and Procedure of Arbitration-the Arbitration Act 2005 Perspective, *the Malayan Law Journal Articles*, [2009] 2 MLJA 136.

49. Teo Boon Kwang, *Trade Marks and Service Marks Handbook*, Malayan Law Journal Sdn. Bhd. , 2003.

50. Wong Chin Chin, Tracy Ng Tsu Ynn, 2015 *Mergers and Acquisitions Report*: *Malaysia*, *Adnan Sundra & Low*, September 21st, 2017.